Münchner Studien zur Kultur- und Sozialpsychologie
herausgegeben von Heiner Keupp

BAND 8

DAS ERZÄHLTE SELBST

Die narrative Konstruktion
von Identität
in der Spätmoderne

Wolfgang Kraus

2. Auflage

Centaurus Verlag & Media UG 2000

Zum Autor: *Wolfgang Kraus* studierte Psychologie in Regensburg und Berlin. Promotion 1995. Er ist derzeit wissenschaftlicher Angestellter an der Universität München, Sonderforschungsbereich 536, Projekt B2: Individualisierung und posttraditionale Ligaturen – die sozialen Figurationen der reflexiven Moderne.

Die Deutsche Bibliothek – CIP-Einheitsaufnahme

Kraus, Wolfgang:
Das erzählte Selbst : die narrative Konstruktion von Identität
in der Spätmoderne / Wolfgang Kraus. –
Herbolzheim : Centaurus-Verl.-Ges., 2000
(Müchner Studien zur Kultur- und Sozialpsychologie ; Bd. 8)
Zugl.: Berlin, Freie Univ., Diss., 1995
ISBN 978-3-8255-0121-1   ISBN 978-3-86226-318-9 (eBook)
DOI 10.1007/978-3-86226-318-9
NE: GT

ISSN 0942-9549

Umschlagabbildung: Grafitti in München, Spätsommer 1996; Foto des Autors
Satz: Vorlage des Autors

für Margarete Kraus

VORWORT

In welche Richtung kann sich eine subjektwissenschaftliche Forschung weiterentwickeln, wenn sie die kritische Herausforderung angenommen hat, die vom postmodernen Diskurs für die Psychologie und die anderen Sozialwissenschaften ausgeht? Zur Beantwortung dieser grundlegenden Frage eignet sich die Identitätsforschung in besonderem Maße. Die Vorstellung von einer stabilen und um das Ich zentrierten Identität, in der sich modernes Subjektdenken paradigmatisch ausdrückt, ist vor allem Zielscheibe postmoderner Kritik geworden.

In diesem Buch versucht Wolfgang Kraus eine Antwort darauf zu geben, wie wir heute Identität zu fassen haben. Die so ausgerichtete Suchbewegung führt durch unterschiedliche disziplinäre Reviere (Psychologie, Soziologie und Philosophie), arbeitet sich an zentralen Konzepten der Identitätsforschung (wie Kontinuität oder Kohärenz) ab und gelangt letztlich an einen Punkt, der in den Sozialwissenschaften generell ein neuer paradigmatischer Bezugspunkt zu werden beginnt: die Narration als nicht hintergehbarer konstruktivistischer Bezug des Subjekts zu seiner Welt.

Das vorliegende Buch ist im Kontext eines Längsschnittprojektes zur Identitätsentwicklung entstanden. Es resultierte aus der Frage, ob unter soziokulturellen Bedingungen der Entstandardisierung von biographischen Verläufen Identität noch so gefaßt werden kann, wie es seit dem großen Theorieentwurf von Erikson in den Sozialwissenschaften üblicherweise versucht wird. Die Arbeit stellt eine grundlagentheoretische Reflexion innerhalb der Koordinaten dieses Forschungsprojektes dar und erprobt an einem begrenzten empirischen Ausschnitt die Tragfähigkeit narrationstheoretischer Überlegungen.

Eine Arbeit zur Identitätstheorie kommt an Erikson natürlich nicht vorbei. So ist es selbstverständlich, daß auch Wolfgang Kraus hier seinen Ausgangspunkt nimmt. Er stellt wesentliche Grundzüge der Eriksonschen Theorie dar und ordnet sie zugleich wissenssoziologisch ein, also er plaziert den theoretischen Entwurf in einen gesellschaftlichen Rahmen, der ihm Plausibilität und Erklärungskraft verschafft, dessen Veränderungen aber auch Konsequenzen für die theoretischen Aussagen selbst haben müssen. Bei einer solchen Herangehensweise ist es argumentationsstrategisch nicht erforderlich, Erikson zum "alten Hut" erklären und es läßt sich trotzdem danach fragen, was aus einer Theorie werden muß, der die gesellschaftliche Paßform abhanden kommt. Dies gilt bei Erikson vor allem für seine modernitätstheoretischen Kernbausteine: Kohärenz und Kontinuität. Sie sind nicht die unverrückbaren Koordinaten jeder Art von Identität, sondern sie werden als Konstrukte entziffert, die Subjekte in den Erzählmustern von sich selber herstellen.

In seinem nächsten Schritt rekonstruiert der Autor die Post-Eriksonsche Entwicklung in der Identitätsforschung und deutet sie als Antwort auf die objektiv veränderte Subjektsituation in der "Spätmoderne", ohne daß das in der internen Wissensentwicklung reflektiert würde. Er stellt vor allem die neueren Arbeiten von James Marcia, und die Ansätze von Glynis Breakwell und Carmel Camilleri vor. Alle drei zahlen ihren Tribut an die gesellschaftlichen Umbrüche, die zur Krise der Moderne geführt haben, aber sie versuchen sich weiterhin innerhalb des Projektes der Moderne zu plazieren und zu legitimieren.

Das gedankliche Schwergewicht des Kohärenzbegriffs ist in der Identitätsforschung so groß, daß ein Verzicht auf die Kohärenzannahme in der Identitätsforschung schwer vorstellbar scheint. Diesen Schritt hält Wolfgang Kraus jedoch für notwendig und nähert sich dem "dissoziierten Selbst" von einer Seite, die vor allem in der Philosophie eine Basis gefunden hat, obwohl es sich zunächst einmal um ein Phänomen der Psychopathologie handelt. Es ist der Diskurs um die "multiple Persönlichkeit", der weniger auf eine adäquate Erfassung eines komplexen klinischen Krankheitsbildes zielt, als vielmehr auf die Frage, ob die Multiplizität von psychischen Erfahrungsmustern eher den Normal- als der klinische Ausnahmezustand repräsentiert (etwa im Sinne von Gergens Konzept der "Multiphrenie"). Der Autor führt seine LeserInnen souverän durch die damit verbundenen Diskussionen und Kontroversen und zeigt, daß Dissoziationserfahrungen gesellschaftlich sehr viel verbreiteter sind, als man vermutet, wenn man sich die starken Abwehrversuche gegenüber der Idee des "dissozierten Selbst" vergegenwärtigt.

Das nächste Problem, das mit einer Überwindung zentristischer und universalistischer Modelle von Identität verbunden ist, eröffnet sich in bezug auf die Frage der zeitlichen Kontinuität, die unser Identitätsdenken unterstellt. Ähnlich wie bei der Kohärenzfrage wird auch bei dem Zeit- und Kontinuitätsbezug von Identität deutlich, daß die gesellschaftlich vorgegebenen Strukturierungsleistungen immer mehr verblassen und die Anforderungen an integrative Leistungen, denen sich das einzelne Subjekt gegenüber sieht, steigen.

Wolfgang Kraus hat seine LeserInnen immer mehr aus einer immanenten Theoriedebatte in der Identitätsforschung herausgeführt und sie auf die Frage vorbereitet, wie denn nun eine adäquate Sichtweise von Identität in der "krisenhaften Spätmoderne" konstruiert sein müßte. Auf dem Weg zu dieser Antwort wird noch das Konzept des "Selbst" aufgenommen, also der Bereich von Forschung, in dem untersucht wird, wie sich "das Subjekt selbst zum Gegenstand seiner Wahrnehmung macht". Inwieweit spiegeln sich in den Selbstwahrnehmungsprozessen die Spaltungen und Zerrissenheiten der gesellschaftlichen Grundsituation am Ende der modernen Eindeutigkeitsansprüche? Die kognitivistischen Ansätze suchen eher ein strategisches Subjekt, das souverän durch das spätmoderne Wellenmeer surft und müssen dazu aber ein "mächtiges Selbst" unterstellen. Mehr Sympathie bringt der Autor wohl für die Denkfigur des "fragilen Selbst" auf, das er im Gefolge von Christopher Lasch, Jacques Lacan und Stephen Frosh untersucht, auch wenn er die Hoffnungslosigkeit von deren Analysen nicht teilen mag.

In seinem theoretischen Kernkapitel versucht Wolfgang Kraus dann die bisherigen Überlegungen zu Identität und Zukunft zu bündeln und für eine empirische Analyse tauglich zu machen. Im Zentrum dieser theoretischen Integration stehen die beiden Ideen von "Identität als Projekt" (Anregung von Rom Harré) und der "narrativen Identität" (geht auf Ricoeur, Sarbin und zuletzt Meuter zurück). Es gelingt dem Autor in überzeugender Manier, diese Ideen und ihr Lösungspotential zu explizieren und die Möglichkeiten ihrer empirischen Nutzung aufzuzeigen. Vor allem wird eine Perspektive erkennbar, die die Theoriebildung auf die "Höhe der Zeit" zu bringen vermag, also eine Vermittlung von Subjekt und Gesellschaft in ihrer spätmodernen Verfaßtheit ermöglicht, was der Anspruch einer reflexiven Sozialpsychologie sein muß.

Wolfgang Kraus hat sich vor dem Absturz in theoretische Schluchten und Gletscherspalten schützen können und begehbare Pfade aufgezeigt. Er ist schließlich an einen Punkt gelangt, an dem sich empirisch weiterarbeiten läßt.

Eine bewunderswerte Leistung! Immer wieder habe ich mich bei dem Versuch ertappt, dem so kundigen und belesenen Autor auf "Bildungslücken" zu kommen. Relativ erfolglos!

Die Differenziertheit der abschließend dargestellten eigenen empirischen Studie macht in eindrucksvoller Weise deutlich, daß sich der lange theoretische Weg gelohnt hat. Die herausgearbeiteten Muster von erzählten Identitätsprojekten lassen ein hohes Maß heuristischer Fruchtbarkeit für die künftige Identitätsforschung erkennen.

München, im Juli 1996   Heiner Keupp

INHALTSVERZEICHNIS

Zur Zitierweise

Fremdsprachige Zitate wurden stillschweigend übersetzt mit dem Anspruch der inhaltlichen Richtigkeit, nicht aber der philologischen Exaktheit.

EINLEITUNG

Zum guten Anfang ein schönes Ende, und das geht so: "... Und so lebte er denn glücklich und zufrieden; und wenn er nicht gestorben ist, dann lebt er noch heute." Ein schönes Ende, es macht eine Geschichte rund; aber - um welche Geschichte handelt es sich hier? Wir wissen es nicht und doch wissen wir viel über solche Geschichten: Geschichten, die so enden, sind bewegt verlaufen. Stürmische Zeiten waren zu durchleben, Gefahren zu meistern, Prüfungen zu bestehen. Den richtigen Weg galt es zu finden, in finsteren Wäldern, auf tobenden Meeren, unter fremden Menschen, den Weg für sich und vor allem auch zu sich. Geschichten, die so rund enden, erzählen von Kanten und Ecken, Untiefen und Abgründen, bis sie dahin gelangen. Viele solcher Erzählungen können verstanden werden als Geschichten über ein "Leben als Reise" (Bauman, 1995). Das Abenteuer, das in diesen Erzählungen zu durchleben ist, ist das Abenteuer, sich im Handeln in der Welt selbst zu erfahren und eine Antwort zu finden auf die Frage: Wer bin ich? und: Wer bin ich in der Zeit? Wie bin ich verbunden mit dem Gestern und dem Morgen? Die zitierte Formulierung des Schlusses ist uns insbesondere aus vielen Märchen wohlvertraut, aber die *story line*, die Erzähllogik, in die solche Schlüsse sich einpassen, beschränkt sich nicht auf das literarische Genre des Märchens. Wir finden sie wieder in vielen Romanen der letzten Jahrhunderte, den Bildungs- und Entwicklungsromanen. Sie handeln davon, wie eine - meist jedoch: einer - zu sich selber findet, ein Gefühl dafür entwickelt, wer er ist, wo sein Platz in der Gesellschaft ist und wie er nach den Fährnissen dieses Klärungsprozesses sein weiteres (Erwachsenen-)Leben entwirft. Und nicht nur in Romanen wird so erzählt. Berichte über alltägliche Erlebnisse, über Beziehungen und Berufliches, über Einkäufe und Reisen, geraten uns nicht selten zu solcher Art von Geschichten. Sie enden mit einer Anti-Klimax, einer Spannungslösung. Danach bewegt sich das Lebensschiff in ruhigeren Gewässern. Was dort passiert, ist eine andere Geschichte.

Diese Arbeit handelt von der psychologischen Identitätsforschung und ihrer aktuellen Entwicklung. Sie fragt insbesondere nach den Geschichten, in denen Identität und Identitätsentwicklung erzählt wird. Denn es mehren sich die

1

Hinweise darauf, daß die *story line* einer Identitätsbildung als "großer Reise" verbraucht ist. Sie leistet nicht mehr das, man von einer "guten" Geschichte erwarten kann. Sie scheint, das, was die Menschen real auf ihren Lebenswegen erleben, nur noch fragmentarisch fassen zu können. In den westlichen Gesellschaften wird es nach Meinung vieler AutorInnen für die einzelnen immer schwerer, sich als Person zu entwerfen und sich so zu erzählen, daß diese Erzählung eine innere Logik sichtbar macht. Ein Schritt folgt nicht mehr auf den anderen, und der "gute Schluß" will nicht mehr so leicht gelingen. Diese Überlegung mag manchen überraschen, so vertraut ist uns dieses Erzählmuster aus einer Unzahl von Erzählungen. Uns allen sind Beschreibungen und Analysen der Jugendphase und der Identitätsbildung bekannt, die genau diesem Muster gehorchen. Jugend, mag sie im konkreten Einzelfall auch noch so unauffällig verlaufen, beinhaltet als Metapher, als kollektive Vorstellung gerade das: das Suchen, Erproben, sich auf Unbekanntes einlassen, Risiken eingehen und bestehen, Lehr- und Wanderjahre, sich den Wind um die Ohren wehen lassen, (von zuhause) weggehen, um (bei sich) anzukommen: in all diesen Bildern stecken ganze Sozialisationsprogramme, normative Einlagerungen inklusive. Und sie beinhalten damit auch das Ende dieses Erzählbogens, das gute Ende, das Überwechseln in eine andere Lebensphase, ins Erwachsenendasein.

Wer sich jedoch heute mit Identitätsforschung befaßt, verdeutlicht seine Position in aller Regel gerade dadurch, daß er sich von solchen und ähnlichen Beispielen abhebt und statt dessen betont, wie sehr Identitätsbildung ein prinzipiell unabschließbarer Prozeß geworden ist. Der "runde" Schluß, die Antiklimax ist bloß noch ein situativer Zwischenzustand vor dem nächsten Erzählschritt. Diese These ist in der Identitätsforschung heute in einem so großen Maße Allgemeingut, daß sich kaum noch jemand finden läßt, dem man unwidersprochen unterstellen kann, das Gegenteil ernsthaft zu vertreten. Dies gilt sogar für den prägenden Identitätstheoretiker der letzten 40 Jahre, Erik H. Erikson. Auch er wird - gegen sich selbst? - in Schutz genommen, hat doch selbst er, der in der Regel für die Gegenposition haftbar gemacht wird - wenn auch eher beiläufig -, von der Unabschließbarkeit der Identitätsbildung geprochen (Côté & Levine, 1988). Die Rede ist also nicht mehr von einem Prozeß der adoleszenten Selbstfindung, gefolgt von einer Erwachsenenzeit, die dadurch charakterisiert ist, daß der

Jugendliche seinen, wie Erikson meint, "Platz in der Gesellschaft" gefunden hat. In den westlichen Gesellschaften des zu Ende gehenden 20. Jahrhunderts werden "Plätze" nicht mehr für ein ganzes Erwachsenenleben vergeben. Die Rede ist vielmehr von einem Ende, einer *Destandardisierung der Normalbiographie* (du Bois-Reymond & Oechsle, 1990). Die Entwicklungsaufgabe der Identitätsbildung ist heute, so die Meinung vieler AutorInnen, in einem viel grundsätzlicheren Maße unabschließbar geworden, als es Erikson im Sinn gehabt haben mag.

Damit stellt sich, so meine Überlegung, die Frage, ob nicht der Charakter der Reise ein ganz anderer geworden ist. Diese Überlegung betrifft zwei Aspekte: zum einen die Frage nach dem handelnden Subjekt und zum anderen die nach seiner Situierung in der Zeit. In dem Maße, wie das gesellschaftliche Angebot der Normalbiographie Mangelware geworden ist, steht das Subjekt vor der Aufgabe, die individuelle Produktion einer solchen zu versuchen. Es muß versuchen, zumindest für sich Normalität zu definieren, für sich ein Identitätsprojekt zu entwickeln, das es als normativ besser, wünschenswerter als alternative Projekte beurteilt. Das bedingt Suchstrategien nach entsprechenden Mustern, Versatzstücken und Modellen in den verschiedenen Lebenswelten, in denen die Person agiert. Zugleich bedarf es Strategien der Verbindung, Abstimmung und Integration verschiedener Lebenswelten. Wenn gesellschaftliche Integrationsmodelle nicht mehr taugen, muß das Subjekt diese Integrationsleistung in einem erhöhten Maße selbst erbringen. Wer nicht mehr so ohne weiteres weiß, wer er ist, sieht sich in seinen Lebenswelten nach Hinweisen danach um, wer er sein könnte. Er steht dann allerdings vor der Frage, wie er aus den vielen (Selbst-)Bildern eines macht.

Und in dem Maße, wie es an einem sicheren Ort der Selbstwahrnehmung mangelt, wird es schwierig, sich *in die Zukunft* zu entwerfen, sich in der Zeit zu verorten. Lebensentwürfe, persönliche Projekte stehen für Erikson am Ende der Adoleszenz. Das bedeutet nicht, daß das Subjekt sich ohne Wenn und Aber daran hält, aber doch, daß es eine Vorstellung davon hat, wie seine weitere Biographie aussehen soll. Je schwerer es nun aber wird, eine kohärente Vorstellung davon zu entwickeln, wer man ist, je vielgestaltiger man sich in verschiedenen Lebenswelten erfährt und je mehr man der schwierigen Integration dieser Erfahrungen ausgesetzt ist, desto schwerer muß es werden, Zukunftsprojekte für sich zu entwickeln, die sich nicht schon bei ungenauem Hinsehen in der Unverträglichkeit der Inhalte und der zeitlichen Logiken in den verschiedenen Lebenswelten verfangen. Einem Subjekt, dem es schwer fällt, sich in der Gegenwart als kohärent zu erfahren, muß es um so schwerer fallen, sich in die Zukunft zu entwerfen, da ihm der sichere Standort dafür fehlt. Um ein Ziel zu erreichen, muß man den Kurs festlegen; um dies zu können, muß man seinen genauen Standort kennen. Genau der ist nur noch schwer zu bestimmen. Denn das Subjekt erlebt sich in einer Vielzahl von Lebenswelten mit höchst unterschiedlichen Zeitlogiken und Definitionsangeboten. Aus dem Baumanschen "Lebensschiff" ist ein "Konvoi" geworden, der erhebliche Schwierigkeiten hat, auf einheitlichem Kurs zu bleiben.

Fragestellung

Zwei verschränkte Fragen sind es also, die ich im weiteren diskutieren möchte. Die erste Frage bezieht sich auf die Erfahrung von Kohärenz, von innerem Zusammenhang angesichts der Vielfalt und Disparatheit der lebensweltlichen Suchbewegungen. Das Bild des "Konvois" vereint notdürftig höchst Unterschiedliches. In der Lebenswelt Arbeit ist das Subjekt vielleicht auf einer ganz anderen "Reise" als in der Lebenswelt Familie, im Freundeskreis ist alles wieder ganz anders. Wie es sich zusammenfügt, als kohärent erlebt, muß schwerer werden, wenn gesellschaftliche Normalitätsangebote im Schwinden begriffen sind. Wie also, so die erste Frage, organisieren Subjekte ihre Kohärenzerfahrung angesichts der Vielfalt lebensweltlicher Selbsterfahrungen einerseits und der Abnahme gesellschaftlich verfaßter Kohärenzmodelle andererseits?

Aus dieser postulierten Erfahrung der Disparatheit und Inkohärenz ergibt sich die zweite Frage. Sie resultiert aus der Überlegung, daß es aus einer solchen Situation heraus schwer sein muß, einen Lebensbogen zu entwerfen, sich in eine Zukunft zu erzählen. Wie also, so die zweite Frage, entwirft sich jemand in eine Zukunft hinein, dem der feste Stand abhanden gekommen ist. Solange Identitätstheorie noch eine Rede vom Gelingen sein konnte, stand die Entwicklung einer individuellen Perspektive am *Ende* der Identitätsentwicklung. Identität war die *Basis* des persönlichen Projektes. In dem Maße jedoch, wie Identität zum Unabschließbaren wird, muß sie selbst zum - unabschließbaren - Projekt werden, *Identität wird das Projekt.* Was einst das Fundament für den Selbstentwurf war, ist zum Prozeß geworden und der Selbstentwurf zum vergeblichen Versuch, dieses Fundament nun endlich zu legen, einen Ort der Sicherheit zu schaffen.

Mit diesen beiden Fragen nehme ich Bezug auf eine Debatte, die gegenwärtig in der psychologischen Identitätsdiskussion zu verfolgen ist. Sie ist gekennzeichnet von einer widersprüchlichen Situation. Auf der Ebene populärwissenschaftlicher und journalistischer Produktion haben Überlegungen zu einem uneinheitlichen, geteilten, dynamischen Selbst eine so große Verbreitung und Akzeptanz erreicht, daß der Gedanke quasi schon zu einer Selbstverständlichkeit geworden ist. Verlust von Identität, Umbau derselben, die Arbeit an ihr, Dissoziationserfahrungen, Rollenvielfalt: All diese Themen und Begrifflichkeiten finden sich dort in einer ungeheuren Vielfalt und mit großer Selbstverständlichkeit[1].

Die wissenschaftliche Fachdiskussion hinkt dieser Dynamisierung des Identitätsbegriffes hinterher. Manchem Protagonisten dort mag diese Debatte als "modisch" und damit einer ernsthaften wissenschaftlichen Betrachtung unwürdig erscheinen. Andere, insbesondere empirisch orientierte FachkollegInnen, finden in ihren Befunden nicht das Neue, Andere. Sie stellen statt dessen nach wie vor Kohärenz und Kontinuität in der Selbstwahrnehmung der Subjekte fest und fragen mit Skepsis, ob die postmoderne *Patchwork-Identität* (Keupp, 1988a) denn eine empirische Realität besitze oder nicht vielmehr zwar richtig die Zerrissenheitserfahrung der Subjekte aufnehme, sie aber über den Identitätsbegriff in einem konzeptuellen Umfeld verankere, wo sie empirisch einfach nicht zu finden sei. Diese empirische vorfindbare Spannung, daß die gleichen Subjekte, die einerseits selbst subjektive Zerrissenheit erfahren und andererseits mit scheinbarer Leichtigkeit - von psychopathologischen Fällen abgesehen - biographische Kohärenz und Kongruenz erleben, ist es, was meines Erachtens einer intensiveren theoretischen wie empirischen Diskussion bedarf.

---

1   z.B. in der Zeitschrift Psychologie heute (1993); 20 (6).

Die Fundamente dafür sind recht uneinheitlich. Zwar gibt es in der Sozialpsychologie eine Reihe von AutorInnen, die sich mit dem zerrissenen, postmodernen und individualisierten Selbst befassen (vgl. Sampson, 1985; Parker &
Shotter, 1990; Gergen, 1993; Keupp, 1988b, 1992; Kvale, 1992). Der Brücken-
schlag aus der empirisch orientierten psychologischen Identitätsforschung zu solchen Ansätzen ist indes noch kaum gelungen (vgl. Keupp & Höfer, im Druck).
Aber auch dort sind die Dinge im Fluß. Zu beobachten ist etwa das intensive
Bemühen, den Begriff der Identität als einer Zustandsbeschreibung für das Ende
der Adoleszenz überzuführen in einen Prozeßbegriff (vgl. Frey & Haußer,
1987; Bosma, 1995). Während in der psychologischen Identitätstheorie traditio-
nell die Frage nach der Identität mit dem Tenor gestellt wurde, wie das Subjekt
eine Identität "bekommt", und weniger, wie es sie fortführt, fragen diese neueren Ansätze danach, wie es sie in die Zukunft verlängert. Identität wird damit
nicht mehr als Resultat, als Fazit eines Lebens-, Entwicklungs- oder Sozialisa-
tionsabschnittes begriffen. Auch andere Entwicklungen in der psychologischen
Identitätsforschung zeigen Nähen zu meinen Eingangsüberlegungen. So haben
etwa Überlegungen zu einem Subjekt, das im Gefolge der Destandardisierung
der Normalbiographie zum *aktiven* Gestalter seiner eigenen Biographie werden
muß (Hurrelmann, 1983), auch in psychologischen Entwicklungstheorien Eingang gefunden (Lerner, 1985, Coleman & Hendry, 1990). Die Bedeutung von
sozialen Lebenswelten und sozialen Netzwerken wird in Theorien zur Sozialisation von Jugendlichen, der - seit Erikson - "klassischen" Phase individueller
Identitätsentwicklung, zunehmend betont. In dem Maße, wie die Zugehörigkeit
zu sozialen Großgruppen (Kirche, Klasse, Region) als soziale Rahmung von
Identitätsentwicklung nicht mehr verfügbar ist, gewinnen andere soziale Formen
an Bedeutung: Die sozialen Netzwerke in den verschiedenen *Lebenswelten* werden ein bedeutsames Element für die Erhaltung und Entwicklung von Identität
im Sinne eines Selbst, "das sich verteilt in Handlungen, Projekten und in
Praxis" (Bruner, 1990, S. 117). Soziale Netzwerke repräsentieren die Options-
und Ressourcenstruktur, die einer Person prinzipiell zugänglich ist, und definieren so den sozialen Raum für die Ausbildung der individuellen Identität.
Dieser zunehmenden Bedeutung der verschiedenen adoleszenten Lebenswelten
wird Rechnung getragen etwa in den neueren Arbeiten von Jackson & Rodri-

6

guez-Tomé (1993) oder Silbereisen (1994).

Ein weiterer Aspekt ist die erwähnte *Destandardisierung der Normalbiographie*. Wenn das Subjekt sich in einer sehr emphatischen Weise selbst entwerfen muß, weil tradierte soziale Modelle brüchig geworden sind, dann erleichtert die Übernahme von Identitäts-"Erbschaften" der Eltern oder des sozialen Kontextes nichts. Die Integrationsarbeit des Subjektes wird weniger durch "Erbschaften" gestützt als vielmehr durch seine Fähigkeit einer kontinuierlichen Reinterpetation der eigenen Biographie. In diesem Prozeß "... koppeln, lösen und reorganisieren sich die Erfahrungen von Vergangenheit und Gegenwart in einer Weise, die die üblichen Bezüge von Ursache und Wirkung verwischt oder gar umkehrt" (Livson & Peskin, 1980, S. 84). Auch diese Überlegungen finden ihre Entsprechung in der empirisch orientierten psychologischen Identitätstheorie. Dort wird nachgedacht über Identitätsbildung als lebensweltbezogene Strategie oder auch als situatives Management (Breakwell, 1986; Camilleri u. a., 1990). Dies geschieht in Abhebung von inhalts- und ergebnisorientierten Theorien früherer Jahre (vgl. Straub, 1991).

Auch wenn sich manche Entwicklungen in der empirisch orientierten psychologischen Identitätstheorie bzw. in der Theorie adoleszenter Sozialisation lesen lassen als implizite Antworten auf neue Fragestellungen, so sind diese Kommentare in ihrer Reichweite doch beschränkt. Denn wiewohl die Dynamisierung und biographische Unabschließbarkeit von Identitätsbildung recht überzeugend Eingang gefunden haben, sind andererseits Überlegungen zur Aufhebung von Kontinuität und Kohärenz ausgeblendet worden. Die subjektive Erfahrung von Zerrissenheit der eigenen Person, die Veränderung von Zeithorizonten und die *Konflikte verschiedener Zeiten* (Wendorff, 1988, S. 632), also gerade die disparaten und bedrohlichen, weil Desintegration verheißenden, Momente werden weitgehend ignoriert. Die Auflösung von Konzepten einer Identität als Substanz, als Sedimentierung, die nur unter großen Mühen zu verändern ist, ist noch weit entfernt von einer Auflösung des Subjektbegriffes selbst, wie sie von Vertretern postmoderner Ansätze postuliert wird. Danach müsse es einem dezentrierten Subjekt heute darum gehen, Festlegungen auszuweichen. Gelungene Identitätsbildung bestehe heute gerade darin, solche Verfestigungen zu vermeiden. Lebensmodelle seien dann hilfreich, wenn sie *nichts* festschrieben, wenn sie

Umbauten erleichterten.

So gesehen dient eine bloß lineare Dynamisierung des Identitätsbegriffes gerade der Verteidigung des Projektes der Moderne, des "Lebens als großer Reise", gegenüber weitergehenden - postmodernen - Zumutungen. Damit sind aber die Fragen, die gerade auch von der postmodernen Theoriediskussion gestellt werden, nicht beantwortet. Wenn dort Identität zum Zustandsartefakt wird, zu einer situativen Fixierung disparater Prozeßdynamiken, so ist zu fragen, wie sich diese situativen Artefakte organisieren. Denn ob und wie sie sich in einer Kontinuität über Zeit und Raum hinweg organisieren, ist damit keineswegs klar. Aus der gegenwärtigen Debatte um Moderne/Postmoderne komme ich - in aller Kürze - zu folgenden Überlegungen:

– Wenn unter dem Signum der Moderne eine Freisetzung des Individuums und die Aufforderung und/oder Möglichkeit zur Selbstkreation gesellschaftliches Programm werden, dann ist mehr als je zuvor die subjektive Repräsentation von Zukunft wichtig und möglich für die individuelle Entwicklung. In dem Maße also, wie sich eine Destandardisierung der Normalbiographie vollzieht, ist das Subjekt in der Pflicht, für sich selbst eine solche zu entwickeln und beständig zu reformulieren. Wo Destandardisierung zur Regel wird, kommen auf das Individuum neue Strukturierungs- und Projektierungsleistungen zu. *Es muß sich selbst zu seinem Projekt machen.* Und das unter schwierigen Bedingungen. "Konflikte und Krisen werden als normale Ereignisse und Phasen in der individuellen Entwicklung betrachtet. Sie spitzen sich jedoch zu, wenn der Versuch einer Einheit durch die Heterogenität oder Rigidität unterschiedlicher sozialer Gruppen oder Kulturen hintertrieben wird" (Graumann, 1983, S. 315).

– Wenn andererseits die Postmoderne durch das Zusammenbrechen von kollektiven Sinnsystemen und *Metaerzählungen* (Lyotard, 1986) charakterisiert ist, dann ist die Frage, wie in einer solchen gesellschaftlichen Situation dem Subjekt Identitätsprojekte überhaupt noch gelingen können. Indem dem Subjekt die Aufgabe zufällt, für sich selbst eine "Narration", eine Erzählung, zu entwickeln, ist diese nicht auch schon gelöst. Aus welchem Fundus kann es dafür schöpfen? *Wie lassen sich individuelle Identitätsprojekte entwik-*

keln, wenn die Gesellschaft selbst keines mehr hat? Wie ist Zukunft präsent, oder wie kann sie es auch nur sein in einer solchen Situation? De Volder (1979) unterscheidet je nach der gesellschaftlichen Situation eine relative Dominanz vergangenheits-, gegenwarts- oder zukunftsgerichteter Gedanken. Wie wäre nach einem solchen Modell unsere aktuelle gesellschaftliche Situation zu lesen, und welche Folie ergibt sich daraus für die Gestaltung individueller Identitätsprojekte? Die Frage ist also, ob und wie sich gesellschaftliche Veränderungen, die unter den Kürzeln: Postmoderne, Individualisierung, reflexive Biographie diskutiert werden, auf die Zukunftsprojekte der Individuen auswirken.

– Schließlich muß sich eine solche Aufgabenstellung für die Subjekte auch auf ihren Zeithorizont auswirken. Zygmunt Bauman spricht davon, daß es immer schwerer werde, einen *kohärenten Lebensentwurf* zu entwickeln. Wichtig wird es statt dessen, "die Zukunft nicht zu kontrollieren, aber sich zu weigern, sie sich zu verbauen. Sorge dafür zu tragen, daß die Auswirkungen des Spiels das Spiel selbst nicht überdauern ... Der Vergangenheit nicht zu gestatten, auf die Gegenwart einzuwirken. Kurzum, die Gegenwart an beiden Enden zu beschneiden und sie von der Geschichte abzutrennen. Die Zeit abzuschaffen und sie nur noch in Form einer willkürlichen Anhäufung gegenwärtiger Augenblicke zuzulassen. Den Fluß der Zeit auf eine Verlaufsform der Gegenwart zu reduzieren" (Bauman, 1995, S. 4). Damit stellt sich in der Tat die Frage, was Zukunft, Planung, Perspektive in einem solchen Szenario noch bedeuten können, das die Gegenwart und den Augenblicksbezug zum Charakteristikum postmoderner biographischer Zeiterfahrung macht.

Zusammenfassend läßt sich sagen, daß die empirisch orientierte psychologische Identitätsforschung gerade Abschied nimmt von substantialistischen Modellen und prozeßorientierte Konzepte einführt, die sich als Übersetzung von wesentlichen Gedanken der gesellschaftlichen Moderne verstehen lassen. Die - postmoderne - These, daß das Projekt der Moderne obsolet geworden ist, daß Subjektentwicklung heute unter radikal veränderten Umständen stattfindet, daß der Begriff des Subjektes selbst obsolet geworden ist, ist noch kaum aufgenommen worden. Hier möchte ich ansetzen. Mein Ziel ist es, ausgehend von zentralen Überlegungen dieses postmodernen Diskurses, psychologische Ansätze zur Identitätsentwicklung zu befragen: nach theoretischen Verbindungsstücken, empirischen Belegen, konzeptuellen Unverträglichkeiten. Und dabei richtet sich mein Augenmerk insbesondere auf die subjektive Repräsentation von Zukunft, der Vorstellung also, die Subjekte über ihre eigene Zukunft entwickeln. An dieser Frage treffen sich einige der wesentlichen Aussagen postmoderner Identitätstheorien: Situative Zersplitterung der gegenwärtigen Selbsterfahrung, Veränderung des Zeitbezuges in der Subjektentwicklung, Obsoleszenz gesellschaftlicher Biographienormierungen. Damit stellen sich folgende Fragen:

- Wie ist die Erfahrung von Zersplitterung und Dissoziation identitätstheoretisch zu fassen?
- Was bedeutet eine solche Modellierung für die zentralen Begriffe der Kohärenz und Kontinuität?
- Wie ist auf der Basis solcher Modellüberlegungen subjektive Zukünftigkeit zu fassen?
- Wie könnte ein empirisches Herangehen an die Überprüfung dieser Modellüberlegungen aussehen?

Die Beantwortung dieser Fragen geschieht in acht Kapiteln. In einem ersten Schritt diskutiere ich, ausgehend von Erik H. Erikson, neuere Ansätze der psychologischen Identitätsforschung, die verschiedene Facetten von prozeßorientierten Identitätstheorien verdeutlichen sollen (Kapitel 1 und 2). Zur Einbettung dieser Diskussion in einen gesellschaftstheoretischen Bezugsrahmen stelle ich in Kapitel 1.2 Überlegungen zur Identitätsentwicklung in einer krisenhaften Moderne an. Ein zweiter Schritt befaßt sich mit dem Begriff der Inkohärenz und Dissoziation und betrachtet hierzu die Diskussion um die Multiple Persönlichkeitsstörung aus mehreren Blickwinkeln (Kapitel 3). Anschließend diskutiere ich die Dimension der Zukunft in ihrer Qualität als temporale Bezugsdimension für die Identitätsentwicklung (Kapitel 4). Kapitel 5 fragt nach der Beschaffenheit des Selbst, das sich diesen spätmodernen Zumutungen ausgesetzt sieht. Es stellt dazu - kognitivistische - Konzepte eines starken Selbst den - psychoanalytisch orientierten - Analysen eines fragilen Selbst gegenüber. Das Kapitel 6 integriert die einzelnen Diskussionsstränge modelltheoretisch auf der Basis des Konzeptes einer "narrativen Identität". Kapitel 7 schließlich untersucht in einer explorativen Studie die Fruchtbarkeit eines narrationstheoretischen Herangehens. Kapitel 8 resümiert die praktischen Erfahrungen mit der Methode der Narrationsanalyse und formuliert abschließend Überlegungen zu den Begriffen der Kohärenz und der Auktorialität.

Inhaltliche Anregungen wie praktische Unterstützung verdanke ich den KollegInnen des Forschungsprojektes *Erwerbsverläufe, soziale Netzwerke und Identitätsentwicklung junger Erwachsener*. Es wird unter der Leitung von Heiner Keupp an den Universitäten München und Leipzig im Rahmen des Sonderforschungsbereiches 333 durchgeführt (vgl. Keupp & Höfer, im Druck).

1. PSYCHOLOGISCHE IDENTITÄTSTHEORIE UND DAS PROJEKT DER GESELLSCHAFTLICHEN MODERNE

1.1 Identitätsbildung als Projekt der Adoleszenz: E. H. Erikson

Wer über Identität nachdenkt, ist in guter Gesellschaft, wenn er mit dem Ansatz von Erik H. Erikson beginnt (vgl. Krappmann, 1992; Fend, 1991; Lohauß, 1995; Haußer, 1995). Seine Überlegungen besitzen eine solche Vielfalt von Bezügen, daß sie auch nach vierzig Jahren noch in hohem Maße anregend sind. Zudem hat sein Werk eine Brückenfunktion zwischen einer Vielzahl von Spezialdiskursen. Psychoanalyse, Entwicklungspsychologie, Sozialpsychologie und Soziologie: zu ihnen allen finden sich Bezüge im Eriksonschen Ansatz. In seinen Arbeiten hat Erikson das Identitätsprojekt der Moderne exemplarisch gefaßt. Die unauflösbare Spannung zwischen einem inneren Wesenkern und der sozialen Verhandlung von Identität durchziehen sein Werk wie ein roter Faden. Und gerade in den Ambiguitäten, die mit diesem Fokus einhergehen, ist dieses Spannungsverhältnis von innen und außen, von Psyche und sozialer Welt reflektiert.

Identitätsbildung als adoleszente Entwicklungsaufgabe

Erikson bezeichnet sein Entwicklungsmodell als ein epigenetisches Modell. Es geht davon aus, daß eine Neubildung und Erweiterung von Können auf der Grundlage vorangegangener Entwicklungsschritte stattfindet. Die jeweiligen Entwicklungsaufgaben nennt er *psychosoziale Modalitäten*. Sie stellen keine spezialisierten Fertigkeiten dar, sondern ein grundlegendes Vermögen. "Eine neu ausgebildete psychosoziale Modalität erschließt... spezifische neue Möglichkeiten, Sachprobleme, die Vorstellung von sich selbst sowie Beziehungen zu den wichtigen "anderen" in ein ganzheitliches Verhältnis zu bringen" (Krappmann, 1992, S. 103). Die Entwicklung wird als Stufenfolge durchlebt. Auf jeder Stufe gibt es eine Polarität von zwei Dimensionen, in deren Spannungsfeld die jewei-

13

lige Entwicklungsaufgabe angegangen wird. Diese Polarität ist im psychischen Erleben repräsentiert. Es geht also nicht um eine Situierung auf einem äußerlich angelegten Kontinuum, sondern um das Austarieren eines *inneren* Spannungsverhältnisses.

Unter einem *narrationstheoretischen* Blickwinkel (Sarbin, 1986) kann man die Identitätsbildung nach dem Eriksonschen Modell als Fortsetzungsroman betrachten. Jeder Teil ist wichtig und in sich geschlossen. Nachfolgende Teile bauen auf vorhergehende auf, ohne jedoch völlig von ihnen determiniert zu sein. Gleichwohl hat die Geschichte insgesamt einen inneren Zusammenhalt, der durch den sich in ihr erzählenden Hauptprotagonisten und durch eine übergreifende Ereignisdramaturgie gestiftet wird. Dieser biographische Erzählbogen ist kulturell tief verankert. Die Jugendphase als Phase der Identitätsbildung nimmt in ihm einen ganz zentralen Stellenwert ein. Das zeigt sich nicht zuletzt an Eriksons Modell selbst. Es umfaßt zwar als Modell die ganze Lebens-"Geschichte", aber sein ganzes Werk kreist letztlich um diesen einen Abschnitt, die Identitätsbildung.

Für die Identitätsbildung als Entwicklungsaufgabe der Adoleszenz unterscheidet Erikson die beiden Pole der *Identität* und der *Identitätsdiffusion*. In diesem Spannungsfeld müssen die Jugendlichen eine individuelle Lösung entwickeln. Damit ist das Spannung allerdings nicht beseitigt. Erikson betont, daß die negativen Pole der einzelnen Schritte, im Falle der Identitätsbildung also die Identitätsdiffusion, "durch das ganze Leben hindurch die dynamischen Gegenstücke der 'positiven' sind und bleiben" (Erikson, 1965, S. 269). Identität wird verstanden als ein Kriterium relativer psychosozialer Gesundheit, Identitätsdiffusion dagegen als das korrespondierende Kriterium relativer Störung. In einer normalen Entwicklung ist davon auszugehen, daß das erstere dauerhaft überwiegt, wenn es auch das zweite nie ganz verdrängen wird (Erikson, 1973, S. 149). Damit ist ein Spannungsverhältnis zwischen diesen beiden Polen beschrieben, das auch im Prozeßergebnis reflektiert ist. Es geht demnach nicht um ein Entweder-Oder, sondern um einen integrativen Prozeß.

Die Identität wird also "am Ende der Adoleszenz phasenspezifisch, d. h. das Identitätsproblem muß an dieser Stelle seine Integration als relativ konfliktfreier psychosozialer Kompromiß finden - oder es bleibt unerledigt und konfliktbelastet" (a.a.O.). Dazu werden bisher erworbene Identifikationen in einer krisenhaften Auseinandersetzung in Frage gestellt, bis sie sich zu einer Ich-Identität kristallisieren. "Das Gefühl der Ich-Identität ist ... das angesammelte Vertrauen darauf, daß der Einheitlichkeit und Kontinuität, die man in den Augen anderer hat, eine Fähigkeit entspricht, eine innere Einheit und Kontinuität (also das Ich im Sinne der Psychologie) aufrechtzuerhalten. Das Selbstgefühl ... wächst sich schließlich zu der Überzeugung aus, daß man auf eine erreichbare Zukunft zuschreitet, daß man sich zu einer bestimmten Persönlichkeit innerhalb einer nunmehr verstandenen sozialen Wirklichkeit entwickelt" (a.a.O., S. 107).

Hier sehen wir viele Elemente eines "klassisch modernen" Verständnisses von Identität versammelt: Identität als adoleszente Entwicklungsaufgabe, die Zukunft wird konkreter, erscheint erreichbar, man entwickelt sich zu einer "bestimmten" Person. Der Zielzustand wird mit einer Begrifflichkeit umschrieben, die die Konnotationen von Kohärenz und Integration evoziert: angesammeltes Vertrauen, inneres Gleichgewicht, Zuschreiten auf eine erreichbare Zukunft, eine nunmehr bestimmte Persönlichkeit in einer nunmehr verstandenen sozialen Wirklichkeit. Die Nachwirkungen für das Erwachsenenalter sind erheblich. Wird die Entwicklungsaufgabe Identität nicht mit einem positivem Ergebnis erledigt, dann hat man eine lebenslange Hypothek. Der Prozeß ist also mit erheblichen Risiken behaftet. Zudem sind die Voraussetzungen hoch. Voraussetzung für ein Identitätsgefühl ist der frühkindliche Aufbau stabiler Ich-Grenzen und die *Einheit des Selbst*.

Der Begriff des Selbst

Der Begriff des Selbst war bei Freud noch nicht systematisch unterschieden vom Begriff des Ich. Erikson knüpft hier an die Begriffsentwicklung von Hartmann an (vgl. Conzen, 1990, S. 94) und fordert, "daß hinsichtlich des wahrnehmenden und regulierenden Verkehrs des Ich mit seinem Selbst *die Bezeichnung "Ich" für das Subjekt, die Bezeichnung "Selbst" für das Objekt* reserviert werden sollte. Es stünde dann dem Ich als der organisierenden Zentralinstanz im Laufe des Lebens ein veränderliches Selbst gegenüber, das jeweils verlangt, mit allen

15

zurückliegenden und in Aussicht stehenden Selbsten in Übereinstimmung gebracht zu werden" (Erikson, 1973, S. 191; Hvb. W.K.). Das Eriksonsche Selbst ist zwar veränderlich und dynamisch, aber es hat das "Verlangen" nach Übereinstimmung auf der Zeitachse, nach Kohärenz und Kontinuität, strebt also danach, immer wieder in einen homöostatischen Zustand zu gelangen. Die jeweilige Herstellung dieser Übereinstimmung stellt eine beträchtliche Leistung des Ich dar: "Worüber das Ich nachdenkt, wenn es den Körper, die Persönlichkeit oder die Rollen sieht oder erwägt, an die es fürs Leben gebunden ist, unwissend, wo es vorher war und danach sein wird - das sind die verschiedenen Selbste, die unser zusammengesetztes Selbst ausmachen. Es gibt fortwährende und schockartige Übergänge zwischen den Selbsten: man denke an das nackte Körper-Selbst im Dunkeln, oder wenn es plötzlich dem Licht ausgesetzt wird ... Es bedarf wahrlich einer *gesunden Persönlichkeit* für das Ich, um befähigt zu sein, aus all diesen Zuständen heraus, in solch einer Art zu sprechen, daß es in jedem gegebenen Augenblick Zeugnis ablegen kann wie ein zusammenhängendes Selbst" (Erikson, 1970, S. 226; Hvb. W.K.).

Das Selbst stellt die Gesamtwahrnehmung der eigenen Persönlichkeit dar und leitet sich ab aus der Unzahl höchst unterschiedlicher und zum Teil widersprüchlicher Selbste. Es verfügt über eine zeitliche Kontinuität und wird damit zum konstanten Bezugsrahmen der Reflexion, auch wenn sich einzelne Aspekte wandeln. "Ziel allen Ich-Funktionierens ist es, im Wechsel des Geschehens keine allzu großen Gegensätze und Disharmonien innerhalb der eigenen Repräsentanzenwelt aufkommen zu lassen" (Conzen, 1990, S. 96f.). Sind die Gegensätze im Selbst zu groß, so daß die Syntheseleistungen des Ich nicht mehr ausreichen, dann kommt es zu einer Identitätskrise. Voraussetzung für das Identitätsgefühl ist nicht nur eine situationsübergreifende Kohärenzkonstruktion, sondern auch das Erleben eines stabilen Selbst über die Zeit. Das Ich assimiliert untentwegt neue Erfahrungen, "um ein Gefühl der Kontinuität zwischen alten, gegenwärtigen und zukünftigen Selbsten zu gewährleisten" (a.a.O., S. 97). Aus der Sicht dieses Modells ist klar, daß Identitätsprobleme dann auftreten, wenn wir es nicht mit einer "gesunden Persönlichkeit" zu tun haben. Aber auch disparate Erfahrungen des Selbst in gesellschaftlichen wie individuellen Übergangssituationen müssen zu Identitätsproblemen führen. Erfolgen die Veränderungen zu schnell und zu dramatisch, dann kommt es zu einer Konfusion des Selbst und zu einer Identitätskrise.

Die Weiterentwicklung unseres Selbstbildes ist abhängig von den Interaktionen mit anderen. Erikson betont in diesem Zusammenhang die Notwendigkeit, daß die Gesellschaft den Jugendlichen einen Platz für eine erreichbare und verstehbare Zukunft bereithält, mit dem Versprechen, ihre Bedürfnisse und Fähigkeiten in sozialen Lebensformen realisieren zu können. "Das Vertrauen darauf, daß diese Balance erreichbar ist und als befriedigend erlebt werden kann, ermöglicht Identität: ich bin der, als den die anderen mich wahrnehmen; ... auch über Veränderungen hinweg werde ich zu meinen Plänen stehen und die Anerkennung der anderen gewinnen können" (Krappmann, 1992, S. 105).

Die Eriksonschen Anforderungen an einen gelingenden Prozeß der Identitätsbildung sind sehr hoch gesteckt. Es bedarf eines "gesunden" Ich, um überhaupt die Normalität unterschiedlicher Selbsterfahrungen zu integrieren. Gesellschaftliche Umbrüche, tiefgreifende biographische Veränderungen, disparate Erfahrungen müssen danach das Ich regelmäßig überfordern und in eine Dauerkrise stürzen. Die in der erwähnten Debatte eines postmodernen Subjektes beschriebenen Verlusterfahrungen der Individuen laufen allerdings gerade in diese Richtung. Einem solchermaßen individualisierten Subjekt kann von Eriksons Modell also keine Hilfe zuteil werden. Eine Identität, die eine "gute" Balance von subjektivem Vertrauen, interaktiven Spiegelungen und realen Erfahrungen zu ihrem Gelingen benötigt, ist aus postmoderner Perspektive nicht einmal mehr als Ideal zu gebrauchen.

Identitätsdiffusion als "dunkle" Seite der Identitätsbildung

So wie jede Epoche ihre Projekte erfindet, erfindet sie damit auch ganz spezifische Formen des Scheiterns derselben. Das Leben der Subjekte spielt sich in diesem Spannungsfeld ab. Wenn uns heute, kurz vor der Jahrtausendwende, ein positiver Abschluß des Prozesses der Identitätsbildung kaum mehr erreichbar erscheint, so sind es vielleicht die Muster des Scheiterns, in denen wir uns heute eher wiederfinden können. Denn sie verweisen auf den Preis, der mit der

Normativität zu zahlen ist, und ihr Einbezug kann vielleicht einen normativ versiegelten Erzählraum wieder öffnen für neue Formen der Selbst-Erzählung. Bei Erikson sind diese Formen des Scheiterns allesamt geprägt vom negativen Pol in seinem Modell der Identitätsbildung, der *Identitätsdiffusion*. Zu diesem Konzept nimmt Erikson (1973) in seinem Aufsatz "Das Problem der Ich-Identität" ausführlich Stellung.

Erikson beschreibt Identitätsdiffusion als eine (vorübergehende oder dauernde) Unfähigkeit des Ich zur Bildung einer Identität. Er weist darauf hin, "daß in der Ich-Diffusion nicht nur die Peripherie, sondern auch das Zentrum mit ergriffen ist: Es ist eine Zersplitterung des Selbst-Bildes eingetreten, ein Verlust der Mitte, ein Gefühl von Verwirrung und in schweren Fällen die Furcht vor völliger Auflösung" (Erikson, 1973, S. 154). Diese Beschreibung läßt einen die postmodernen Begriffe einer Dezentrierung und Dissoziation des Selbst assoziieren. Solche Jugendlichen versuchen, "ein psychosoziales Ultimatum zu vermeiden oder hinauszuschieben. Das kann zu einem Lähmungszustand führen, dessen Mechanismen so konstruiert zu sein scheinen, daß ein Minimum tatsächlicher Verpflichtung und Entscheidung mit einem Maximum innerer Überzeugung verbunden bleibt, noch Zeit und Kraft zur Entscheidung zu haben" (ebd., S. 156).

Auch hier stellen sich die Assoziationen zum Subjekt der Spätmoderne bzw. Postmoderne ein: Ein Subjekt, das gleichzeitig vielen höchst unterschiedlichen Anforderungen in unterschiedlichen Lebensbereichen ausgesetzt ist, die eine Verpflichtung fordern und potentiell langfristige Konsequenzen nach sich ziehen. Und dieser Anspruch geht immer einher mit der Aufgabe einer psychosozialen Selbstdefinition, d. h. der Integration all dieser divergenten Selbste in ein kohärentes Selbstbild. Eriksons Bild vom Lähmungszustand, verbunden mit der inneren Überzeugung, noch Zeit zur Entscheidung zu haben, wäre zu lesen als die Haltung eines skeptischen Subjektes, das nicht mehr an das Legen von Fundamenten glaubt, sondern kontinuierliche Umbauten und Reformulierungen seiner Identität erwartet. Während in Eriksons Modell alles - d. h. jeder Entwicklungsschritt - seine Zeit hat und deshalb in der Tat nicht auf die lange Bank geschoben - aber auch nicht vorgezogen - werden kann, ist das Subjekt der Individualisierung damit beschäftigt, sich, angesichts der Destandardisierung der

Normalbiographie, selbst eine Biographie zusammenzubasteln und das nicht ein
für allemal, sondern in einem beständigen Prozeß der Suche und Reformulie-
rung. In einer solchen Situation ist Lähmung zwar immer noch ein Handicap,
allerdings eines mit einer anderen Qualität. Denn Entwicklungsschritte können
nicht mehr endgültig abgeschlossen werden, und sie haben auch nicht mehr nur
einen möglichen biographischen Ort. Im Eriksonschen Modell ist die Identitätsdiffusion v. a. durch drei Problembereiche charakterisiert.

a) *Diffusion der Beziehungsfähigkeit.* Die Jugendlichen haben Schwierigkeiten,
   sich auf intime Beziehungen einzulassen, eine Diagnose, die in aktuellen
   Analysen der westlichen Gesellschaften als zentrales Charakteristikum einer
   Kultur des Narzißmus (Lasch, 1979) bezeichnet wird (vgl. Beck-Gernsheim,
   1994). Nach Erikson wird dieses Störungsbild oft erst im frühen Erwachsenenalter sichtbar. Dies "... erklärt sich aus der Tatsache, daß oft erst der
   Versuch, sich in eine intime Freundschaft oder Rivalität oder auch in se-
   xuelle Intimität und Liebesverhältnisse einzulassen, die latente Schwäche
   der Identität enthüllt" (Erikson, 1973, S. 156).

b) *Diffusion der Zeitperspektive.* Sie gehört in ihrer milderen Form zur Psychopathologie der Adoleszenz im allgemeinen. "Sie besteht in dem Gefühl,
   in großer Zeitbedrängnis zu sein, zugleich aber auch, den Zeitbegriff als
   eine Dimension des Lebens verloren zu haben. Der junge Mensch fühlt sich
   gleichzeitig sehr jung, fast babyhaft, und uralt" (ebd., S. 159). Auch hier
   finden sich Parallelen zur Individualisierungsdiskussion. Zeitbedrängnis,
   Verlust der Zeitdimension, Zeitgefühle im "verwirrenden Nebeneinander"
   (Zoll, 1988, S. 14): Das läßt an ein Subjekt denken, das vor der Notwendigkeit steht, sich in einer Vielzahl von gegensätzlichen Lebenswelten mit
   höchst unterschiedlichen Zeitlogiken zu verorten und zu definieren. Diese
   Situation führt zu eben dieser Zeitbedrängnis einerseits und einer Vielzahl
   nebeneinander existierender und nicht integrierbarer zeitlicher Verortungen
   andererseits.

c) *Diffusion des Werksinnes.* "Patienten mit schwerer Identitätsdiffusion leiden
   regelmäßig auch an einer akuten Störung ihrer Leistungsfähigkeit, und zwar
   entweder in der Form, daß sie unfähig sind, sich auf irgendwelche Arbeiten

zu konzentrieren, oder in Gestalt einer selbstzerstörerischen, ausschließlichen Beschäftigung mit irgendwelchen einseitigen Dingen, z.B. exzessivem Lesen" (ebd., S. 161). Beides ist uns vertraut, insbesondere die Unfähigkeit, sich mit einiger Ausschließlichkeit auf ein Werk zu konzentrieren, und dies nicht nur als Mangel, sondern geradezu als *Voraussetzung* für berufliches wie privates Funktionieren. Denn gerade das Nebeneinander verschiedener Projekte mit unterschiedlicher Zeitlogik erscheint uns heute als normal. Das Werk in der Eriksonschen Emphase läßt uns den Handwerker/Künstler assoziieren, der ein Leben führt, in dem Werk und Leben in eins fallen, wo sich die Identität als auktoriale Identität im schöpferischen Tun manifestiert. Das wirkt heute hoffnungslos romantisch. Romantisch gewirkt hat eine solche Erzählung sicher auch schon in den USA der fünfziger und sechziger Jahre, der publizistisch fruchtbarsten Phase Eriksons, hoffnungslos jedoch nicht: denn in einer Wachstumswirtschaft und in einer Gesellschaft, die sich ihrer weltweiten Führungsrolle sicher war, erschien es wohl zumindest den weißen, männlichen US-Amerikanern durchaus möglich, ihren Lebensweg zu definieren, ihr Lebenswerk zu errichten. Insofern war die *gelingende Identität* eine Form der Selbst-Erzählung, der Selbst-Narration mit einem hohen ideologischen Gehalt und einer - zumindest partiell - verifizierbaren realen Potenz.

Diskussion

Eriksons Werk abschließend zu beurteilen ist schwierig. Sein Modell ist facettenreich, aber nicht völlig ausgeformt. Die Folge ist, daß sich vieles in seinen Texten finden läßt - und auch das Gegenteil. Und je nach der Brille des Exegeten gibt es - mindestens - einen psychoanalytischen Erikson, einen entwicklungspsychologischen, einen sozialpsychologischen und einen kulturtheoretischen und innerhalb dieser Exegesen jeweils den veralteten Erikson gegenüber dem Erikson, der nach wie vor modern, aktuell ist. Über die Gründe mag man lange nachsinnen. Liegt es am Thema "Identität", an den Exegeten, am Autor? Erikson selbst führt die zuweilen völlig konträren Rezeptionen seines Werkes u. a.

darauf zurück, daß sein Modell und seine Begriffe angesichts ihrer Unschärfe zu Mißverständnissen geradezu einladen: "Ich denke, man könnte präziser sein, als ich es bin oder sein kann. Ich habe in sehr hohem Maße den Eindruck, daß eine wissenschaftliche Ausbildung und wissenschaftliche Logik viel geholfen hätten" (Erikson, zit. in Stevens, 1983, S. 112). Auch die Übersetzung in empirisch überprüfbare Fragestellungen ist dadurch erschwert. "... ich habe diese Art von künstlerischem Temperament, die mich beim Schreiben dazu führt, meine Erfahrungen auf meine eigene Weise auszudrücken. Das ist für viele Leser oft etwas verführerisch. Ich habe immer wieder gelesen, daß Leute etwas fühlten, es sehr gut und überzeugend fanden und hinterher nicht recht wußten, was ich gesagt hatte. Insofern muß ich meine Leser warnen" (Erikson, zit. in Stevens, 1983, S. 112).

Meine Lesart ist, daß der "normative Erikson", also der Erikson, der Identitätsbildung modellhaft beschreibt, in der Tat veraltet ist. Dies zeigt sich in seiner Begrifflichkeit des Gelingens ebenso wie in der des Scheiterns. Aktuell ist er andererseits insofern, als er mit seinem normativen Modell Verlusterfahrungen des Subjekts in der Moderne einklagt. Aktuell ist er weiter da, wo er mit der Beschreibung mißlingender Identität eine Brücke herstellt zur aktuellen Identitätsdiskussion. Denn vieles, was er als Hintergründe wie als Erscheinungsformen der Identitätsdiffusion benennt, läßt sich ohne weiteres mit spätmodernen Analysen der Subjektentwicklung parallelisieren: sich nicht festlegen wollen, zu viele Entscheidungen auf einmal treffen müssen; sich in unterschiedlichen Zeitlogiken der unterschiedlichen Lebenswelten zurechtfinden müssen. Aktuell schließlich ist Erikson auch insofern, als er, auch um den Preis von Unschärfen der Modellbildung, durch die beispielhafte "very breadth of phenomena covered" (Kroger, 1989, S. 43) eine breite Einbeziehung von individuellen, sozialen und historischen Wirkfaktoren in eine Analyse der Identitätsbildung anmahnt.

1.2 Die Krise der organisierten Moderne

Meine Klassifizierung Eriksons als Theoretiker der Moderne stellt mir die Aufgabe, den Begriff der gesellschaftlichen Moderne wie auch die in diesem Zusammenhang differenzierend gebrauchten Begriffe der Spätmoderne und der Postmoderne näher zu erläutern. Ich möchte diese Aufgabe angehen mit einem - soziologisch gesehen - beschränkten Fokus, und zwar unter expliziter Bezugnahme auf die identitätstheoretische Diskussion.

Identitätsentwicklung als Aufgabe der Moderne

Die Grundüberlegung ist, daß Identitätsbildung nicht der Vollzug eines biologischen Programmes ist, sondern ein Entwicklungsprozeß, der innig mit der Konstitution des Subjektes in einer spezifischen gesellschaftlichen Epoche zusammenhängt; und mehr noch: Identität wird überhaupt erst zu einer Aufgabe des Subjektes in einer spezifischen historischen Situation. Eine grobe Unterscheidung ist die zwischen drei Identitätsmustern, und zwar den Identitätsfiguren der Vormoderne, der Moderne und der Postmoderne. In der Vormoderne war Identität "eine Funktion von festgelegten Rollen und eines traditionalen Systems von Mythen, die Orientierung und religiöse Sanktionen boten ... Identität war unproblematisch und nicht Gegenstand von Reflexion oder Diskussion. Individuen durchlebten keine Identitätskrisen, noch änderten sie radikal ihre Identität" (Kellner, 1992, S. 141).

Dem gegenüber steht die moderne Identität. Sie wird "mobiler, multipler, selbstreflexiver und Gegenstand von Veränderung und Innovation" (a.a.O.). Hinzu kommt die soziale Bezogenheit der Identität, wie sie von vielen Theoretikern der Moderne betont worden ist und sich dann auch in der Identitätstheorie findet (vgl. James, 1890; Mead, 1934). Identitäten werden wähl- und veränderbar. Und in dem Maße, wie dies möglich wird, wächst auch die soziale Bezogenheit. Denn nur daraus läßt sich für das Subjekt Stabilität gewinnen. Peter Wagner (1995) macht uns darauf aufmerksam, daß die Moderne einen Zeitraum von ca. 200 Jahren umfaßt und nicht als statische Epoche betrachtet werden darf. Dieser Zeitraum war und ist im Gegenteil von höchst dynamischen und widersprüchlichen Entwicklungen gekennzeichnet. Wagner verweist zugleich darauf, daß alle diese historischen Ordnungsversuche trügerisch sind. Sie suggerieren eine zeitliche Reihung von Diskursen und Denkfiguren, die in einer solchen Klarheit nicht besteht. Denkfiguren sterben nicht einfach ab, sie verändern sich, differenzieren sich regional oder schichtspezifisch aus, bleiben neben neuen Diskursen erhalten. Auch heute noch lassen sich Argumentationsfiguren finden, die - schematisch betrachtet - einer früheren Epoche angehören.

Nach Wagners Analyse, der ich hier folge, ist zwischen drei Epochen der Moderne zu unterscheiden, einer Frühmoderne, einer klassischen Moderne und einer Spätmoderne (Wagner, 1995, S. 33ff.). Die Frühmoderne geht davon aus, daß es gewisse kulturelle Zuschreibungen gibt, die jeder Praxis individueller Autonomie vorausgehen, z. B. eine kulturell-linguistische Formation. Die Identitätsbildung wird innerhalb dieser Formation stattfinden und kann sie nicht überschreiten. Diese Überlegung ist eng verbunden mit dem Gedanken des Nationalstaates. Die klassische oder Hoch-Moderne wiederum löst sich von solchen substantialistischen Vorstellungen und geht über zu prozeduralen. Identitätsbildung findet jetzt statt als Werk rationaler Handlungsträger in einer durch und durch rationalen Gesellschaft, die in verschiedene Sphären geschieden ist (z.B. Politik, Wissenschaft, Kultur). Diese Vorstellungen, so betont Wagner, beschreiben allerdings in keiner Weise die sozialen Praktiken dieser Epoche, sondern vielmehr das *Projekt der Moderne* als ideologischen Entwurf. Die Spätmoderne schließlich betont den fiktiven Charakter dieses Weltbildes. Danach ist die Idee prozeduraler Rationalität von zu vielen Vorannahmen abhängig und kann nicht aufrechterhalten werden.

Der grundlegende Gedanke der Moderne der letzten 200 Jahre ist die Idee der Konstruierbarkeit der eigenen Identität. Die Unterscheidung der einzelnen epochalen Konstruktionen kann anhand von drei Kriterien erfolgen. Erstens ist danach zu differenzieren, wie sehr die Idee einer eigenen Identität die Gesellschaft *durchdrungen* hat, wie sehr also alle Mitglieder einer Gesellschaft an diesem Diskurs teilhaben. Zweitens ist zu prüfen, inwiefern die eigene Identität als eine Frage der *Wahl* gedacht wird, wie radikal dieses Verständnis ist und in welcher Beziehung es zur realen Praxis der Subjekte steht. Denkbar ist, daß trotz der theoretischen Möglichkeit der Wahl in verschiedenen sozialen Kontexten quasi selbstverständlich vorgeschriebene Identitäten übernommen werden, die Wahl einer Identität zwar gedacht aber nicht oder mit einem sehr engen Verständnis des Begriffs der Wahl praktiziert wird. Drittens schließlich sind Identitätsmodelle unter dem Aspekt der *Stabilität* zu untersuchen. Stabilität kann für die einen eine lebenslange Festschreibung bedeuten, für andere eine Festlegung, die ständig offen ist für einen Identitätsumbau.

> In der Reihenfolge, in der sie hier aufgeführt wurden, erweitern die genannten Kriterien die Reichweite der *Konstruierbarkeit* von Identitäten. Alle Bedingungen der Identitätskonstruktion waren für einige Individuen oder Gruppen zu jeder Zeit während der zwei vergangenen Jahrhunderte im Westen erfüllt. Aber die Weite der Konstruierbarkeit von Identitäten kann, denke ich, als ein unterscheidendes Kennzeichen zwischen den drei vage bestimmten Typen moderner Konfigurationen aufgefaßt werden. Oder, um die These umgekehrt zu formulieren, die Vergrößerung der Reichweite von Identitätskonstruktionen markiert die Übergänge von einer sozialen Konfiguration der Moderne zu einer anderen. Diese Übergänge bringen soziale Prozesse der Entwurzelung mit sich und provozieren Umbrüche von sozialen Identitäten, in deren Verlauf nicht nur andere Identitäten erworben werden, sondern auch die Möglichkeit der Konstruktion selbst deutlicher und allgemeiner wahrgenommen wird. (Wagner, 1995, S. 232)

Die Geschichte der Moderne ist jedoch keinesfalls eine bloße stufenförmig angelegte Entfaltung dieser drei Epochen. Sie ist im Gegenteil geprägt von komplexen sozialen Prozessen der *Entwurzelung* und *Wiederverwurzelung*, des Herauslösens der Subjekte aus sozialen Praxen und Zusammenhängen und ihrer Einbindung in neu entstehende. Außerdem war die Idee der Moderne nicht einfach siegreich, sondern immer auch konfrontiert mit antimodernistischen Tendenzen. Wenn man nach den Phasen einer "emphatischen" Moderne fragt, dann ist zunächst die Frühzeit der klassischen Moderne um die Mitte des 19. Jahrhunderts zu nennen, als die Freisetzungsprozesse im Gefolge der industriellen Revolution große Teile der Bevölkerung erfaßten. "Beginnend etwa in Karl Marx' und Friedrich Engels' *Kommunistischem Manifest* und Charles Baudelaires Schriften über das moderne Leben finden wir hier eine Auffassung von der Moderne, die sich durch deren gesamte Geschichte immer wieder hörbar gemacht hat" (a.a.O., S. 233).

Die nächste Phase einer emphatischen Moderne schließlich ist die Zeit der fünfziger Jahre dieses Jahrhunderts, als nach dem zweiten Weltkrieg in vielen westlichen Ländern eine Zeit relativer Stabilität mit kontinuierlichem wirtschaftlichem Wachstum angebrochen war. Es war allerdings gerade nicht die Aufbruchstimmung aus der Zeit von Marx und Engels, sondern die Zeit "einer soliden, etwas trägen Moderne" (a.a.O., S. 247). Man sprach vom "Wirtschaftswunder", der "Wohlstandsgesellschaft", dem "Ende der Klassengesellschaft". Die Moderne schien die ihr adäquate Form sozialer Organisation gefunden zu haben. Diese *organisierte Moderne* ist es eigentlich, die heute gegenüber der *Postmoderne* als Kontrastierung dient, um die Entwicklungen der letzten 40 Jahre zu charakterisieren. Und es ist sicher kein Zufall, daß das Hauptwerk Erik Eriksons aus dieser Zeit datiert. Seine Darstellung vermittelt genau dieses Vertrauen in eine prästabilisierte Harmonie zwischen Individuum und Gesellschaft, welches die adoleszente Identitätsbildung als einen zwar mühseligen, aber doch dem Gelingen verschriebenen Prozeß entwirft, dessen Scheitern jedenfalls nicht in der Gesellschaft zu suchen ist. Insofern muß Erikson genauer als Bannerträger einer Identität der *organisierten Moderne* bezeichnet werden. Und wenn er heute vielen Theoretikern als Bezugspunkt dient, dann wohl genau aus der Erfahrung eines Prozesses der *Entwurzelung*, von dem bei Erikson selbst noch nichts zu spüren ist.

Die Krise der Spätmoderne

In der Kontrastierung der fünfziger Jahre mit den achtziger und neunziger Jahren dieses Jahrhunderts (vgl. Abb. 1) geht es - identitätsbezogen - primär um Prozesse der Individualisierung, der Entwurzelung aus klassischen Gruppen- und Integrationsformen. Wenn also die Verheißung der Moderne, das Subjekt könne/müsse sich auf radikale Weise selbst konstituieren, immer schon zu ihrem Programm gehörten, so ist sie doch erst jetzt in vollem Umfang und über viele Bevölkerungsgruppen hinweg einlösbar geworden. Denn seit der Zeit der organisierten Moderne der fünfziger Jahre sind umfangreiche Prozesse der Freisetzung zu beobachten, die sich am Zerfall bzw. am radikalen Bedeutungswandel einer Vielzahl sozialer Institutionen zeigen lassen (z.B. Kirche, Gewerkschaften, Familie). Wie nie zuvor sind die Subjekte zu einer *Bastelexistenz* (Hitzler & Honer, 1994) gezwungen, zum Provisorium einer *Patchwork-Identität* (Keupp, 1988a) angesichts disparater lebensweltlicher Erfahrungen. Vieles ist für uns schon so "normal" geworden, daß erst eine Aneinanderreihung von Einzelbeobachtungen die "durchschnittliche Exotik" des westdeutschen Alltags deutlich macht:

> Sie äußert sich am deutlichsten in der Provinz. Niederbayerische Marktflecken, Dörfer in der Eifel, Kleinstädte in Holstein bevölkern sich mit Figuren, von denen noch vor dreißig Jahren niemand sich etwas träumen ließ. Also golfspielende Metzger, aus Thailand importierte Ehefrauen, V-Männer mit Schrebergärten, türkische Mullahs, Apothekerinnen in Nicaragua-Komitees, mercedesfahrende Landstreicher, Autonome mit Bio-Gärten, waffensammelnde Finanzbeamte, pfauenzüchtende Kleinbauern, militante Lesbierinnen, tamilische Eisverkäufer, Altphilologen im Warentermingeschäft, Söldner auf Heimaturlaub, extremistische Tierschützer, Kokaindealer mit Bräunungsstudios, Dominas mit Kunden aus dem höheren Management, Computer-Freaks, die zwischen kalifornischen Datenbanken und hessischen Naturschutzparks pendeln, Schreiner, die goldene Türen nach Saudi-Arabien liefern, Kunstfälscher, Karl-May-Forscher, Bodyguards, Jazz-Experten, Sterbehelfer und Porno-Produzenten. An die Stelle der Eigenbrötler und Dorfidioten, der Käuze und der Sonderlinge ist der durchschnittliche Abweichler getreten, der unter Millionen seinesgleichen gar nicht mehr auffällt. (Enzensberger, 1991, S. 264)

Das Aufbrechen der organisierten Moderne hat Sichtweisen gestärkt, die die Selbstverwirklichung eines *unternehmerischen Selbst* betonen. Wagner (1995, S. 241ff.) verweist hier auf den *Thatcherismus*, dessen Einfluß in vielen westlichen Gesellschaften nach wie vor beträchtlich ist. Margaret Thatcher, die dem Begriff der Gesellschaft eine Absage erteilt hat ("There is no such thing as society" (zit. in Barnes, 1995, S. 338)), hat in ihrem politischen Programm dem Konzept des "commercial enterprise" paradigmatischen Status für die Reform staatlicher Institutionen (z.B. Schulen, Gefängnisse, Stadtverwaltungen) verliehen. Parallel dazu wurden auch Vorstellungen gestärkt, das Individuum als *enterprising self*, als Wirtschaftsunternehmen, zu betrachten. "Statt auf einem

Abbildung 1: Organisierte Moderne versus krisenhafte Spätmoderne. Eine Zusammenstellung von Kontrastierungen[1]

Organisierte Moderne	Krisenhafte Spätmoderne
Platzangebot durch wirtschaftliches Wachstum, Berufswahl als Lebensentscheidung	kein Angebot, strukturelle Arbeitslosigkeit, 2/3-Gesellschaft, Berufswahl ganz sicher nicht endgültig
national, klassenbezogen	Auflösung von Nations- und Klassenbezug
Individuum im Wohlfahrtsstaat	Individuum als *unternehmerisches Selbst*
Identität als Pflicht: zur Sicherung der gesellschaftlichen Transaktionen	Identität als Last: angesichts kontinuierlicher individualisierter Umbauforderungen
Kohärenz als Möglichkeit und Notwendigkeit	Kohärenz als einengende bzw. unmögliche Leistung zur Identitätssicherung
Zukunft ist möglich, lebbar, planbar im Rahmen der gesellschaftlichen Angebote	Zukunft löst sich auf in Gegenwart, Planungszeiträume schrumpfen, biographische Entwürfe haben eine kurze Lebensdauer
Soziale Netzwerke kohärent, aufeinander abgestimmt	Netzwerke disparat mit unterschiedlichen Logiken
Soziale Identität ergibt sich aus dem Platz in der Gesellschaft	Soziale Identität ergibt sich aus dem Gesamt der Teilidentitäten in den sozialen Netzen

---

1 Ich stütze mich hier auf die in diesem Abschnitt zitierte Literatur, darüber hinaus insbesondere auf Gergen (1991), Ferchhoff & Neubauer (1989) und Giddens (1991).

gesicherten Platz in einer stabilen sozialen Ordnung verweilen zu können, wird von den Einzelnen gefordert, sich aktiv bei der Gestaltung ihres Lebens und ihrer sozialen Positionen in einer sich beständig verändernden Umwelt zu engagieren. Eine solche Akzentverschiebung muß Unsicherheiten und sogar Ängste befördern" (Wagner, 1995, S. 243). Der Freisetzungsprozeß bedeutet für das Individuum eine erhebliche Belastung. Während das Subjekt der klassischen Moderne noch glaubte, auf eine Versöhnung der unterschiedlichen lebensweltlichen Rationalitäten hoffen zu können, ist ihm in der Spätmoderne diese Hoffnung abhanden gekommen.

Postmoderne Ansätze schließlich verschärfen diese These noch. Aus einer postmodernen Perspektive wird Identität immer fragiler. Ja der Begriff der Identität selbst gerät als Mythos und Illusion in Zweifel. Es wird konstatiert, daß "das Subjekt sich desintegriert hat in einen Fluxus euphorischer Intensitäten, fragmentiert und entkoppelt, und daß das dezentrierte postmoderne Selbst keine Angsterfahrung mehr hat, und es besitzt weder Tiefe noch Substantialität noch Kohärenz, Eigenschaften, die das Ideal und die gelegentliche Errungenschaft des modernen Selbsts waren. Postmoderne Theoretiker postulieren, daß die Subjekte in Massen implodiert sind. Ein fragmentierter, entkoppelter und diskontinuierlicher Modus der Erfahrung wird zu einem grundlegenden Charakteristikum postmoderner Kultur, sowohl ihrer subjektiven Erfahrung als auch ihrer Texte" (Kellner, 1992, S. 144). Unsere subjektive Empfindung der Kohärenz ist nichts anderes als Selbsttäuschung: Denn wenn wir trotzdem "das Gefühl einer vereinten Identität von der Geburt bis zum Tode haben, dann lediglich deswegen, weil wir eine Trost spendende Geschichte oder eine 'Narration des Selbst' ... konstruieren. Die völlig vereinte, sichere und kohärente Identität ist eine Phantasie" (Hall, 1992, S. 277). In ähnlicher Weise unterscheidet Kenneth Gergen eine moderne und eine postmoderne Identität. Danach glauben Subjekte der Moderne "an Bildungssysteme, ein stabiles Familienleben, moralische Erziehung und rationale Wahl der Ehepartner. ... Unter postmodernen Bedingungen existieren die Personen in einem beständigen Prozeß der Konstruktion und Rekonstruktion ... Jede Realität des Selbst wird ersetzt durch reflexives Infragestellen, Ironie und schließlich das spielerische Erproben immer neuer Realitäten" (Gergen, 1991, S. 6f.). Solche Beschreibungen des postmodernen

Subjektes finden sich - mit sicherlich unterschiedlichen Pointierungen - in einer Vielzahl von Darstellungen. Immer geht es um die Frage der Kohärenz, der Zersplitterung, der Dezentrierung des Subjektes. Während sich das Eriksonsche Subjekt der organisierten Moderne in eine Zukunft als prästabilisierte Harmonie von subjektivem Wollen und gesellschaftlichem Angebot hinein entwerfen kann und seine zukünftige Identität projektiert, erschöpft sich das postmoderne Subjekt in einem Strudel von Dezentrierung und Zersplitterung. Perspektivbildung erfordert einen festen Stand, einen festen Platz in der Gesellschaft. Der aber wird nicht mehr geboten und ist vom Subjekt auch nicht mehr herzustellen.

Die Differenzierung Gergens eignet sich, um auf ein Problem aufmerksam zu machen, das sich bei all diesen Klassifizierungen und begrifflichen Differenzierungen stellt. Das Verhältnis von Moderne und Postmoderne wird sehr unterschiedlich verstanden. Die einen verstehen darunter Epochenbegriffe, andere wiederum eher theoretische Bezugssysteme und Standorte, von denen aus die derzeitige Epoche betrachtet wird. Hinzu kommt, daß die Scheidungen zwischen den beiden Standorten oft sehr unterschiedlich vorgenommen werden. So sind etwa die Gergenschen Charakterisierungen eines postmodernen Subjektes durchaus auch der Ideologie der Moderne zuzurechnen. Denn in ihrem emphatischen Entwurf verspricht sie gerade dies: die Möglichkeit und den Zwang des radikalen Selbstentwurfes. Ich halte eine Epochendifferenzierung zwischen Post- und Spätmoderne für wenig hilfreich, da es hier zwangsläufig zu Überlappungen kommen muß[2]. Hilfreicher ist die Scheidung der theoretischen Standorte. Und hier sind es dann in der Regel die Radikalität und Wertungen, die beide Standorte voneinander unterscheiden. Während die einen Verluste betonen und auf der Bedeutung - möglicherweise - obsoleter sozialer Konstruktionen beharren (z. B. Kohärenz, Identität), gehen die VertreterInnen der Postmoderne emphatisch den anderen Weg und fordern uns auf, Abschied zu nehmen von diesen Relikten einer vergehenden Epoche.

Allerdings ist das Spielerische, Leichte, das postmoderne Diskurse oft betonen und als Gegendiskurs zu solchen Analysen behaupten, die v. a. auf der Ver-

---

2 Als Epochenbegriffe verwende ich deswegen die beiden Begriffe der *Spätmoderne* und der *Postmoderne* nebeneinander.

lust- und Bedrohungsseite von Dezentrierung und Individualisierung insistieren, nicht leicht und nicht für alle Individuen so ohne weiteres lebbar. Keupp (1994a, S. 344ff.) verweist auf die vielfältigen psychischen und sozialen Voraussetzungen dafür, daß Individuen die Chancenhaftigkeit der historischen Situation subjektiv erkennen und für die eigene Identitätsbildung nutzen können. Gefordert sind etwa vielfältige soziale Ressourcen (vgl. Ahbe, im Druck). Nur sie ermöglichen Prozesse sozialer Anerkennung in den verschiedenen Lebenswelten. Gefordert ist weiter ein hohes Maß an individueller Gestaltungskompetenz, die Fähigkeit zur Verknüpfung und Kombination multipler Realitäten und v. a. auch die Fähigkeit zur Toleranz von Ambiguitäten. Denn "Ambivalenz ist das Mindeste, womit man bei den gegenwärtigen Weltverhältnissen rechnen muß" (Welsch, 1990, S. 192).

Exkurs: Das ästhetische Werk als realisierte Beliebigkeit

Um dieses veränderte Wesen der postmodernen Subjekterfahrung in seiner ganzen Tiefe auch metaphorisch aufscheinen zu lassen, experimentieren viele Autoren mit verschiedenen Sprachbildern wie *bricolage, Collage, Patchwork*, um nur einige zu nennen. Auch über mediale Erfahrungen, Architektur und bildende Kunst (vgl. Jameson, 1991; Connor, 1989) und Literatur (vgl. McHale, 1987; Bukatman, 1993) wird ein analytischer Zugang zur subjektiven Erfahrung der Postmoderne gesucht.

Einen quasi künstlerisch-metaphorischen Kommentar zur modernen Subjekterfahrung hat der italienische Künstler Michelangelo Pistoletto mit seinen "Ogetti in Meno", zu deutsch "Minus-Objekten" in den Jahren 1965 und 1966 geschaffen. Diese Gruppe von Werken umfaßt höchst unterschiedliche Objekte. Die Wirkung auf den Betrachter ist verblüffend. Man steht in der Ausstellung und hat den Eindruck einer völlig disparaten Zusammenstellung von Werken höchst unterschiedlicher Künstler. "Die Unterschiedlichkeit der Objekte besteht auf allen Ebenen ihrer ästhetischen Wirklichkeit" (Loock, 1990, S. 9f.). Und sie unterscheiden sich nicht nur formal, sondern auch konzeptuell: die einzelnen Arbeiten beinhalten jeweils ein anderes Konzept von Raum, Zeit, Geschichte,

Pragmatik, Objekt, Bild, Darstellung, Zeichencharakter. Mehr als formale Unterschiedlichkeit widerspricht diese konzeptuelle Inkonsistenz dem Begriff künstlerischer Identität. Es handelt sich um "… Arbeiten, die verschiedene Künstler als ihr authentisches Werk hätten schaffen können, oder anders: auf der Grundlage des modernen Begriffs vom Künstler entwirft Pistoletto sich selbst durch die Produktion der *Ogetti in Meno* als Künstler mit immer anderer auktorialer Identität" (a.a.O., S. 10).

Der Künstler zeigt sich hier gerade *nicht* in der Einheitlichkeit seines Werkes, sondern in der Vielfalt, der *extremen Unterschiedlichkeit*. Und er denkt damit nach über die unendliche Vielfalt möglicher Werke und möglicher auktorialer Identitäten, aus der er einige wenige herausgegriffen, realisiert hat. "Ich betrachte [meine Arbeiten] … als Minus-Objekte, womit ich meine, daß sie eine Wahrnehmungserfahrung mit sich bringen, die endgültig in die Außenwelt abgedrängt worden ist" (zit. in Loock, 1990, S. 16). Die Verwirklichung jedes einzelnen Objekts stellt eine Subtraktion dar von der Totalität möglicher Wirklichkeit und möglicher künstlerischer Identitäten.

Postmoderne Identität im Sinne Pistolettos wäre dann geprägt von höchst disparaten, situativen Identitäten ein und desselben Subjekts, das sich im Handeln erfährt. Die Selbstrealisierungen des Subjektes stehen unverbunden und ohne zeitliche Logik nebeneinander. Kohärenz als das Herstellen von inneren Bezügen der Werke oder einer zeitlichen Ordnung wird nicht mehr vom Subjekt gestiftet, sondern ganz dem Betrachter überlassen. Die Realisierungen haben zudem nichts mehr zu tun mit der Entfaltung eines inneren Wesens des Subjektes, im Gegenteil: in ihrer Entfaltung verweisen sie auf die ungeheure Vielfalt von Möglichkeiten und auf die Beliebigkeit ihrer spezifischen Konkretion.

Diskussion

Vor dem Hintergrund postmoderner Überlegungen stellt sich die Frage, wie in der Zerrissenheit ein biographischer Entwurf noch möglich sein kann. Wie erfährt das Subjekt Zeit, wie situiert es sich biographisch in der Zeit? Auch wenn, wie Hall postuliert, Kohärenz und Kontinuität Schimären sind, die sich das

Subjekt zu seinem Trost diskursiv konstruiert, so ist doch die Frage, ob dies nach wie vor gelingt und warum es gelingen kann, wenn andererseits die subjektiven Erfahrungen diese Narration regelmäßig unterspülen. Denn die Zeitperspektive ändert sich radikal. "Im 'Spiel des Lebens' postmoderner Konsumenten ändern sich die Spielregeln noch während des Spiels. Deshalb ist es vernünftig, die einzelnen Durchgänge kurz zu halten. ... Das Spiel kurz zu halten bedeutet, keine langfristigen Verpflichtungen einzugehen. ... Die Zeit abzuschaffen und sie nur noch in Form einer willkürlichen Anhäufung gegenwärtiger Augenblicke zuzulassen" (Bauman, 1995, S. 3f.). Persönliche Zukunftsprojekte wären dann allenfalls ex negativo zu benennen, als Verzicht darauf, als Unfähigkeit, sich darauf einzulassen.

Nach den postmodernen Analysen wird die aktuelle Subjektkonstitution bestimmt von Erfahrungen der Dezentrierung und Desintegration. Der Begriff der Identität, so er noch Bedeutung haben mag, bedeutet ebendies. Er kann allenfalls noch auf eine tröstende Geschichte vom kohärenten Subjekt zielen, die es sich selbst erzählt. Kohärenz wird nur noch narrativ produziert. Die subjektive Zeit ist verkürzt auf die Gegenwart. Zukunft ist präsent nicht als Hoffnung, sondern als Gefährdung. In ihr wird sich entscheiden, ob im Heute das richtige, Festlegungen vermieden habende Leben gelebt worden sein wird. Insofern ist sie immer präsent und mächtig, denn sie wird darüber entscheiden, ob die gegenwartsbezogene, situative Identitätsbildung "richtig" verlaufen ist. Aber sie ist nie "greifbar", nie planbar, nie strategisch zu erobern, nie "in den Griff zu bekommen". Und dies v.a. auch deshalb, weil das Subjekt im Strudel seiner situativen Zerrissenheit nicht mit sich darüber ins Reine kommen kann, wer es ist. Aus der Perspektive solcher Analysen erscheint der oben eingeführte Eriksonsche Begriff der Identitätsdiffusion als sinnfälliges Analogon gegenwärtiger Subjektbefindlichkeit.

2. PSYCHOLOGISCHE IDENTITÄTSTHEORIE IN DER SPÄTMODERNE

Vor dem Hintergrund dieser historisch-soziologischen Situierung diskutiere ich nunmehr drei explizit psychologische Identitätstheorien und versuche, ihre gesellschaftlich-historischen *Subtexte* zu verdeutlichen. Der Begriff des Subtextes soll darauf verweisen, daß auch diese Theorien in einer spezifischen historischen Epoche gebildet worden sind und daß sie zuweilen explizit - immer jedoch implizit - darauf Bezug nehmen. Denn Wissenschaft antwortet nicht sich selbst, sondern einer Zeit, auch wenn es nicht immer so aussieht. Ich werde dabei den Begriff der Identität verwenden, ohne die Unterscheidung einer *Ich-Identität* und einer *sozialen Identität* vorzunehmen. Diese Differenzierung hat für mich allenfalls eine Bedeutung in der situativen Orientierung eines Diskurses: Sprechen wir gerade über die Identität in einer Innenperspektive oder in einer (sozialen) Außenperspektive? Ich folge hier der Position von Breakwell (1986, S. 190). Danach ist diese Unterscheidung ein situativer Artefakt, entstehend aus einer spezifischen Perspektive und einem spezifischen Betrachtungszeitpunkt (vgl. auch Wagner, 1995, S. 98).

Die postmoderne Rede von der Zerrissenheit, der Dezentrierung des Subjektes, ist in der psychologischen Identitätsforschung noch wenig aufgenommen worden. Es handelt sich ja nicht nur um ein Theoriegebäude, das es zu wechseln gilt; vielmehr geht es auch um die Frage nach empirischen Begründungen und v. a. auch um die Frage nach den geeigneten Methoden dafür, sie zu finden. Es geht weiter um eine immanente Auseinandersetzung mit den theoretischen Positionen und Begriffen innerhalb der Identitätsforschung. Auch abgesehen von der Frage der Aufgeschlossenheit der "Zunft" für neue Ansätze, ist dies kein leichtes Programm.

Aus der Sicht der von Kellner (1992) und Hall (1992) getroffenen - oben vorgestellten - Einteilung läßt sich der aktuelle Stand der Entwicklung in der psychologischen Identitätsforschung als Zwischenzustand charakterisieren. Einerseits gibt es einen Diskussionskontext, der sich mit den postmodernen Zumutungen an die Identitätstheorie intensiv auseinandersetzt (vgl. Gergen, 1991;

33

Shotter & Gergen, 1989; Keupp, 1993b). Andererseits existiert nach wie vor der Kontext einer "Identitätsforschung der Moderne", mit einem kohärenten, aktiven Individuum, das sich in die Zukunft hinein denkt und entwirft (vgl. Marcia u.a., 1993; Bosma u.a., 1994). Dieser - wissenschaftspolitisch dominierende - Kontext bezieht sich in der Regel kaum explizit auf neuere gesellschaftspolitische Analysen. Gleichwohl kommen aus ihm oft implizite Antworten auf postmoderne Fragen.

2.1 Identität als *kulturell adaptive Identitätsdiffusion*. Das Modell von James E. Marcia und seine Differenzierung

Die empirische psychologische Identitätsforschung im Gefolge Eriksons ist ganz wesentlich von James E. Marcia geprägt worden. Er hat das Identitätskonzept von Erik Erikson operationalisiert (Marcia, 1966) und damit eine eigene empirische Forschungstradition v. a. in den angloamerikanischen Ländern begründet. Das von ihm entwickelte Instrument des *Identity Status Interview*, ist ein strukturiertes Interview von ca. 30 Minuten Dauer. Mittlerweile gibt es über 300 Veröffentlichungen auf der Basis seines Modells des Identity Status (Marcia, 1993). Marcia hat einer engen Kodifizierung seines empirischen Ansatzes widerstanden und so zur Entwicklung eines Diskussionskontextes beigetragen, in dem kritisch, konstruktiv und kreativ mit den einzelnen, durchaus kontroversen, Ansätzen und Instrumenten umgegangen wird und der doch einen sehr intensiven Austausch ermöglicht (vgl. Marcia et al., 1993; Kroger, 1993).

Für meine Diskussion ist Marcia aus drei Gründen von Bedeutung. Zum einen kommt man an ihm nicht vorbei: Er hat, wie gesagt, mit seinem Modell und seinem empirischen Instrument einen sehr bedeutsamen Forschungs- und Diskussionskontext begründet. Zum zweiten weist er mit seiner Operationalisierung den Weg in eine empirische Identitätsforschung. Der wurde von Erikson ja nicht aufgezeigt. Erikson selbst gewinnt seine Beispiele in der Regel aus seiner klinischen Praxis als Psychoanalytiker. Dies ermöglicht intensive Studien, keine Frage. Offen bleibt dabei allerdings, wie Identitätsentwicklung in breiteren Bevölkerungsgruppen verläuft. Drittens schließlich ist Marcia zu empirischen

Befunden gelangt, die Überlegungen zu einer veränderten Identitätsentwicklung angesichts gesellschaftlicher Veränderungen stützen können.

2.1.1 Das Identity Status-Modell

In seiner Operationalisierung löst Marcia die Eriksonsche Polarität auf in die Unterscheidung von vier Identitätszuständen (*Identity Status*), die sich aus der Kombination der beiden Variablen Commitment und Exploration ergeben. Neben dem *Identity Achievement* benennt er *Identitätsdiffusion, Moratorium* und *Foreclosure*. *Identity Achievement* ist gleichzusetzen mit Identität als dem einen Pol in Eriksons Modell (vgl. Abb. 2). Es handelt sich dabei um die gelungene Identität, gekennzeichnet durch klare, konkrete Zukunftsvorstellungen, die sich nach einer krisenhaften, explorativen Periode gebildet haben. Jugendliche im *Moratorium* befinden sich gegenwärtig in eben dieser Phase der Exploration. Man kann davon ausgehen, daß sie in den Status des Identity Achievement wechseln werden. *Foreclosure* bezeichnet einen Status, der von Erikson so nicht benannt worden ist. Es handelt sich hier also um eine Erweiterung des Eriksonschen Modells. Der Status des Foreclosure umfaßt Personen, die feste, zuweilen rigide Vorstellungen haben, welche sie ohne explorative Phase entwickelt bzw. in der Regel einfach von den Eltern übernommen haben. Man könnte auch davon sprechen, daß das Subjekt das elterliche bzw. allgemeiner das soziale "Identitätserbe" unreflektiert und widerspruchslos übernimmt. Personen, denen der Status der *Diffusion* zugeschrieben wird, haben nicht notwendig eine Experimentierphase in den inhaltlichen Bereichen Berufswahl, ideologischer Standpunkt, sexuelle/interpersonelle Wertfindung durchgemacht. "Ihr herausragendstes Charakteristikum ist ein Mangel an eigenen Überzeugungen und korrespondierend dazu ein Mangel an Besorgtheit darüber" (Marcia, 1989, S. 290).

Abbildung 2: Definitionskriterien für die 4 Typen im Identity Status-Modell
von James E. Marcia (1993)

	Erarbeitete Identität *Achievement*	Moratorium	Identitäts- übernahme *Foreclosure*	Identitäts- diffusion
Exploration von Alternativen	ja	aktuell statt- findend	nein	ja/nein: beides möglich
Innere Ver- pflichtung *Commitment*	ja	ja, aber vage	ja	nein

2.1.2 Das Anwachsen der Gruppe der Diffusen und Marcias Erklärung

Aus der Vielzahl von empirischen Befunden, die auf der Basis dieses Ansatzes
erhoben worden sind, greife ich einen heraus, der die Identitätsdiffusion betrifft.
Er erlaubt mir, am oben begonnenen Versuch anzuknüpfen, die Eriksonsche
Identitätsdiffusion als Realität heutiger Identitätsentwicklung zu lesen. 1989 kon-
statierte Marcia, daß sich in empirischen Untersuchungen auf der Basis seines
Identity-Status-Interviews der Anteil des Diffusionsstatus ab etwa 1984 von
früher regelmäßig 20 % auf ca. 40 % erhöht hat. Dieses Ergebnis ist mittlerweile in anderen Studien bestätigt worden. Solche Jugendliche legen sich nicht
mehr fest auf stabile, verbindliche und verpflichtende - und in diesem Sinn
identitätsstiftende - Beziehungen, Orientierungen und Werte. Sie haben sich
keinen eigenen Wertekanon erarbeitet.

Marcias Erklärungsstrategie für diesen Befund zielt darauf, den Diffusionsbegriff zu differenzieren. Die zentrale These dabei ist: Es gibt offensichtlich
eine neue Form von Diffusion, die aus der Sicht des Subjekts sinnvoll ist.
Marcia nennt sie die *kulturell adaptive Diffusion*. Dort, wo die gesellschaftlichen Bedingungen Unverbindlichkeit und Indifferenz nahelegen, ist es vernünftig, sich nicht festzulegen, Chancen zwar zu ergreifen, aber ohne mögliche

andere Optionen aus dem Blickfeld zu verlieren. Die anderen drei Diffusions-formen sind die *disturbed diffusion*, die *carefree diffusion* und die *developmental diffusion*. Die *disturbed diffusion* ist charakterisiert durch biographische Ver-letzungen und damit verbundenem Mangel an Ressourcen. Dies geht einher mit sozialer Isolation, praktischem Scheitern und kompensatorischen Größenphanta-sien. Die *carefree diffusion* bezeichnet Personen, die auf den ersten Blick gut integriert und sozial kompetent erscheinen. Sie verfügen über eine Vielzahl von Kontakten, jedoch ohne emotionale Verbindlichkeit und zeitliche Kontinuität. Die *developmental diffusion* ist eher ein Durchgangsstadium auf dem Weg zur erfolgreichen Identitätsfindung. Sie unterscheidet sich vom *Moratorium*, weil sie im Unterschied dazu *nicht* durch Krise, Experiment und Auseinandersetzung ge-kennzeichnet ist, sondern durch Undeutlichkeit, Unentschiedenheit und fehlende Verbindlichkeit.

Eine weitere begriffliche Klärung unternimmt Marcia noch gegenüber der Psychopathologie. Die Notwendigkeit dafür war - unabhängig von den genann-ten neueren empirischen Ergebnissen - schon im Ansatz Eriksons (1973) ange-legt. Erikson diskutiert dort die Diffusion als *mehr oder weniger* psychopa-thologisches Ergebnis der Identitätsbildung zwar sehr plastisch und material-reich, aber wenig differenzierend zwischen Psychopathologie und Normalität. Der Klärungsdruck ist seitdem noch verschärft worden durch die Arbeiten von Kernberg. Der kommt bei der Beschreibung des *Borderline*-Patienten zu folgen-der Schlußfolgerung: "Es handelt sich hier um den gleichen Sachverhalt, wie ihn Erikson unter dem Begriff der Identitätsdiffusion beschrieben hat, nämlich um das Fehlen eines integrierten Selbstkonzeptes und eines integrierten und stabilen Konzepts ganzer Objekte, die in Beziehung zum Selbst stehen. Insofern ist die Identitätsdiffusion ein typisches Syndrom der Borderline-Persönlichkeits-struktur" (Kernberg, 1983, S. 61). Marcia gesteht zwar zu, daß der Borderline-Patient und der diffuse Adoleszente etwas gemeinsam haben, nämlich das Feh-len einer konsistenten Selbstdefinition. "Der entscheidende Unterschied ist, daß die auf einer höheren Ebene funktionierende Person mit dem Status der Identi-tätsdiffusion die strukturelle Basis für das Ausbilden einer Identität bzw. des Gefühls eines sicheren Selbst hat. Der Borderline-Persönlichkeit dagegen fehlt diese notwendige Voraussetzung der Identitätsbildung" (Marcia, 1989, S. 291).

Für die Borderline-Persönlichkeit schlägt Marcia den Kohutschen Begriff der *Selbstfragmentierung* vor (Kohut, 1981). "Selbstfragmentierung verweist auf ein weiter (in der Kindheit) zurückliegendes und schwereres Defizit, als es Identitätsdiffusion notwendigerweise tut" (a.a.O.).

Mit dem Konzept der kulturell-adaptiven Identitätsdiffusion formuliert Marcia in impressionistischer Weise, aber auf empirischer Grundlage, Überlegungen, wie sie in Analysen des Subjektes in der Spätmoderne zu finden sind. Auch dort wird - wie dargestellt - die Überlegung formuliert, daß es in einer Gesellschaft, die gekennzeichnet ist von der Auflösung traditionaler Beziehungen, von Umstrukturierungen und Werteverschiebung in allen Bereichen, (nicht nur) für Jugendliche wenig sinnvoll, ja geradezu kontra-adaptiv ist, sich auf Werte, Beziehungen oder persönliche Lebensziele verbindlich festzulegen. Die Dezentralisierung und Offenheit der persönlichen Projekte, das Spiel mit Optionen und die Lockerheit von Beziehungen mögen gerade eine Anpassungsvoraussetzung sein in einer im Höchstmaß unsicheren und unvorhersagbaren gesellschaftlichen Entwicklung.

Die empirischen Ergebnisse Marcias können gelesen werden als ein Indiz dafür, daß der von Wagner (1995) postulierte Prozeß der gesellschaftlichen Entwurzelung nach dem Ende der organisierten Moderne in der Tat beim Individuum "angekommen" ist. Wenn Marcia den Diffusionsbegriff um das Konstrukt einer kulturell adaptiven Diffusion erweitern muß, dann zeigt das, wie eng Identitätsprozesse mit der konkreten gesellschaftlichen Entwicklung verbunden sind. Anzeichen dafür haben sich im übrigen auch schon in früheren Befunden gezeigt. So fand sich etwa in den 60er Jahren der "alienated achiever, associated with the zeitgeist of the sixties" (Bourne, 1978, S. 244), der "Aussteiger", der sich weigerte, das Identitätsangebot der Gesellschaft anzunehmen. Während in der organisierten Moderne offenbar das Ausschlagen des gesellschaftlichen Angebotes ein Thema für Identitätsprozesse war, ist es heute eher die Frage, wie das Subjekt damit umgeht, daß ein solches Angebot nicht mehr zustandekommt. Die kulturell adaptive Diffusion wäre in einer solchen Situation eine mögliche Identitätsstrategie. Auch die carefree diffusion kann so gelesen werden. Sie würde zum postmodernen Hedonisten oder "Surfer" (Maffesoli, 1988) passen. Nach Maffesoli ist auf schwankendem gesellschaftlichem Untergrund vielleicht weniger die feste Position das Sinnvollste für das Individuum als vielmehr das wache, spielerische Dahingleiten mit einer ständigen Positionskorrektur, so wie es in dem Bild des Surfers gesehen werden kann. Marcia selbst hat allerdings von einer individuumszentrierten sozialisationstheoretischen Ausgangsposition her, die zwar von Gesellschaft weiß, aber sie nicht ins Modell integriert, keinen analytischen Zugriff auf diesen Veränderungsprozeß. Seine Anmerkungen zur kulturell adaptiven Diffusion sprechen denn auch bloß impressionistisch von einem "Reaganized America" (vgl. Marcia, 1989, S. 292).

Im Lauf der Jahre hat Marcias Ansatz wesentliche Veränderungen erfahren. Zum einen ist es ihm gelungen, in seinem Konzept die Dynamik der Identitätsentwicklung zu verteidigen gegen die Konnotation stabiler Identitätszustände, die seine eigene Begriffswahl des Identitäts-*Status* nahelegt. Bemerkenswert ist weiterhin eine lebensweltliche Differenzierung (Marcia, 1993). Nicht ein ganzheitliches Ich leistet mehr Identitätsarbeit in Auseinandersetzung mit einer ganzheitlichen sozialen Welt. Vielmehr findet diese Entwicklung in verschiedenen Lebenswelten gleichzeitig statt, wobei die Tempi und die situativen (Zwischen-)Ergebnisse durchaus widersprüchlich sein können. Zudem hat Marcia in seinem Modell eine Binnendifferenzierung der Adoleszenz in einzelne Phasen vorgenommen sowie eine Verlängerung der Identitätsentwicklung in die Phase der jungen Erwachsenen hinein. Damit hat er identitätstheoretisch die Diskussion um die *Verlängerung der Jugendphase* (Cavalli & Galland, 1993; Bendit, Mauger & Wolffersdorff, 1993) abgebildet. Wenn schon nicht systematisch, so doch immerhin im Sinne einer Problembenennung und -diskussion ist auch die geschlechtsspezifische Differenzierung hinzugetreten (Marcia, 1980; 1993). Und schließlich lassen sich mit der Entwicklung des Begriffes der kulturell adaptiven Diffusion Versuche erkennen, gesellschaftliche Entwicklungen nicht mehr nur als abstrakte Größe, sondern als historisch spezifische Situation zu erfassen und empirisch in ihren Auswirkungen auf Identitätsbildung zu erforschen (vgl. Kroger, 1992).

Wiewohl man Marcia also - zumindest in Ansätzen - postmodern lesen kann, so wenig bietet er doch selber eine solche Leseweise an. Gesellschaft ist in seinem Ansatz das "andere". Sie bildet den Modellgrund, geht in die Modellbildung aber nicht explizit und historisch konkret ein. Was fehlt, ist die Benennung von Modi der Transaktion zwischen Individuum und Gesellschaft im Sinne einer *ökologischen Psychologie* (Wolf, 1995). Wie etwa ist der Wirkungsmechanismus zwischen gesellschaftlichen Veränderungen und individueller Identitätsentwicklung? Auch die Zeitperspektive im Sinne einer Projektierung persönlicher Zukunft fehlt in seinem Modell. Ein Status besteht, läßt sich konstatieren, verändert sich, geht wohl auch über in einen anderen. Die Gerichtetheit in eine individuelle Zukunft hinein spielt im Modell überhaupt keine Rolle. Zwar wird im Interview nach persönlichen Projekten gefragt, aber sie dienen lediglich der Statuszuordnung. Die Veränderungsdynamik, die Bewältigungsstrategien bei schwierigen Übergängen wie auch die Frage danach, wie aus einer diffusen Situation Zukunft konzipiert werden kann, sind vom Modell nicht reflektiert. Immerhin betont Marcia mit seiner Diskussion einer kulturell adaptiven Identitätsdiffusion pointiert die soziale Konstruktion von Identität und v.a. auch die strategische Qualität der jeweiligen Prozeßergebnisse. Was für Erikson ein unglückliches Ergebnis wäre, kann im Gegenteil in gewissen gesellschaftlichen Situationen ausgesprochen sinnvoll, konsequent und zielgerichtet sein. Dies gilt z.B. auch für den Status des Foreclosure, der Identitätsübernahme. Auch sie kann unter den Bedingungen schlechter Ressourcen eine plausible Strategie darstellen (Meeus, 1992). Umgekehrt heißt das, daß das Eriksonsche Idealergebnis der gelungenen Identität ebenfalls nur unter gewissen gesellschaftlichen Bedingungen ein solches ist.

Mit seiner Differenzierung des Diffusionsbegriffes stellt Marcia auch eine Verbindung her zur Diskussion um die gesellschaftliche Konstruktion v.a. der "weicheren" psychiatrischen Diagnosen. Wie am Beispiel der Eriksonschen Explikation des Diffusionsbegriffes zu sehen war, sind viele dieser Störungsbilder in hohem Maße gesellschaftlich-historisch bedingt und können besser gelesen werden als Devianz-Diskurse von einer möglicherweise kurzen Gültigkeitsdauer. Temporale Diskontinuität des Selbst, mangelnde Authentizität, ein Gefühl der Leere, Unklarheit über die eigene Geschlechtsrolle, ethnischer und moralischer Relativismus: Von der Beschreibung, die etwa Akhtar (zit. in Melges, 1990, S. 261) für das klinische Bild der Identitätsdiffusion gibt, würden sich viele Individuen in den westlichen Ländern angesprochen fühlen: (a) widersprüchliche Charakterzüge (z. B. sich wie ein chronischer Versager fühlen); (b) temporale Diskontinuität des Selbst (z. B. von äußeren Ereignissen überwältigt werden anstatt ein Empfinden der eigenen Wurzeln und Ziele zu haben; (c) mangelnde Authentizität (z. B. handeln, als ob man ein anderer wäre); (d) Gefühl der Leere; (e) Unsicherheit in der Übernahme der Geschlechtsrolle; (f) übermäßiger ethnischer und moralischer Relativismus (z. B. die Ablehnung der eigenen ethnischen Herkunft und eine extreme Abhängigkeit von anderen bezüglich dessen, was als gut oder schlecht angesehen wird).

2.2 Identitätsbildung als strategisches Handeln: Glynis Breakwell

Das Konzept einer Identitätsbildung als Strategie oder als Management faßt das Subjekt so, wie es sich die *Spätmoderne* entwirft. Zwar sind die Sicherheiten verschwunden, und Identität ist zu einer nicht mehr abschließbare Aufgabe geworden, aber sie kann immer noch gelingen. Wie dies allerdings zu bewerkstelligen ist, das steht weit mehr im Zentrum der Analyse als bei den Ansätzen von Erikson und Marcia. Für die Individuen wichtig sind ein strategisches Vorgehen und die Definition persönlicher Projekte, um den Unsicherheiten und Anforderungen zu begegnen. Die Begrifflichkeit: *Strategie, Management* läßt einen, wie das Thatchersche *unternehmerische Selbst*, an einen Firmenchef denken, der den Unsicherheiten des Marktes mit Engagement, Energie und Weitblick zu begegnen versucht und doch nie sicher sein kann, daß es ihm gelingt. Diese modelltheoretische Dynamisierung der Identitätsbildung hat im übrigen auch Marcia (1976) gefordert, wenn auch sein Modell des Status eher das Gegenteil suggeriert und zu dieser Aufgabe auch nichts beiträgt. Aber der Status ist zum Zwischenzustand geworden, zu einer bloßen Momentaufnahme in einem lebenslangen Prozeß. Im Zuge solcher Reformulierungen werden notwendig Theoriebestände bedeutsam, die strategisches Verhalten in Entscheidungssituationen modellieren. So sind etwa Versuche zu konstatieren, Ansätze der Coping-Forschung in die Identitätstheorien aufzunehmen (vgl. Bosma & Jackson, 1990; Thoits, 1991; Seiffge-Krenke, 1990). Auch die Nähe zu handlungs- und entscheidungstheoretischen Ansätzen ist erkennbar (vgl. Breakwell, 1986; Camilleri, 1991).

Es ist bemerkenswert, daß solche Ansätze nicht selten zum empirischen Ausgangspunkt die *bedrohte Identität* nehmen, d. h. Identitätsprozesse, die ganz offensichtlich unter besonders schwierigen Bedingungen ablaufen müssen. So hat etwa Glynis Breakwell ihr Modell wesentlich auf der empirischen Basis einer Studie mit jungen Arbeitslosen in England entwickelt. Carmel Camilleris Ansatz wiederum basiert auf seinen Studien zur Identitätsentwicklung bei jungen Nordafrikanern, die in Frankreich aufgewachsen sind. Das Interesse an einem solchen Fokus läßt sich vielleicht mit einem Diktum von Leo Hendry (1994) erklären: Wer etwas über den Zustand und v. a. die Entwicklungsdynamik einer Gesellschaft lernen will, muß auf die Ränder dieser Gesellschaft schauen. Vielleicht zeigen sich dort Entwicklungslinien schärfer und früher als in ihrem Zentrum. Insofern nehmen diese Ansätze Fragen auf, wie sie auch Vertreter postmoderner Ansätze umtreiben: Verändert sich etwas in unseren Gesellschaften? Wenn ja, was? und wie wirkt es sich auf die Subjekte und ihre Identität aus? Schon diese Wahl der Empirie stellt einen gravierenden Unterschied zu Erikson und Marcia dar. Jene stützen sich in ihren Untersuchungen im wesentlichen auf Angehörige der Mittelschicht. Die Untersuchungen auf der Basis von Marcias Ansatz etwa wurden in den allermeisten Fällen mit College-StudentInnen durchgeführt.

Glynis Breakwell hat in "Coping with threatened identities" (1986) ein Strukturmodell von Identität vorgestellt. Die empirische Basis dieses Werkes bilden zwei Forschungsprojekte, eines über "Young people in and out of work" und eines über "Women in sexually atypical jobs". In ihrer Analyse legt Breakwell besonderes Augenmerk auf Strategien zur Identitätsicherung und -gestaltung und nimmt dabei sehr pointiert Bezug auf Ansätze der Bewältigungsforschung. In vielerlei Hinsicht kann Breakwell als eindeutige Vertreterin einer Identität der Spätmoderne bezeichnet werden. Identität ist bei ihr selbstverständlich ein lebenslanger Prozeß, und selbstverständlich spielt die gesellschaftlich-historische Situation eine bedeutsame Rolle. Für Breakwell ist Identität ein dynamisches soziales Produkt. Seine Konstituentien sind zum einen personal: das Erinnerungsvermögen, das Bewußtsein und das organisierte Denken. Hinzu kommen die physikalischen und sozialen Strukturen und Einflußprozesse, die den sozialen Kontext konstituieren (Breakwell, 1986, S. 190). Aus dem Zusammenwirken dieser Faktoren bildet sich Identität. Angesiedelt ist Identität in psychologischen Prozessen; sie manifestiert sich durch Denken, Handeln und Emotion. Identität läßt sich beschreiben im Hinblick auf ihre Struktur einerseits und ihre Prozesse andererseits.

2.2.1 Das Modell: Dimensionen von Struktur und Prozeß

Die *Struktur* von Identität ist zu differenzieren nach der *Inhaltsdimension* und nach der *Wertdimension*. Die Inhaltsdimension ist die Konstellation der Eigenschaften, welche das Individuum als einzigartig definieren. Die übliche Aufspaltung in soziale und personale Identität wird aufgegeben. Denn sie ist ein temporaler Artefakt. Betrachtet man nämlich soziale Identität im biographischen Kontext, dann wird sie zur personalen Identität. Entsprechend umfaßt die Inhaltsdimension sowohl solche Charakteristika, die von anderen Autoren der sozialen Identität (Gruppenmitgliedschaft, Rollen usw.) bzw. der personalen Identität (Werte, Einstellungen, kognitive Stile usw.) zugeordnet werden.

Die Inhaltsdimension ist je spezifisch organisiert. Unterschiede bestehen jeweils im Grad der Zentralität dieser Organisation, im Ausmaß des hierarchischen Arrangements ihrer Elemente und in der relativen Prominenz ihrer Bestandteile. Die Organisation ist keineswegs statisch. Sie reagiert vielmehr auf Veränderungen des Input und der Anforderungen von seiten des sozialen Kontexts. Die Elemente der Inhaltsdimension haben jeweils einen spezifischen positiven oder negativen Wert beigeordnet; diese Werte in ihrer Gesamtheit begründen die *zweite Dimension* von Identität, die *Wertdimension*. Auch sie verändert sich kontinuierlich im Gefolge von Neueinschätzungen. Die ergeben sich aus Veränderungen im sozialen Wertesystem und aus der Reaktion des Individuums darauf.

Das Strukturmodell ergänzt Breakwell um ein *Prozeßmodell*. Es kreist um die Frage, wie Anpassungen bzw. Neues in die Struktur eingebaut werden. Dies geschieht durch zwei dynamische Prozesse: die *Akkomodation/Assimilation* einerseits und die *Evaluation* andererseits. Beide werden als *universale* psychologische Prozesse verstanden. Breakwell trennt also ganz deutlich zwischen Inhalt und Prozeß der Identitätsbildung. Die Charakteristika des Prozesses sind universal. Der *konkrete* Inhalt und der *konkrete* Wert von Identität dagegen werden als dynamisches Produkt der Interaktion zwischen den kognitiven Ressourcen und dem sozialen Kontext anerkannt. "Deshalb ist der spezifische Inhalt und Wert historisch relativ; das Faktum eines Inhalts und Wertes nicht" (a.a.O., S. 182). Mit diesem Postulat distanziert sie sich explizit von Überlegungen, wonach nicht nur der Identitätsinhalt sondern der Identitätsprozeß selbst nur innerhalb eines spezifisch historischen Rahmens analysiert werden kann (vgl. Gergen & Gergen, 1984; Vygotsky, 1978). Die dort vorgebrachten Überlegungen überzeugen sie nicht: "Möglicherweise ändert sich nicht so sehr der Prozeß, als vielmehr die Regeln seiner Operation oder deren Situierung ... Eine Theorie könnte annehmen, daß ein Prozeß universal ist, aber die sozialen Bedingungen spezifizieren, die die Regeln und Situierung seines Ablaufes beeinflußen" (Breakwell, 1986, S. 181). Sie erläutert diese Überlegung am Beispiel der klassischen sozialpsychologischen Experimente zur Konformität von Asch (1956), deren Ergebnisse ja nie mehr repliziert werden konnten (Nicholson et al., 1985). Sie erklärt dies damit, daß Konformität kein Prozeß sondern ein Prozeßziel ist. Wenn sich die soziale Bewertung von Konformität ändert, werden solche Prozesse anders verlaufen, aber: "Ob die Prozesse sozialer Beeinflussung und ihre Gründung im Selbstinteresse genauso flexibel sind, ist eine ganz andere Frage" (Breakwell, 1986, S. 182).

Assimilation und Akkomodation sind die zwei Komponenten ein und desselben Prozesses. Assimilation bezieht sich auf die *Absorption neuer Komponenten* in die Identitätsstruktur; Akkomodation meint die Anpassung, die *in der existierenden Struktur* erfolgt, um einen Platz für die neuen Elemente zu finden.

Akkomodation/Assimilation können konzeptualisiert werden als ein Gedächtnis-system (entsprechend einem Informationsverarbeitungssystem), dessen Erinne-rung subjektiv gefärbt ist. Im Prozeß der Evaluation werden die alten und neuen Identitätsinhalte bewertet. Die zwei Prozesse interagieren, um den wechselnden Inhalt und Wert von Identität über die Zeit zu bestimmen; dabei erfordern wechselnde Muster der Assimilation Veränderungen der Evaluation und umge-kehrt.

2.2.2 Der Einfluß des sozialen Kontextes

Während Breakwell den Prozeß der Identitätsbildung und seine Komponenten als Universalien postuliert, sind für sie die *Identitätsprojekte*, also die von einer Gesellschaft für wünschenswert gehaltenen Endzustände und damit die Len-kungsprinzipien, zeit- und kulturspezifisch. In den westlichen industrialisierten Kulturen sind die gegenwärtigen Lenkungsprinzipien: Kontinuität, Einzigartig-keit und Selbstwert. Wie Identität gebildet wird ist also universell, worauf sie zielt ist indes gesellschaftlich bedingt.

Wie hat man sich den sozialen Kontext zu denken, in dessen Rahmen solche Identitätsbildungs- und Veränderungsprozesse stattfinden? Ihn konzipiert Break-well entlang zweier Dimensionen, die wiederum Struktur und Prozeß betreffen. Strukturell gesehen setzt sich der soziale Kontext zusammen aus interpersonalen Netzwerken, der Mitgliedschaft in Gruppen und sozialen Kategorien und den Beziehungen zwischen Gruppen. Sie generieren Rollen und Überzeugungen oder Werte. Prozessual gesehen geht es um soziale Einflußprozesse. Sie erzeugen vielschichtige ideologische Milieus, in denen Identitätsbildung stattfindet. Diese Einflußprozesse (Erziehung, Rhetorik, Propaganda, Polemik, Überzeugung etc.) etablieren Überzeugungssysteme, reifiziert in sozialen Repräsentationen, sozia-len Normen und sozialen Attributionen. Die ideologischen Systeme spezifizieren sowohl Inhalt als auch Wert individueller Identitäten. Allerdings hat das Indi-viduum durchaus *Freiheitsgrade* bei der Gestaltung seiner Identitätsprojekte. Sie rühren daher, daß die ideologischen Milieus nicht widerspruchsfrei sind. Inso-fern kann der soziale Kontext in der Regel die individuelle Identität nicht völlig determinieren. Die Person ist also *agens* bei der Gestaltung seiner Identität.

Der soziale Kontext provoziert auf zweierlei Weise Veränderungen der Identität. Zum einen werden Veränderungen in der Identität erforderlich im Gefolge von Veränderungen im sozialen Kontext. In welchem Ausmaß dies jeweils der Fall sein wird, hängt ab von der Relevanz dieser sozialen Veränderungen für die Person, ihrer unmittelbaren Betroffenheit und ihrer - positiven oder negativen - Einschätzung dieser Veränderungen. Arbeitslosigkeit z.b. kann regional, alters- und berufsbezogen sehr unterschiedlich aussehen, und entsprechend unterschiedlich sind dann die Auswirkungen auf die Identität der einzelnen. Zum anderen kann sich ein Druck zur Identitätsveränderung aus der Bewegung des Individuums in der sozialen Matrix von einer Position zu einer anderen ergeben (z.B. → Mutter; → Volljährigkeit; → Vorgesetzter). Damit ändert sich nämlich möglicherweise das Muster sozialer Einflüsse und Restriktionen auf die Person erheblich (a.a.O., S. 190).

Die Veränderungsanforderungen werden zu einer *Identitätsbedrohung*, wenn die Prozesse der Assimilation/Akkomodation und der Evaluation aus irgendeinem Grunde nicht mehr in der Lage sind, den prozeßleitenden Prinzipien zu entsprechen. In unserer gegenwärtigen Gesellschaft sind das nach Breakwell: Kontinuität, Einzigartigkeit und Selbstwertgefühl (a.a.O., S. 192). Wird diese Bedrohung bewußt, so kann sie handlungsleitend werden. Die Bewältigungsstrategien können auf verschiedenen Ebenen ansetzen: innerpsychisch (z. B. Verdrängung, Akzeptanz), interpersonal (z. B. Umgestaltung von Beziehungen: Selbstisolation, Anpassung) und bezogen auf soziale Gruppen (z. B. Gebrauch oder Veränderung des sozialen Netzwerks).

2.2.3 Identität und Biographie: Identität als lebenslange Abfolge von Projekten

Für Breakwell ist die Frage, ob die Aufgabe der Identitätsentwicklung primär in der Adoleszenz zu situieren ist, kein Thema mehr. Die Entwicklung von Identitätsstrukturen ist vielmehr ein Prozeß, der "die gesamte Lebensspanne eines Menschen umfaßt. Identitätsstrukturen sollten dementsprechend in einer Zeitperspektive analysiert werden" (Breakwell, 1986, S. 11). Damit wird die

Strukturierung von Prozeßabschnitten wie auch die Generierung von Zielperspektiven bedeutsam. Unter Bezugnahme auf Luckmanns (1983) Klassifizierung subjektiver Zeiterfahrung hält sie v.a. die *biographische Zeit* für bedeutsam für die Identitätsbildung. Sie wird erfahren als größere Bedeutungsspanne, die über das ganze Leben hinweg konstruiert und rekonstruiert wird. Zäsuren ergeben sich in der biographischen Zeit dadurch, daß das Subjekt Lebenserfahrungen zu bedeutungsvollen Einheiten zusammenfaßt, wobei der Übergang von einer zur anderen mit Sinn versehen ist. "Die biographischen Schemata enthalten einen sequentiellen narrativen Kern, nämlich die Geschichten, die sich die Subjekte selber erzählen und in denen sie ihr gegenwärtiges Erleben mit biographischer Bedeutung erfüllen. Biographische Schemata fordern nicht nur die Übernahme von Verantwortung für die Vergangenheit, *sie generieren auch Ziele für die Zukunft*. Sie umfassen Projektionen für neues Handeln und zeigen Zwecke auf, die mit denen vereinbar sind, welche zur Gegenwart geführt haben" (Breakwell, 1986, S. 21, Hvhb. W.K.). Breakwell ergänzt Luckmanns Schema noch um eine *soziale Zeit*. "Soziale Zeit wird gemessen in Einheiten von bedeutungsvollem sozialem Wandel. Soziale Zeit stellt eine temporale Landschaft dar, die signifikante soziale Ereignisse festhält" (a.a.O., S. 22). Diese wirken sich wiederum auf die Strukturierung der biographischen Zeit aus (z.B. vor oder nach '68, vor oder nach der "Ölkrise" von 1973, vor oder nach dem Fall der Mauer von 1989). Soziale Zeit beeinflußt und strukturiert biographische Zeit.

Ihren sozialen Ausdruck erfährt Identität im Handeln. "Der einzige Zugang zur Identität anderer ist über deren Handeln. ... Weil Identität Emotion, Überzeugungen und Einstellungen umfaßt, ist sie ein primärer Motivator für Handeln. Identität lenkt Handlung" (a.a.O., S. 43). Das bedeutet natürlich nicht, daß situative Aspekte keine Rolle spielen, sondern vielmehr, daß sie ihre Bedeutung gewinnen *im Rahmen der identitätsbezogenen Interpretation* des Individuums. Und die vollzieht sich im Rahmen gesellschaftlich sanktionierter Wertvorstellungen: Kontinuität, Besonderheit und Selbstwert. Die dialektische Bezogenheit von Handeln und Identität kann nicht linear beschrieben werden. "In einem festgehaltenen Augenblick mag Identität das Handeln beeinflußen, aber die Kausalität ist mehr Schein als Realität; ein Artefakt der künstlichen und rein imaginären Unterbrechung des Zeitlaufes. Im nächsten zufällig und hypothetisch geschnittenen Augenblick könnte das Handeln Veränderungen der Identität herbeiführen. Handeln und Identität in der Zeit sind dialektisch verbunden" (a.a.O.).

2.2.4 Diskussion

Nach Breakwell ist unter Identität "ein dynamisches soziales Produkt" zu verstehen, "das in psychologischen Prozessen begründet ist und nicht verstanden werden kann ohne Bezugnahme auf seinen sozialen Kontext und eine historische Perspektive" (a.a.O., 1986, S. 9). Das Produkt kann ohne historische Perspektive nicht verstanden werden, der Prozeß und seine Strukturelemente sehr wohl. Für letztere geht Breakwell von psychologischen Universalien aus in expliziter Absetzung zu anderen Modellen wie denen von Gergen und Vygotsky. Allgemeiner kann man hier auf sozialkonstruktivistische Ansätze verweisen. Ihnen wirft Breakwell vor, daß sie die Geschichtlichkeit der Inhalte und Ziele von Identitätsprozessen mit der Ahistorizität von Struktur und Prozeß vermischen.

Der Vorteil ihres Modells ist zunächst einmal, daß es zumindest suggeriert, es könne beliebige gesellschaftliche und historische Erfahrungen fassen. Diese Robustheit müßte es indes erst noch unter Beweis stellen. Schwierig wird es nämlich dann, wenn diese ahistorische Prozeßstruktur historisch und gesellschaftlich situiert und fokussiert werden muß durch Zielkonventionen für den Identitätsprozeß. Breakwell nennt die Trias von Kontinuität, Einzigartigkeit und Selbstwert als aktuell gültige Zielkonventionen. Die werden bei ihr eher en passant und wie selbstverständlich eingeführt. Dabei sind sie es doch, die dem Identitätsprozeß nicht nur individuell, sondern für eine ganze Reihe von Gesellschaften den normativen Rahmen setzen. Sie erklärt auch nicht, wie diese hohe Verbindlichkeit und Gültigkeit dieser Zielbestimmungen zustandekommen, wo doch das Subjekt bei ihr durchaus Freiheitsgrade gegenüber ideologischen Systemen hat. Das, was also als historische Konkretion beiläufig eingeführt wird, ist ein unausgewiesenes, weder historisch hergeleitetes noch in seiner Wirkung differenziertes Konstituens ihres Prozeßmodells. Wenn etwa das Ziel der Kontinuität prozeßleitend ist, dann wäre zu klären, wie sich diese Wirkung realisiert.

Gilt dieses Ziel für jedes Subjekt, warum? Kann man sich dieser Forderung entziehen, wie kann das aussehen? Sind nicht die ahistorischen Prozeßelemente, etwa der Projektbegriff, selbst schon Träger des Prozeßzieles Kontinuität, des Zieles, ein einheitliches Subjekt zu verteidigen? Wie geht das: Universalien von der historisch-gesellschaftlichen Situiertheit ihres Findungsprozesses zu säubern? Wie immer sie also ihre Universalien schneiden und von der gesellschaftlichen Realität abtrennen mag, so müßte sie doch belegen, daß diese Schneidung nicht selbst schon ein durch soziale, wissenschaftliche Diskurse präformierter Prozeß ist.

Abgesehen von der Annahme von Universalien nimmt Breakwell ganz wesentliche Elemente eines veränderten Verständnisses von Identitätsentwicklung auf. Mit ihrem zukunftsorientiertem Handlungsbezug, ihrer Betonung der Unabgeschlossenheit und der Dynamik des Prozesses wie auch in der konsequenten Einbeziehung der gesellschaftlichen Entwicklung kommt sie wesentlich differenzierter an die einzelnen Prozeßelemente heran, als dies etwa im Ansatz von Marcia gelingt. Es zeigt sich allerdings auch, daß vom dezentrierten postmodernen Subjekt nichts zu sehen ist. Im Gegenteil, die wesentlichen Leitlinien des Prozesses widersprechen solchen Überlegungen völlig und sie werden in einer Weise gesetzt, daß man von einer Aporie der Moderne sprechen könnte. Eine sinnvolle und notwendige Aufgabe wäre es, unabhängig von ihrer grundsätzlichen Gegenposition zu den Sozialkonstruktivisten, das dezentrierte Subjekt im Rahmen ihres Modells zu erzählen. Dies würde verdeutlichen, wo in ihrem Struktur- und Prozeßmodell selbst die aporetischen Momente lokalisiert sind. Damit wäre auch zu klären, wie dehnbar und aufnahmefähig ihr Modell ist für radikal neue Sichtweisen auf den Prozeß der Identitätsbildung.

2.3 Identität als situatives Management: Carmel Camilleri

Carmel Camilleri hat sein Modell auf der Grundlage von empirischen Untersuchungen zur Identitätsentwicklung nordafrikanischer Jugendlicher, die in Frankreich aufgewachsen sind, entwickelt (Camilleri, 1990a, 1990b). Entsprechend ist in seiner Theorie nicht die Rede von der gelingenden Identität, sondern von den unzähligen, sehr persönlichen Strategien, unter schwierigen persönlichen und sozialen Bedingungen zumindest annähernd so etwas wie ein eigenes Identitätsprojekt zustande zu bringen.

Die Grundbegriffe in Camilleris Modellvorstellungen sind die beiden Dimensionen des *Selbstbezuges* (fonction ontologique) und des *sozialen Bezuges* (fonction pragmatique) der Identität. Es geht, zugespitzt gesagt, um die Frage, ob das Subjekt mit sich selbst "im Reinen" sein will oder mit seiner sozialen Umwelt. Gelingt ihm eine Balance, so erlebt es Kohärenz. Camilleris Kohärenzbegriff hat also eine explizit soziale Ausrichtung. Er bedeutet nicht die Einheitlichkeit von Selbstwahrnehmungen in verschiedenen Lebenswelten, sondern die Übereinstimmung von Selbstwahrnehmung und den Zumutungen der sozialen Umwelt. Ist diese Deckungsgleichheit nicht gegeben, so muß das Individuum Strategien einsetzen, um diesen Widerspruch abzumildern. Camilleri führt dazu den Begriff der *Identitätsstrategien* (stratégies identitaires) ein. In der Erfahrung der Nordafrikaner in Frankreich ist das Erleben einer großen Spannung zwischen Selbstbild und sozialen Forderungen eine alltägliche Erfahrung. Entsprechend alltäglich und elaboriert ist das Repertoire von Identitätsstrategien. Natürlich ist die Vielschichtigkeit und Brüchigkeit dieser Beziehung zwischen den Immigranten und ihrer (neuen) sozialen Umwelt damit in keiner Weise umfassend benannt, schon allein deswegen, weil ja das Selbstbild ebenfalls schon brüchig geworden ist durch den oft schon jahrzehntelangen bzw. durch die Geburt in Frankreich gesetzten Abstand zur Herkunftskultur (vgl. Camilleri, 1988, 1990a; Atabay, 1994).

Entsprechend dem komplexen Selbsterleben seiner Untersuchungspopulation spielt bei Camilleri eine Aporie der Kohärenz keine Rolle mehr. Er sieht so viele Personen, die weder kohärent wirken noch sich so erleben, daß mit einem Kohärenzmodell nichts mehr gewonnen ist (Camilleri & Vinsonneau, 1996). Es geht vielmehr um die Frage danach, wie man mit einem solchen Erleben umgeht. Die Normativität der Kohärenzforderung ist in seinem Modell aufgegeben. Wenn er sie noch postuliert, dann nicht als normative Vorgabe, sondern als Deskription subjektiven Verhaltens: Wie schwer es den Individuen auch fallen mag, sie zielen darauf hin, sich selbst als kohärent zu erleben. Schließlich mißt Camilleri der Frage der *sozialen Anerkennung* als treibendem Element im Prozeß der Identitätsbildung einen großen Stellenwert bei. Damit knüpft er an Diskussionen an, die derzeit in der Sozialphilosophie und Psychoanalyse geführt werden (vgl. Taylor, 1995; Benjamin, 1990; Keupp, 1994c).

2.3.1 Modellannahmen

Expliziert hat Camilleri sein Modell in einem Artikel von 1991. Dort beginnt er mit Überlegungen zu den *strukturellen Eigenschaften* von Identität. Das treibende Moment für jede Identitätsbildung ist für ihn im *ontologischen Status* des Menschen begründet. Der Mensch ist nicht wie ein physikalisches Objekt mit unveränderlichen Eigenschaften ausgestattet. Er ist vielmehr zutiefst davon überzeugt, daß er sich davon lösen kann oder sie verändern kann. Er hat also eine gewissen Distanz zu dem Wesen, das in einem bestimmten Moment seines ist. In dieser Form des Freiheit gewährenden Selbstbezuges konstituieren wir uns als Subjekt.

Allerdings ist unsere Souveränität gegenüber unserem Sein in der Regel begrenzt. Wir erfahren uns gemeinhin vielmehr als "Quasi-Subjekt", das in einer schwierigen Beziehung zu einem Selbst als "Quasi-Objekt" steht. Diese Beziehung gestaltet sich schwierig, da uns dieses Quasi-Objekt angesichts seiner Vielschichtigkeit immer wieder entgleitet. Insbesondere unser Unbewußtes trägt zur Komplexität dieser Beziehung bei (Camilleri, 1991, S. 77). Die Dynamik der Identität entfaltet sich in diesem Spannungsfeld zwischen Quasi-Subjekt und Quasi-Objekt mit den beiden Ergebnispolen einer *identité-adhésion* einerseits, d.h. der Identität eines sich entfaltenden Subjektes, das Selbstattribuierungen vornimmt, erprobt und verwirft, und andererseits einer *identité-adhérence*, geprägt von den unveränderbaren Bestimmungen dieses Quasi-Objektes.

In diesem Spannungsfeld ist eine Vielzahl von Konfigurationen möglich, je nach unseren Fähigkeiten zur Evaluation des Verhältnisses von Ich und Selbst. Eine denkbare Konfiguration ist etwa eine *illusorische Identität* (identité illusoire), d.h. eine Identität, welche die Beschränkungen und Komplexitäten des Quasi-Objektes nicht zur Kenntnis nimmt und sich in Überschätzung der Freiheitsgrade des Subjektes bildet. Damit setzt sie Risiken für die Zukunft, in die hinein sie dem Subjekt als Bezugspunkt dient. Das Gegenstück dazu wäre eine *realistische Identität*, basierend auf einem längeren Prozeß der Subjekterfahrung und auf einer begründeten Einschätzung über unsere Zukunft, die wir mit einiger Wahrscheinlichkeit realisieren können (a.a.O., S. 78). Diese beiden Konfigurationen verdeutlichen die Differenz zwischen Wunsch und Wirklichkeit. Auf der einen Seite gibt es die mentale Arbeit des Subjektes. Sie nährt den Prozeß der Hypothesenbildung über seine Identität. Und auf der anderen Seite gibt es die Realität der Identitätsbildung, in der sie effektiv festgeschrieben wird. Aus dieser Spannung zwischen Wunsch und Wirklichkeit können Dysfunktionen und Identitätskrisen entstehen. Neben dieser ontologischen Dimension von Identität, in der wir uns selbst zum Objekt unserer Betrachtung und Handlung machen, unterscheidet Camilleri noch eine *pragmatische Dimension*. Sie steht für die Beziehung zwischen dem Subjekt und seiner sozialen Umwelt. Damit ist eine zweite Achse des Aushandlungsprozesses benannt und zugleich eine zweite Quelle potentieller Identitätskrisen und Dysfunktionen.

Für die Gestaltung der *Inhalte* unserer Identität gibt es eine Vielzahl von Möglichkeiten. Zwei Charakteristika allerdings müssen - zumindest in den westlichen Kulturen - gewahrt bleiben, wenn wir uns als identisch erfahren wollen: die Individualität und die Einheit unseres Selbst über die Zeit. Identität ist also eng verknüpft mit *Vorstellungen* von Konstanz, Kontinuität und Kohärenz. Die schwierige Frage dabei ist, wie unter diesen Prämissen Entwicklung stattfinden, Neues integriert werden kann. Genau dies ist nämlich zu leisten: eine Integration von Neuem und damit eine Projektion in die Zukunft, während gleichzeitig der Bezug zur Vergangenheit zwar reformuliert, aber in jedem Fall erhalten bleibt. "Identität bedeutet also nicht ... eine konstant ablaufende Mechanik der unendlichen Wiederholung desselben, sondern eine Dialektik der Veränderung in der Kontinuität. ... Sie stellt eine Dynamik der permanenten Aushandlung der

Differenzen dar mit dem Ziel, eine Form zu finden, die uns das Gefühl gibt, nicht widersprüchlich zu sein. In dem Maße, wie uns das gelingt, konstruieren wir uns als Einheit, nicht im Sinne der Arithmetik, die die Verschiedenheit ausschließt, sondern im Sinne einer Struktur, die die Verschiedenheit integriert" (a.a.O., S. 79). Diese Einheit ist keine Substanz. Wir realisieren sie vielmehr als Kohärenzempfinden im Handeln. Die Aufgabe des Subjektes, ein Gefühl der Selbigkeit über Situationen und die Zeit hinweg zu entwickeln und zu erhalten, wird allerdings durch ein weiteres Spannungsverhältnis kompliziert. Hinzu kommt nämlich ein möglicher Konflikt zwischen einerseits dem, was das Subjekt erreicht hat bzw. was faktisch für es zu erreichen ist, und andererseits seinem Ich-Ideal bzw. Selbstwertgefühl.

Und schließlich betont Camilleri, daß diese Prozesse natürlich sozial eingebettet stattfinden. Das *alter* als soziales Gegenüber präsentiert sich in einer Vielzahl von Konfigurationen: als Individuum, als Gruppe, als soziale Organisation. Es ist nicht indifferent, sondern - im Gegenteil - parteiisch, wachsam gegenüber Inhalten, Empfindungen und Werten, die das Subjekt in seine Identitätsbildung einbringt. Und diese Wachsamkeit gilt sowohl dem Subjekt als Mitglied einer sozialen Einheit (z.B. Deutsche, Ausländerin), als auch als singulärem Träger eines bestimmten Musters von Eigenschaften (so, wie wir die Person kennen).

Das Ergebnis dieser situativen Aushandlungen ergibt eine Gesamtkonfiguration. Ihre Evaluation durch das Subjekt bestimmt dessen Identitätsgefühl. Und daraus wiederum leitet sich die Orientierung, das Identitätsprojekt für die Zukunft ab: Affirmation und Stabilisierung im positiven Falle oder Infragestellung und Neuverhandlung im Falle einer negativen Bewertung.

2.3.2 Probleme der Kohärenzerzeugung

Das Scheitern des Subjektes bei der Herstellung von Kohärenz kann, so Camilleri, sowohl individuelle als auch gesellschaftlich-historische Ursachen haben. Wenn man etwa traditionale Gesellschaften betrachtet, so bieten sie einen kulturellen Kode, der das soziale Leben und Erleben einheitlich und allgemein akzeptiert interpetiert. Damit sind die Möglichkeiten der Individuation in höchstem

Maße reduziert. Man könnte dort von einer *verordneten Identität* sprechen (identité prescrite). Die Subjektentwicklung ist geprägt vom Mechanismus der Identifikation. Das Ergebnis ist eine Identität der Zugehörigkeit. Die Verbesonderung des Subjekts beschränkt sich in der Regel auf eine spezifische Konfiguration von sozialen Rollen. Nicht ausgebildet und zudem sozial abgewertet wird dort die Individualisierung im Sinne eines Subjektes, das sich in seiner eigenen Einzigartigkeit empfindet. Diese sozialen Grunddeterminanten machen es für das Individuum nutzlos, die benannten Aushandlungsprozesse der Identitätsbildung durchzuführen. Im Vordergrund steht eine Identifikation mit dem sozialen "Wir", die den Identitätsprozeß angesichts der schwach ausgeprägten Individualisierung in die Nähe der Fusion rückt.

Moderne Gesellschaften dagegen sind extrem ausdifferenziert in eine Vielzahl von sozialen Gruppen. Diese Differenzierung ist zudem nicht komplementär, sondern im Gegenteil disparat, vergleichsweise autonom und bietet dadurch dem Subjekt größere Freiheitsgrade. Die unterschiedlichen Erfahrungswelten geben dem Subjekt "die strukturelle Möglichkeit, sich der Vielfalt der Konfigurationen von Identitätsgefühlen bewußt zu werden und eben dadurch Abstand davon zu gewinnen" (a.a.O., S. 82). Diese Erfahrung ermöglicht es dem Individuum, die Vielfalt sozialer Signifikationen aktiv zu gestalten. Und dies um so mehr, als die kollektive Identität in der Regel nicht aufoktroyiert wird, sondern sich vielmehr in einem Modus des Vorschlages, der Anregung präsentiert. Damit wird es möglich, den Weg der Differenzierung bis hin zur Individualisierung zu beschreiten. Allerdings ist das Individuum nach wie vor gezwungen, sich einer Zugehörigkeit zu einem sozialen "Wir" zu versichern. Das zeigt sich etwa, wenn wir uns in einer fremden Gesellschaft bewegen: Nirgends fühlt man sich z.B. so deutsch wie bei einem längeren Auslandsaufenthalt, eine irritierende Erfahrung besonders dann, wenn man seine Nationalität bislang als randständiges Element seines Selbstbildes betrachtet hat. Dies macht auch die Situationsabhängigkeit von Identität deutlich. Unsere Identitätsfiguren ändern sich mit den sozialen Situationen, in denen wir uns befinden. In modernen Gesellschaften haben sich allerdings die Wahlmöglichkeiten bei der Gestaltung des sozialen Wir gegenüber den erzwungenen Zugehörigkeiten extrem erweitert. Daraus ergibt sich ein komplexes Spiel der Zugehörigkeiten, wobei Individualität zu einem guten Teil aus dem Management dieser Teilidentitäten resultiert. In seinen sozialen Beziehungen kommt das Individuum also unaufhörlich in Kontakt mit völlig unterschiedlichen sozialen Repräsentationen. Diese stellen seine Kohärenz ständig in Frage. Und sie weisen ihm selbst die Aufgabe zu, diese Einheit wiederherzustellen und dabei die in hohem Maße beliebigen Bezüge der Identitätskonfigurationen zu steuern.

Die Freiheitsgrade des Subjektes in seiner Identitätsbildung, die Möglichkeit der Individuation bergen ein erhebliches Problempotential: die mögliche Spannung im Gefolge einer Auseinanderentwicklung von individuellem und gesellschaftlichem Bewußtsein. In diesem Fall wird das Subjekt zu einer Bearbeitung dieser Spannung gezwungen. Camilleri unterscheidet hier drei Szenarien je nach dem Umgang des sozialen Umfeldes mit dieser Differenz.

a)   Im ersten Fall besteht eine *Differenz zwischen den Rollenerwartungen* und damit dem Zugang zu sozialer Anerkennung einerseits und dem *eigenen Identitätsgefühl* andererseits. Die Konsequenz für das Subjekt ist eine *Aufspaltung* der Identität in eine soziale und personale Identität oder, nach Kastersztein (1990), verschiedenen *identités circonstancielles* in Abhängigkeit von den Umständen. Wie diese Spannung im Einzelfall gestaltet wird, ist recht unterschiedlich. Empirisch zeigen sich Strategien der Authentifizierung, das heißt, sich kenntlich zu machen als unverwechselbar etwa mit einer *polemischen Identität*, die sich provozierend und pointiert von soziale Rollenzumutungen abhebt. Das andere Extrem wäre ein Verschwinden des Subjektes hinter den Rollenerwartungen im Sinne einer *maskierten Identität*. Zwischen diesen beiden Extremen sind viele Spielarten denkbar.

Situative Identitäten in Abhängigkeit von der sozialen Situation sind dort, wo verschiedene Kulturen aufeinandertreffen, nichts Ungewöhnliches. Camilleri verweist auf seine Erfahrung mit nordafrikanischen Arbeitsimmigranten in Europa. Hier wie auch bei Besuchen in ihren Heimatländern wechseln sie oft über den Tag hinweg je nach Situation und Kommunikationspartner zwischen traditionalem und modernem Kode hin und her. Ihre wahre Identität zeigt sich anderswo, nämlich dort, wo sie sich als Individuen wahrhaft angefragt fühlen, etwa bei der Wahl des Partners oder der

Erziehung der Kinder. Das bedeutet letztlich eine Variation der Identität je nach dem Grad der Involviertheit des Individuums in eine soziale Situation.

b) Im zweiten Fall wird eine *Differenz* zwischen Selbstbild und sozialer Rollenerwartung vom sozialen Umfeld gezielt, aber nicht unbedingt bewußt, *geleugnet*. Es geht letztlich darum, jemanden dazu zu bringen, eine Identität oder Teilidentität zu übernehmen, die nicht die seine ist ("Wir sitzen alle in einem Boot"; "Alle Menschen sind gleich")..

c) Im dritten Fall findet gerade das Gegenteil statt: Die *Differenz* wird vom sozialen Umfeld *betont* und mit einer Abwertung verbunden. Ein Individuum, eine Gruppe, eine Gesellschaft werden abgewertet, als abstoßendes Objekt konstruiert, um so ein kollektives oder individuelles Gleichgewicht zu wahren oder das Bild eines bedrohten Selbst zu stabilisieren. Den Abgewerteten wird das "andere" der Selbstattribuierung zugeschrieben, das, was man in seinem eigenen Selbstbild nicht sehen kann und mag. Und um diese Konstruktion zu stabilisieren, werden die Attribuierungen als unveränderbar, als "Natur" gesetzt. "Die Frau", "der Russe", "der Asylant" sind "so" und werden immer so bleiben. Es entsteht ein "Identitätsgefängnis"..

Diese Strategien zeigen deutlich, daß es sich bei der Verhandlung von Identitäten um *Prozesse sozialer Machtausübung* handelt. Die Reaktionen der Opfer solcher Strategien sind vielfältig. So ist etwa bei den einen eine Akzeptanz, eine Übernahme der Abwertung zu beobachten. Andere bemühen sich, die verallgemeinernden Zuschreibungen aufzulösen, um ihre Besonderheit zu retten. Die Betonung von Subidentitäten (*zwar* algerischer Staatsbürger, *aber* Angehöriger der Minderheit der Berber) ist eine weitere Möglichkeit, mit dieser Bedrohung umzugehen. Schließlich gibt es auch die Strategie der Umkehrung des Stigmas: genau die Eigenschaft, die die Abwertung rechtfertigen soll, wird zum Element der Überlegenheit erklärt, eine Form *polemischer Identität* (z. B. "Black is beautiful" in den USA der 70er Jahre; auch die Selbstbezeichnung von Jugendlichen in den Neuen Bundesländern als "Stino", als stinknormal, ist eine Umkehrung des Stigmas: Was verletzen soll, wird stolz selbst propagiert (vgl. Waldmann & Straus, 1992)). Im Fall der Stigma-Umkehr und der Betonung von

Subidentitäten geht es dem Subjekt offensichtlich nicht um eine Klärung. Vielmehr ändert es reaktiv seine Identitätskonfiguration. Diese Verteidigungsstrategie ist nicht ungefährlich. Sie kann zu Idealisierungen und imaginären Rekonstruktionen führen, allerdings auch erhebliche individuelle und kollektive Kräfte mobilisieren.

Eine weitere Form des Managements von Identitätsbedrohungen ist die Kristallisierung von Bezugspunkten der Identität, die für das Gesamt einer Identitätsfigur stehen sollen. Beispiele wären soziale Regeln: Die Zugehörigkeit zum christlichen Abendland als kulturelle Identität manifestiert sich z.b. dann nicht mehr in einer Vielzahl kultureller Praktiken, sondern schrumpft auf die Verteidigung des Kreuzes in jedem bayerischen Klassenzimmer. Die Referenz ist zunächst nur ein Zeichen, endet aber nicht selten darin, die Gesamtheit der Werte aufzusaugen, also für viel mehr zu stehen. Entsprechend schwierig ist es, einen solchen Bezugspunkt zu verändern. Dafür ist der große "Rest" umso leichter veränderbar, solange nur dieser Bezugspunkt unberührt bleibt. So werden selbst extreme Werteveränderungen tolerierbar, solange nur die *Identitätsanker* unberührt bleiben. Diese Strategien machen deutlich, daß die inhaltliche Ausgestaltung von Identität im Rahmen menschlicher Interaktion betrachtet werden muß und daß sie dort als Instrument, als *Machtmittel* verwendet wird in der Beziehung zwischen Gruppen und Individuen.

2.3.3 Die Vielfalt der Situationen und die Kohärenz des Erlebens

Camilleri betont abschließend, daß sich in den westlichen Gesellschaften eine Wende vollziehe, weg von einer Betonung von Einheit und Kontinuität über alle Alltagserfahrungen hinweg und hin zu einer Betonung der Situationsbezogenheit. Er nimmt dazu eine Überlegung aus der Ethnologie auf. Danach gilt für sogenannte "primitive" Gesellschaften, daß "keine dieser Gesellschaften von einer substantiellen Identität auszugehen scheint; sie zerstückeln sie in multiple Elemente, deren Synthese immer problembehaftet ist. Je nach Kultur ist die Identität in mehrere "Seelen" unterteilt oder mittels Emblemen und sozialer Positionen wieder zusammengesetzt. Die Identität erscheint also als eine kombinatorische instabile Funktion und nicht als unveränderliche Essenz..." (Taboa-da-Leonetti, 1990, S. 19). Dies, so betont Camilleri, bezieht sich auf Gesell-schaften, in denen den Individuen für alle wichtigen Situationen genau vorge-schrieben ist, wer sie sind und was sie tun dürfen. Zu einem *Thema* wird die Frage der Einheit der Identität aber erst da, wo die kollektive Zuweisung von Identität schwächer wird zugunsten einer individuellen Selbstdefinition. Mögli-cherweise ist Kohärenz keine Frage des subjektiven Selbsterlebens. Nicht das Subjekt braucht Kohärenz, sondern die *Gesellschaft* braucht sie, nämlich zur Sicherstellung eines sozialen Kodes, der die Vorhersagbarkeit von Verhaltens-weisen garantiert. Wird dieser Kode von der Gesellschaft unterstützt und von außen kontrolliert, so gibt es für ein Selbst, das sich als zersplittert erlebt, keine unangenehmen Konsequenzen. Schwächt sich diese kollektive Identitätsstütze jedoch ab, dann muß die Garantie für den Kode weitgehend vom Individuum selbst übernommen werden: die Bestimmtheit und Vorhersehbarkeit seines Ver-haltens basieren dann auf der Entwicklung einer "inneren" Empfindung mit einer von außen wahrnehmbaren Kohärenz und Kontinuität. Das Subjekt strebt nach einer Identität als innerer Einheit, die genügend konsistent ist, um das Selbsterleben in disparaten Situationen zu integrieren (Camilleri, 1991, S. 88).

Hier zeigt sich einmal mehr, daß diese Veränderung von der gesellschaftli-chen Entwicklung angetrieben ist. Wie und wie sehr jedoch das einzelne Indivi-duum auf diese Entwicklung reagiert, hängt wesentlich von den psychischen Strukturen seiner Persönlichkeit ab. So gibt es offensichtlich erhebliche Unter-schiede darin, wieviel Differenz zwischen Selbstbild und Rollenerwartungen sich das einzelne Subjekt "leistet". Auch das Bedürfnis nach einer *Durch-strukturierung* der eigenen Identität scheint sehr unterschiedlich zu sein. Bei manchen ist der Drang, aus "einem Guß" zu sein, sehr groß. Anderen genügt ein *Identitätskern*, an den lose Teilidentitäten angelagert sind. Die *Qualität* der vom Subjekt geforderten Kohärenz kann ebenfalls sehr unterschiedlich sein. Während die einen eine reduktionistische Kohärenz anstreben, aus der alles Disparate ausgeschieden wird, bemühen sich die anderen um eine komplexe Form von Kohärenz und versuchen dazu die Integration von Widersprüchen.

Eine weitere Qualität der Kohärenz ist die *Art der Beziehung* der einzelnen Identitätsfacetten. Zu unterscheiden ist zwischen Individuen, die sich mit einer *affektiven Logik* des Zusammengehörens zufriedengeben, und anderen, die sich um einen *reflexiven* Typus von Logik bemühen, d. h. auch kognitiv eine Beziehung zwischen den Facetten begründen wollen. Schließlich spielt auch der Eingang von *moralischen* Bewertungen eine Rolle. Was für die einen etwa Opportunismus wäre, ist für andere überhaupt kein Problem. Im Zusammenwirken dieser Parameter gestaltet und entwickelt sich über die Situationen hinweg die Identität des einzelnen.

Man sieht also, daß die Qualität dieser Kombinationen je nach dem Zusammenspiel der persönlichen Faktoren sehr unterschiedlich sein kann. Die Betonung des Selbstbezuges begünstigt eine stabile innere Autonomie. Allerdings kann sie sich, wie im Fall der *reduzierten Identität* (identité réductrice), möglicherweise bloß dadurch erhalten, daß sie sich gegen alle Infragestellungen durch Neues schützt; dagegen führt die Bemühung um eine komplexe Kohärenz zu einer vielgestaltigen Einheit. Wenn dazu noch das Bemühen um eine Durchstrukturierung tritt und darüber hinaus die einzelnen Elemente durch einen reflexiven Bezug miteinander verknüpft sind, nähern wir uns einer konsistenten, *synthetischen Identität*. Sie nimmt in den westlichen Gesellschaften einen hohen Stellenwert ein.

Umgekehrt führt die Betonung des sozialen Bezuges, der pragmatischen Funktion, dazu, sich mit einem Mangel an Systematik, einem Fehlen reflexiver Verknüpfung zufriedenzugeben. Es entstehen plurale, wenn nicht opportunistische Identitäten, die leicht an den Fluxus der Situationen angepaßt werden können. Das führt dann zu *synkretischen Identitäten*, das sind "je nach Bedarf zusammengebastelte Formationen in Abhängigkeit von Bedürfnissen und Forderungen der Umwelt" (a.a.O., S. 89).

Diskussion

Konstitutiv für den Ansatz von Camilleri ist die Spannung zwischen dem Subjekt in seiner Beziehung zu seinem Selbstbild einerseits und seinem sozialen Umfeld andererseits. Aus dieser Spannung heraus gelingt es ihm, Strategien zu unterscheiden, die in ganz unterschiedlichen Konfigurationen des Spannungsverhältnisses gründen. Gesellschaft ist hier keine historische Randbedingung, sondern zentrales Element in der Dynamik des Identitätsprozesses. Und nicht nur dies: Mit dem Aufeinandertreffen grundverschiedener gesellschaftlicher Kodes in der Situation der EmigrantInnen geht es ihm um Problemkonstellationen, wie sie für eine Vielzahl von Menschen zunehmend Realität werden. Die Identitätsbildung beginnt nicht "bei Null". Der Ausgangspunkt ist vielmehr immer schon eine komplexe Konfiguration von kulturellen Kodes, Selbstbildern und sozialen Bezügen.

Gesellschaft geht in den Prozeß nicht nur über die Zieldefinition für die Identitätsentwicklung ein, sondern auch als Ressource für das Subjekt zur Erreichung dieser Ziele. So ist die Inkohärenz des Subjektes in traditionalen Gesellschaften nicht etwa *nicht* vorhanden (Lévi-Strauss, 1977, S. 11), sondern sie stellt kein Problem dar, weil der gesellschaftliche Kode in hohem Maße umfassend und stabil ist. Pointiert gesagt, braucht das Individuum keinen inneren Zusammenhalt zu produzieren, weil die Gesellschaft ihn bietet. In den westlichen Gesellschaften dagegen kann Gesellschaft gerade das nicht mehr. Die Dissoziation des Subjektes wird also erst in dem Maße ein Problem, in dem die Gesellschaft selbst sich dissoziiert und damit die Kohärenzzumutung an das Individuum weitergibt. Camilleri benennt eine ganze Reihe von Faktoren, die darauf Einfluß nehmen, wie das Subjekt sich dieser Aufgabe stellt. Mit dieser Diskussion der Kohärenz ist Camilleri sehr nahe an den Überlegungen von Zygmunt Bauman, wonach Identität zu keiner Zeit ein Problem "wurde". "Sie konnte nur als *Problem* selbst existieren; sie war immer schon ein Problem - sie wurde gleichsam als *Problem* geboren" (Bauman, 1995, S. 2).

60

2.4 Neuere Identitätstheorien: Zwischen Status und Prozeß, Kohärenz und Fragmentierung

Ausgangspunkt meiner Diskussion dreier Identitätstheorien war die Frage, ob und wie sich zentrale Themen der Diskussion der Postmoderne dort wiederfinden, insbesondere die Verkürzung der subjektiven Zeit und die Dezentrierung des Subjektes. Alle drei Ansätze zeigen sich demgegenüber ganz wesentlich dem Projekt der Moderne verpflichtet: Identität wird fraglos als lebenslange Aufgabe konzipiert. Auch der situative Bezug ist pointiert. Wie aber findet die Integration dieser situativen Selbstentwürfe in eine kohärente Identität statt? Und wie wird die Entwicklung über die Zeit konzipiert? Das sind in der Tat die zentralen Punkte, an denen sich zeigt, inwiefern die jeweilige Theorie über die Epoche der Moderne hinausweist bzw. hinausweisen kann.

Marcia geht hier - auf atheoretische Weise - am weitesten. Er postuliert nichts mehr, als daß ein Identitätsergebnis, welches vordem pathologisch genannt worden wäre, heute kulturell adaptiv sein könnte (Marcia, 1989). Er kommt zu diesem Schluß auf empirischem Wege. Aber ihm fehlt von seiner Theorie her alles, was die Transaktionen zwischen Subjekt und Gesellschaft, die zu diesem Ergebnis führen, theoretisch integrieren könnte. Auch in seiner Differenzierung der Adoleszenz horizontal nach Lebenswelten und vertikal nach Altersgruppen nimmt er Überlegungen auf zur Verkürzung der Zeitperspektiven und Ausdifferenzierung der sozialen Beziehungen, wie sie von postmodernen Theoretikern formuliert worden sind. Allerdings versucht er, diese Differenzierung selbst in eine Systematik einzubinden, Kohärenz also zu retten, ohne jedoch dieses Unternehmen abzuschließen. Wiewohl es sich also um ein normatives Konzept handelt, das die gelungene (*achieved*) Identität als Optimum betrachtet, ist doch deutlich, daß der Zweifel bei ihm Einzug gehalten hat. Das betrachte ich als seine größte Qualität: Die empirische Herangehensweise zu suchen und doch das Konzept offenzuhalten für Zweifel, Neuentwicklungen, Einflüsse von außen. Insofern ist sein Modell selbst ein Beispiel von Identitätsarbeit der Moderne, die versucht bei sich selbst zu bleiben und doch Neues aufzunehmen.

Breakwell stellt sich den gesellschaftstheoretischen Anfragen an die Identitätstheorie auf eine andere Weise. Mit vielen neueren Überlegungen hat sie überhaupt keine Schwierigkeiten: Lebenslange Identitätsarbeit, die Handlungsbezogenheit und Prozessualität von Identität, die situativen Bezüge. In ihrer Theorie erwachsen die Schwierigkeiten daraus, daß sie die Identitätsarbeit in der Innenseite des Subjektes situiert. Sie gibt die Unterscheidung von sozialer und personaler Identität auf mit der Begründung, daß diese einen situativen Artefakt darstelle. Natürlich werde der Prozeß in vielfältiger Weise beeinflußt durch soziale Bezüge, aber eben nur beeinflußt. Sie macht den innerpsychischen Prozeß und seine Konstitutionsbedingungen zu psychologischen Universalien. Die Prozeßziele Kontinuität, Einheit der Person definiert sie als aktuell gesellschaftlich sanktioniert. D.h. der Prozeß und seine Wirkmechanismen sind universal. Wie er abläuft, welche Mechanismen jeweils in welcher Konstellation ablaufen, hängt von den Prozeßzielen ab, die wiederum gesellschaftlich vorgegeben sind.

Dahinter steckt die These, Subjekterfahrungen ließen sich jenseits aller Historizität analysieren und ordnen, und insbesondere auch, daß mit einer solchen Analyse mehr über sie auszusagen wäre als durch ihre Betrachtung gerade in ihrer historischen Gewordenheit. Ihr eigenes Buch ist der beste Gegenbeweis: Während sie in dem größten Teil ihres Buches die Identitätsarbeit von arbeitslosen Jugendlichen in England intensiv und plastisch analysiert, bleibt in ihrem Modell ein möglicherweise zeitloses, aber eben auch wenig aussagekräftiges Skelett übrig. Und selbst dessen Zeitlosigkeit ist zweifelhaft. Denn ihr Modell verträgt keine beliebigen sozialen Zielvorgaben der Identitätsentwicklung. Akkomodation/Adaption und Evaluation sind Mechanismen, die immer ein zentrales, integriertes und um Integration bemühtes Subjekt voraussetzen. Was also das historisch konkrete - und deshalb veränderbare - Prozeßziel sein soll, ist im - vorgeblich ahistorischen - Modell selbst schon impliziert.

Forschungsmethodisch betrachtet sind die Schwächen ihres Modelles allerdings gleichzeitig auch seine Tugenden. Indem sie seine Universalität nicht nur implizit unterstellt, sondern explizit behauptet, und indem sie seine einzelnen Elemente präzise benennt, ermöglicht sie seine - noch zu leistende - Überprüfbarkeit hinsichtlich seiner Reichweite und seiner Geltungsbedingungen. Identitätstheoretisch gesprochen handelt es sich um eine Theorie mit einer klar konturierten Identität.

Bei Camilleri schließlich ist Gesellschaft viel massiver, bestimmender und unentrinnbarer präsent als bei den anderen vorgestellten Theorien. Und dieser Gesellschaft fehlt auch in weiten Teilen die stützende, fördernde Funktion bei der Identitätsbildung. Dies ist sicher eine Folge seiner empirischen Orientierung: In der Rolle eines Arbeitsimmigranten aus einer völlig anderen Kultur tritt einem Gesellschaft nicht als Stütze gegenüber. Erfahrungen der Diskrimination, der sozialen Abwertung sind alltäglich. Das Eriksonsche Gemälde einer Gesellschaft, die dem Heranwachsenden einen Platz bereitstellt, ist weit. Aber gerade in dem, was bei Camilleri an individuellem Leiden deutlich wird, zeigt sich auch die Bedeutung der sozialen Welt für die Identitätsbildung. Sie vollzieht sich nicht als psychologischer Binnenprozeß. Sie ist ganz massiv bestimmt von der Auseinandersetzung des Subjekts mit seinen sozialen Lebenswelten. Camilleri ist es auch, der am präzisesten die Frage nach der Kohärenz und ihrer historischen Bedingtheit stellt. Kohärenz als ontologisches Bedürfnis des Menschen ist möglicherweise eine Schimäre. Vielmehr ist es die Gesellschaft, die Kohärenz fordert, um die Verortung in sozialen Matrixen und die Erfüllung sozialer Kodes garantiert zu bekommen. Das subjektive Bedürfnis nach Kohärenz wächst erst in dem Maße, wie die gesellschaftlichen Statuszuweisungen und Rollenangebote sie nicht mehr bieten können.

Ich hatte eingangs danach gefragt, wie eine Identitätsentwicklung im Sinne eines Entwurfes in die Zukunft hinein aussehen kann, die geprägt ist von der überbordenden Vielfalt der alltäglichen Selbsterfahrung in den unterschiedlichsten sozialen Kontexten. Die Antworten, die ich von diesen drei Theorien erhalte, sind unterschiedlich. Breakwell verweist mich darauf, daß diese Werte, Kohärenz und Kontinuität, gesellschaftlich gesetzt und auch veränderbar sind. Offensichtlich gibt es ihrer Wahrnehmung nach aber keine Veränderungsdynamik in den normativen Vorgaben. Camilleri dagegen sieht diese Veränderungsprozesse als sehr weit fortgeschritten an. Und er ist auch wesentlich präziser in der Analyse dieser Dynamik. Sie entsteht nicht aus dem Nichts (Breakwell läßt uns da im Dunkeln). Die Interiorisierung der Kohärenzproduktion ist vielmehr der Preis der gesellschaftlichen Individualisierung. Die Folge, und auch das wird deutlich bei ihm, ist ein situatives Identitätsmanagement. Identität als

Projekt, als strategischer Entwurf mit langem Atem ist - anders als bei Breakwell - nicht mehr möglich. Das Subjekt erschöpft sich im Klein-klein der alltäglichen Identitätsarbeit.

3. DAS DISSOZIIERTE SELBST

> "perdi-me dentro de mim porque era labirinto"
> *"Ich habe mich in mir selbst verirrt, denn ich war ein Labyrinth"*
> Graffiti in Sao Paulo

Wenn im postmodernen Diskurs vom Ende der Kohärenz die Rede ist, bleibt in der Regel die genauere Explikation dieser Aussage und ihrer Bedeutung für die Identitätsbildung aus. Einem, wie Breakwell und Camilleri unisono feststellen, zentralen Fixpunkt für die Orientierung der Identität in den westlichen Gesellschaften, seinen Bedeutungsschwund zu bescheinigen, ist eine Sache, die Konsequenzen für den Subjektbegriff und den Identitätsprozeß detailliert zu überprüfen, eine - wesentlich kompliziertere - andere. Das Subjekt im Strudel unterschiedlichster Rollen, mit unterschiedlichen Zeitlogiken und ohne die Stütze (das Korsett? den Panzer?) gesellschaftlicher Kohärenzangebote, aber gleichwohl dem Zwang ausgesetzt, sich kohärent zu erzählen: Das alles scheint heute überraschend vielen Menschen etwas zu sagen. Ja, zuweilen hat man den Eindruck, daß das, was theoretisch so schwer zu fassen ist, der Alltagserfahrung vieler Menschen so nahe steht, daß aus deren Sicht eigentlich nicht viele Worte darüber zu verlieren sind. Aus der Sicht der Identitätstheorie bleiben bei einer solchen Erzählung indes noch viele Fragen offen: Wie lebt sich das? Ist das lebbar? Ist die psychische Innenausstattung des Menschen dazu gerüstet? Die Identitätsforschung tut sich sehr schwer, auf den Kohärenzbegriff auch nur im Gedankenexperiment zu verzichten, so sehr ist er eingewoben in ihre Geschichte und in die ihres Gegenstandes.

Ich möchte mich deshalb hier der Frage der Kohärenz von der "anderen Seite" nähern, von einem Diskurs aus, in dem Kohärenz nur noch als Verlust und als fernes Ziel aufscheint. Gemeint ist die Diskussion um die *Multiple Persönlichkeitsstörung* (MPS). Die MPS ist neben dem *Borderline-Syndrom* (Kernberg, 1983; Gneist, 1995) die psychiatrische Diagnose, die als emblematisch für den Subjekt-Diskurs der Postmoderne gelten kann. Gesellschaftliche Devianz-Diskurse waren immer schon mehr als bloß fachwissenschaftliche Auseinandersetzungen. In ihnen verhandelt eine Gesellschaft 'Unverdautes' und 'Unverdau-bares', noch nicht oder nicht mehr Integrierbares und die Kostenseite ihrer Verfaßtheit für einzelne Subjekte. Auch im Falle der MPS geht die Diskussion weit über die Fachpsychiatrie hinaus. Sie wird z. B. in der Philosophie sehr intensiv geführt, wo sich die Diskussion um die Einheit der Person an diesem und ähnlichen Störungsbildern anlagert. Und auch im medialen und kulturellen Alltag werden Dissoziationsphänome verhandelt.

3.1 Das dissoziierte Selbst und der Extremfall der Multiplen Persönlichkeitsstörung

Im Jahre 1957 erschien in den USA ein Buch mit dem Titel "The three faces of Eve" (Thigpen & Cleckley, 1957; 1984). Es erzählt die Biographie von "Eve", einer Frau mit der psychiatrischen Störung des *Multiple Personality Disorder* bzw. der Multiplen Persönlichkeitsstörung (MPS). Die Resonanz auf diese Veröffentlichung war enorm: "Die Autoren waren überwältigt von der Vielzahl von Leuten, die mit ihnen Kontakt aufnahmen, nachdem sie sich selbst als "Multiples" diagnostiziert hatten. Zudem wurden ihnen 'Tausende' von Fällen zur Untersuchung überwiesen. Sie fanden allerdings nur einen echten Fall darunter" (Fahy, 1988, S. 601).

Diese Rezeptionsgeschichte zeigt, daß das Bild der psychiatrischen Störung MPS Qualitäten hat, welche sich - zumindest in den USA - mit der subjektiven Erfahrung vieler aus fachpsychiatrischer Sicht "gesunder" Menschen zu decken scheinen. Die Beschreibung der Eve "stimmte" für viele LeserInnen in einem so hohen Maße, daß sie sich diese Diagnose zu eigen machten. Sie erkennen sich darin wieder. Das Konzept eines kohärenten, über die Zeit und verschiedene Situationen hinweg integrierten Selbst erscheint vielen weniger "wahr" für ihre Lebenssituation als die Vorstellung einer Aufsplitterung. Dies ist keineswegs eine neue Entwicklung. Auch wenn der in den letzten Jahrzehnten vorherrschende Diskurs eines kohärenten Selbst einen anderen Eindruck hervorruft, so wurde die Frage nach der Kohärenz der Person in den letzten 150 Jahren durchaus kontrovers diskutiert.

3.1.1 Die Multiple Persönlichkeitsstörung als Metapher mit einer wechselvollen Rezeptionsgeschichte

Eine Vielzahl von Belegen zur historischen Entwicklung der Diskussion findet sich in dem materialreichen Buch von Ellenberger (1985). Er verweist darauf, daß es nicht nur um eine Binnendifferenzierung der Psyche ging, die Zerlegung einer Maschine in ihre Teile, sondern insbesondere auch um die Frage der Unabhängigkeit einzelner Funktionsbereiche voneinander, um ihre Freiheitsgrade. Rowan (1990) zeigt in seiner umfangreichen Quellensammlung auf, daß seit Mitte des 19. Jahrhunderts Multiplizität als Denkkonzept sowohl in der Psychologie als auch in anderen Wissenschaften bzw. in ästhetischen und gesellschaftlichen Diskursen weit verbreitet war. Dies war die Zeit einer emphatischen Moderne, in der eine Vielzahl von Individuen von den Freisetzungsprozessen im Gefolge der industriellen Revolution betroffen waren. Unterschieden wurde zwischen einer Multiplizität in der normalen Persönlichkeit, bei der die verschiedenen Selbste durch verschiedene Situationen angesprochen werden, und der Multiplizität in der abnormen Persönlichkeit, in der eines oder mehrere dieser Selbste eine unerwünschte Autonomie erringen.

> Es ist zu beobachten, daß bei einer großen Zahl von Personen die normale Einheit des Bewußtseins desintegriert ist, wenn man sie sehr unterschiedlichen Bedingungen aussetzt. Mehrere distinkte Bewußtseine tauchen auf, von denen jedes eigene Wahrnehmungen, ein eigenes Gedächtnis und sogar einen eigenen moralischen Charakter hat. ... Daraus folgt, daß die Grenzen unseres personalen und bewußten Gedächtnisses ebensowenig absolute Grenzen sind wie die unseres aktuellen Bewußtseins. Jenseits davon gibt es ebenso Gedächtnisse wie auch Wahrnehmungen und Schlußfolgerungsprozesse, und was wir über uns wissen, ist nur ein Teil, vielleicht ein kleiner Teil, von dem, was wir sind. (Binet, 1892, S. 243)

Der Begriff der *Dissoziation* bürgerte sich gegen Ende des 19. Jh. ein. Janet postulierte, "daß Gedankensysteme von der Hauptpersönlichkeit abgespalten sind und als untergeordnete Persönlichkeiten existieren. Diese sind unbewußt, können aber durch Hypnose im Bewußtsein repräsentiert werden" (Hilgard, 1986, S. 5). Die Diskussion um das Selbst als Vielheit war jedoch nie eine bloße Fachdiskussion. Ellenberger verweist auf solche Gedanken in der Literatur des frühen zwanzigsten Jahrhunderts, etwa bei Proust, Pirandello, Joyce und Woolf. Sie alle behandeln die *Multiplizität* innerhalb einer Person, was aber explizit *nicht* das Krankheitsbild der *multiplen Persönlichkeit* meint. Proust zum Beispiel

> ... war interessiert an den vielen Facetten von Persönlichkeit in jedem von uns. Die Persönlichkeit wechselt von Augenblick zu Augenblick in Abhängigkeit von Ort, Zeit und ihren Interaktionspartnern. Es gibt nicht ein "wahres" Ego, sondern vielmehr eine Folge von Egos oder die wechselnde Dominanz von unterschiedlichen Aspekten des Egos. Virginia Woolf läßt in "The Waves" (1931) ihren Protagonisten Bernhard sagen: "I am not one person: I am many people". (Decker, 1986, S. 35)

In der Kulturproduktion der letzten Jahre finden sich ähnliche Überlegungen. Ein prominentes Beispiel ist der amerikanische Autor Paul Auster, Jg. 1947. Seinen großen Erfolg führt ein Kritiker in einer Besprechung seines Buches "Die Erfindung der Einsamkeit" darauf zurück, daß sich "in den labyrinthischen Suchbewegungen, die alle seine Romane durchziehen, überall ein philosophischer Diskurs [verbirgt], dessen Fokus darauf gerichtet ist, ob und wie sich in einer immer chaotischer und sinnloser werdenden Welt das Individuum noch als sinnvoll zusammenhängende Einheit verstehen kann" (Modick, 1993, S. 16). In einem ähnlichen Tenor wird die Fernsehserie "Miami Vice" analysiert, die in den achtziger Jahren auch in Deutschland ausgestrahlt worden ist. Danach haben die Hauptcharaktere der Geschichte "alle multiple Identitäten und multiple Vergangenheiten, die auf instabile Weise in die Gegenwart hineinwirken. In jedem Fall ist ihre Identität fragmentiert und instabil, verschieden und besonders für jeden Charakter, aber immer der Gegenstand dramatischen Wandels" (Kellner, 1992, S. 151).

Die Frage der Kohärenz und Multiplizität der Person ist also nicht neu. Sie hat sich insbesondere unter psychiatrischen Gesichtspunkten seit ca. 150 Jahren gestellt. Aber sie war immer mehr als ein Thema der Psychiatrie. Die Modellbildungen auf der Basis von Multiplizität als Normalitätspostulat sind mindestens ebenso alt. Und hinzu kommt - insbesondere in unserem Jahrhundert - eine Vielzahl von Zeugnissen aus dem künstlerischen Bereich: der bildenden Kunst, der Prosa, den modernen Medien, in denen die Zersplitterung des Selbst konstatiert wird. Der Erfolg dieses Denkmodells in der Psychiatrie wie in der Kunst scheint etwas damit zu tun zu haben, daß es Menschen in einer konkreten historischen Situation der *Entwurzelung*, der Freisetzung aus sozialen Praxen, etwas sagt. Sie fühlen sich in einem Bereich ihrer Selbstwahrnehmung angesprochen, der genau von einer solchen Erfahrung der Zersplitterung charakterisiert ist.

3.1.2 Die Multiple Persönlichkeitsstörung als Krankheit

Die *psychiatrische Fachdiskussion* um die MPS ist in hohem Maße kontrovers. Die Störungsbilder der MPS sind in der Tat sehr bizarr. So können sich die Subpersönlichkeiten in Stimme, Verhalten und Handschrift unterscheiden. Sie können sich mit unterschiedlichen Namen bezeichnen. Die einen können Linkshänder sein, die anderen Rechtshänder. In einem amerikanischen Fall sprach eine Persönlichkeit mit einem englischen Akzent und konnte Arabisch, während eine andere englisch mit jugoslawischem Akzent sprach und Serbokroatisch konnte. Die "Gastgeber-Persönlichkeit" hat normalerweise Erinnerungslücken bei den Zeitabschnitten ihrer Biographie, in denen eine andere Subpersönlichkeit das Kommando übernommen hatte. Dies muß allerdings nicht so sein. Manche Persönlichkeiten haben nämlich Zugang zu dem, was andere tun (vgl. Glover, 1988, S. 21). Immer wieder tauchen Fälle von MPS wie in einer Monstrositätenschau in der Rubrik "Vermischtes" der Tageszeitungen auf. Einer taz aus dem Jahre 1992 entnehme ich diesen Fall:

Columbia (afp) - Das Oberste Gericht in South Carolina wird sich schwertun: Hat Carol Rutherford willentlich Ehebruch begangen oder war es ihr Doppel-Ich? Seit die Ehe von Carol und ihres Gatten Bobby rechtskräftig geschieden wurde, muß dieser Unterhalt zahlen. Dieser sieht das nicht ein, da Carol fremdgegangen war. Vor Gericht hat Carol geltend gemacht, nicht sie, sondern eines ihrer Doppel-Ichs namens Rose habe den Ehebruch begangen. Ihr Psychiater hat der unter einer Persönlichkeitsspaltung leidenden Carol 21 Doppel-Ichs bescheinigt. Das Gericht muß entscheiden, ob Carol ihre Verwandlung in Rose hätte kontrollieren und verhindern können. Dann nämlich würde sie künftig auf den monatlichen Scheck Bobbys verzichten müssen.

Die *Entwicklung der Inzidenz* verlief in den letzten 150 Jahren ausgesprochen uneinheitlich: Die erste Publikation über das Krankheitsbild der "multiplen Persönlichkeitsstörung" - der Fall der "Estelle" - stammt von dem Franzosen Antoine Despine aus dem Jahre 1840 (Fine, 1988). Für den angelsächsischen Sprachraum ist der Fall der "Sally Beauchamp" die erste Publikation (Prince, 1906). In der zweiten Hälfte des vorigen Jahrhunderts wurde die Diagnose relativ oft gestellt. Nach Beginn dieses Jahrhunderts verschwand sie beinahe völlig. Die Gründe für diese Schwankungen sind unklar. Erst in den letzten 20 Jahren hat die Forschung über den Multiple Personality Disorder in den USA einen ungeheueren Aufschwung genommen (Noll, 1989). Während bis Mitte der 70er Jahre weniger als 200 Fälle diagnostiziert worden waren, schätzt man heute die Gesamtzahl auf einige tausend (Kluft, 1988). Putnam (1986) nennt die Zahl von 25.000 für Nordamerika, von denen 4.000 in Behandlung sind. Dagegen gibt es in anderen Ländern sehr wenige Fälle. Eine Vielzahl von Büchern ist erschienen, die Zahl der Artikel ist Legion. Mittlerweile ist eine internationale Vereinigung zur Erforschung der Multiplen Persönlichkeit und der dissoziativen Störungen gegründet worden. Seit 1988 beschäftigt sich auch eine neue Fachzeitschrift mit dem Titel "Dissociation" ausschließlich mit dem Thema.

Im *Diagnoseschlüssel* für psychische Krankheiten, dem "DSM-III-R" (Wittchen, Saß, Zaudig & Koehler, 1989) ist die Multiple Persönlichkeitsstörung in der Gruppe der "Dissoziativen Störungen" unter der Nr. 300.14 zu finden. Diese Gruppe ist gekennzeichnet durch eine "Störung oder Änderung der normalerweise integrativen Funktion der Identität, des Gedächtnisses oder des Bewußtseins" (a.a.O., S. 329). "Hauptmerkmal [der MPS] ist die Existenz von zwei oder mehr unterschiedlichen Persönlichkeiten oder Persönlichkeitszuständen innerhalb eines Individuums" (a.a.O., S. 329).

Die *Ätiologie* des dissoziativen Aufsplitterns ist normalerweise in der Kindheit lokalisiert in einem Kontext extremen physischen, sexuellen, und/oder psychologischen Mißbrauchs. Als prädisponierende Faktoren gelten "Mißhandlungen (oft sexueller Natur) oder andere Formen schwerer emotionaler Traumen in der Kindheit" (Wittchen, Saß, Zaudig & Koehler, 1989, S. 330). Putnam (1986) berichtet von einer Studie von 100 MPS-Patienten am US-amerikanischen National Institute for Mental Health, die ergab, daß 75 % der Patienten in der Kindheit wiederholt mißbraucht worden waren. Weitere 45 % waren als Kind Zeuge eines gewaltsamen Todes gewesen, gewöhnlich eines Elternteiles oder eines Geschwisters. Nach diesen Ergebnissen scheint die These plausibel, daß MPS in den meisten Fällen den Versuch eines Kindes darstellt, mit überwältigend negativen Umständen in der Umwelt zurechtzukommen. Dabei zersplittert das Selbst, um zumindest in den so entstehenden Teilen ein gewisses Gefühl der Integrität des Selbst zu bewahren (Ross, 1984; Kluft, 1985).

Therapieziel ist die Fusion der fragmentierten Teile. Kluft (1982; 1985) baut seine Definition von Fusion auf das Vorhandensein folgender sechs Kriterien über drei Monate auf: (1) Kontinuität des Gegenwartsgedächtnisses; (2) Abwesenheit von offenen Verhaltenshinweisen, die auf Multiplizität hindeuten; (3) subjektives Gefühl der Einheit; (4) Abwesenheit von "alter ego"-Persönlichkeiten bei hypnotischer Reexploration; (5) Modifikation von Übertragungsphänomenen in Übereinstimmung mit dem Zusammenbringen der Persönlichkeiten; und (6) klinische Evidenz, daß die Selbstrepräsentation des Patienten die Anerkennung von Einstellungen und Bewußtsein umfaßt, welche vorher in getrennte Persönlichkeiten segregiert waren" (Noll, 1989, S. 362).

3.1.3 Die Multiple Persönlichkeitsstörung als kollektive und kulturspezifische Suggestion

Wie bereits erwähnt ist die Diagnose der MPS *innerhalb der psychiatrischen Fachdiskussion* in hohem Maße umstritten. Viele PsychiaterInnen stehen selbst einem *engen* psychopathologischen Konzept multipler Persönlichkeitsstörung, das versucht, sich von der modischen Seite des Diskurses fernzuhalten, sehr skeptisch gegenüber. Sie bezweifeln u.a. schlichtweg die Existenz dieses Krankheitsbildes. Ihre Skepsis begründen sie mit den erwähnten unerklärlichen Schwankungen der Inzidenzrate. "Die Diagnose wurde in der ersten Hälfte des 20. Jh. unregelmäßig gestellt. Diese Abnahme wurde von Rosenbaum (1980) auf die Einführung des Begriffes der Schizophrenie durch Bleuler zu Beginn dieses Jahrhunderts zurückgeführt. Aber abgesehen von der Koinzidenz des

Datums gibt es wenig Belege für einen Zusammenhang" (Fahy, 1988, S. 598). Seit 1970 hat die Zahl der diagnostizierten Fälle dramatisch zugenommen. Die Anhänger des Konzeptes führen das auf eine Präzisierung des Konzeptes der Schizophrenie und auf eine größere Sensibilität der Fachkreise zurück. Baillie (1993) vermutet zudem, daß MPS-Fälle einige Jahrzehnte lang nicht als solche erkannt wurden. Und das wiederum führt er auf Entwicklungen innerhalb von Psychologie und Psychiatrie zurück, insbesondere den Aufstieg des Behaviorismus, der mit den Begriffen "mind" und "consciousness" wenig anzufangen wußte. Die Skeptiker halten von diesen Überlegungen nichts. Sie stellen statt dessen die These auf, daß die Zunahme der Fallzahlen entstanden ist durch kulturelle Einflüsse auf suggestible Patienten (Chodoff, 1987). Orne u.a. (1984) verweisen in diesem Zusammenhang kritisch darauf, daß es nur eine kleine Zahl von Klinikern ist, die die große Mehrzahl der Fälle sieht, diagnostiziert und therapiert und daß diese Diagnose fast ausschließlich in den USA gestellt wird. Das läßt die Vermutung eines Auswahl-Bias nicht abwegig erscheinen. Schließlich wird auch noch Kritik an den Diagnosekritierien im DSM-III geübt. Sie seien "extrem vage und [ließen] eine Vielzahl von Interpretationen zu" (Fahy, 1988, S. 598).

Die These der Iatrogenität, die Vermutung also, daß die Symptomatik ganz massiv durch die jeweiligen KlinikerInnen bzw. situative Variablen im Klinik-Setting produziert wird, ist im übrigen nicht neu. Schon 1944 zogen Taylor & Martin ein vor Sarkasmus triefendes Fazit: "Offensichtlich haben die größte Bereitschaft dazu, eine multiple Persönlichkeit als real zu akzeptieren, (1) sehr naive Menschen und (2) Personen, die mit solchen Fällen gearbeitet haben" (Fahy, 1988, S. 600). Auch die von vielen dieser KlinikerInnen verwendete Hypnose wird verdächtigt, an der Entstehung und Ausdifferenzierung der Symptomatik mitzuwirken. Allerdings brachten die empirischen und experimentellen Studien dazu keine abschließenden Ergebnisse (Kohlenberg, 1973; Spanos et al., 1985). Fahy (1988) diskutiert auch mögliche alternative Erklärungsansätze der Symptomatik wie etwa ihre Einordnung in den Komplex der Borderline-Störungen, allerdings ebenfalls ohne abschließendes Ergebnis. Er bleibt aber bei seiner Skepsis und stellt abschließend fest: ".. im Verlauf der letzten 25 Jahre wurden keine beweiskräftigen Belege vorgelegt, die die Behauptung von Sutcliffe &

Jones (1962) widerlegen könnten, daß von der Störung am häufigsten dann berichtet wird, wenn sie in Mode ist, unter der Bedingung der Akzeptanz von seiten des Therapeuten, durch Kollegen, die ein starkes Interesse an Hypnose haben, und bei Patienten, die eine lange psychiatrische Erfahrung haben" (Fahy, 1988, S. 604). Im selben Tenor äußert sich Charles Rycroft. Aus seiner Sicht gibt es zwei notwendigen Vorbedingungen für die Ausbildung einer MPS:

1. Vorherrschende Ansichten über die Natur der Persönlichkeit machen es begreiflich, daß zwei Persönlichkeiten denselben Körper besetzen können.
2. Der potentielle Fall einer multiplen ... Persönlichkeit trifft auf einen Psychiater, der daran glaubt, daß es eine Dissoziation der Persönlichkeit gibt ... . (Rycroft, 1987, S. 197)

Dem widerspricht Baillie (1993) vehement. Rycrofts Punkt 1 scheint Baillie wenig überzeugend. Nach seiner Meinung ist es offensichtlich, daß die Wahrnehmung von Phänomenen und das theoretisch-begriffliche Konzept dazu eng zusammenhängen. Andererseits würde kaum über etwas theoretisiert, wenn kein empirischer Anreiz dazu bestünde. Und schließlich sei die Symptomatik in vielen Fällen für die Zeit vor dem ersten Psychiaterkontakt belegt.

Das zweite Argument Rycrofts kann man, so Baillie, auf zweierlei Weise betrachten. Zum einen, wie schon erwähnt, als Überlegung, daß Theorie im Sinne einer optischen Linse wirkt, durch die hindurch Erfahrungen interpretiert werden. Zum anderen als Übertragungsprozeß: Der Patient produziert unbewußt die Symptome, die nach seiner Wahrnehmung von ihm erwartet werden. Das gilt aber, so Baillie, letztlich für alle psychiatrischen Symptomatiken und kann nicht speziell auf die MPS beschränkt werden.

Was anderseits an der Argumentation von Rycroft für Baillie akzeptierbar ist, ist die Überlegung, daß die sozialen Bedingungen für die *Form* der Spaltung verantwortlich sind, wobei festgehalten werden muß, daß es eine *allgemeine* Tendenz der Psyche gibt, unter Belastungen zu fragmentieren. Im übrigen geht Rycrofts Argument nach Baillies Meinung völlig an der Sache vorbei. Denn selbst wenn die MPS ein rein iatrogen erzeugter Zustand wäre, würde dies nichts daran ändern, daß er real ist. Das Argument der Iatrogenität würde also nur erklären, wie die MPS zustande kam, mehr nicht. Baillie verweist zudem auf unabhängige Techniken für die Identifizierung einer MPS. Sie basieren auf der Erkenntnis, daß diese psychologischen Zustände gewisse physiologische Begleiterscheinungen haben.

> Alle verfügbaren Daten legen die Vermutung nahe, daß MPS-Patienten - im klinischen Kontext - in der Tat tiefgreifende psychophysiologische Veränderungen zeigen können, wenn sie ihren Persönlichkeitszustand verändern. Es gibt vorläufige Beweise dafür, zum Beispiel in Bezug auf die Händigkeit, Stimmuster, ... Hirnaktivität und die zerebrale Durchblutung. (Humphrey & Dennett, 1991, S. 156)

Diskussion

Die Differentialdiagnose der "Dissoziativen Störungen" ist in Fachkreisen umstritten. Streitfragen sind, ob es dieses Krankheitsbild überhaupt gibt, warum es einige wenige Therapeuten sind, die die überwiegende Zahl der Fälle sehen und diagnostizieren, und warum dieses Störungsbild nahezu ausschließlich in den USA diagnostiziert wird. Verschränkt ist diese Diskussion mit der um den diagnostischen und therapeutischen Nutzen von Hypnose, einem Verfahren, das gerade in diesem Störungsbereich eine prominente Rolle spielt.

Diese fachimmanente Debatte möchte ich hier nicht weiter verfolgen. Bedeutsam scheint mir, daß auch ein Skeptiker wie Aldridge-Morris (1989) nach seiner sehr eingehenden Untersuchung der berichteten Fälle nur zu relativ bescheidenen fachimmanenten Vorschlägen der differentialdiagnostischen Präzisierung kommt.

> Ich habe den starken Eindruck, daß die Diagnose der multiplen Persönlichkeit in ebenso großem Maße kulturellem Einfluß wie ihrer Ontogenese geschuldet ist. Auch wenn wir ihre Validität als klinische Entität akzeptieren, als einer kulturspezifischen atypischen hysterischen Psychose ... , deuten die höchst zweifelhaften Befunde darauf hin, daß sie grob überdiagnostiziert ist. Die Diagnose "Multiple Persönlichkeit" sollte nur dann gestellt werden, wenn es Belege dafür gibt, daß komplexe und integrierte Alter Egos mit amnestischen Sperren vor Beginn der Therapie existierten und ohne hypnotische Intervention auftauchen. (Aldridge-Morris, 1989, S. 109)

Nach dieser Sichtweise ist das Thema also nicht vom (fachwissenschaftlichen) Tisch. Besonders bedeutsam finde ich den Hinweis auf die Beschränkung der Diagnose auf die USA, wie auch überhaupt gerade von den KritikerInnen begrifflich mehr oder weniger präzise Hinweise darauf gegeben werden, daß "irgendwie" die soziale Situation, in der sich der Patient befindet, etwas mit der gezeigten Symptomatik zu tun habe. Diese Hinweise können als implizite Thesen darüber gelesen werden, daß Gesellschaft, in welcher Form auch immer, mit psychischem Erleben zu tun hat und seine Organisationsmuster beeinflußt. Insofern wären Formen der Dissoziation subjektive Erfahrungen gesellschaftlicher Veränderungen. Möglicherweise besteht ja die zentrale - und immer mehr gesellschaftlich geforderte - psychische Leistung gerade in der Trennung von höchst unterschiedlichen psychischen und sozialen Anforderungen und Bedürfnissen.

Das Charakteristikum der MPS als psychischer Störung wäre dann nicht die Dissoziation an sich, sondern in ihrer spezifischen Form eine *nicht mehr situationsgemäße* Dissoziation. Von der Symptomseite her betrachtet ist das, was wir als Störung betrachten, nicht die Dissoziation, sondern vielmehr das Überborden einzelner Bereiche unter der Bedingung reziproker Amnesie dieser Bereiche. Das Problem ist dann nicht, daß Kohärenz nicht mehr gelingt, sondern daß die normale dissoziative Steuerungskapazität des Individuums geschädigt ist.

3.1.4 Die Multiple Persönlichkeitsstörung als Infragestellung gesellschaftlicher Kodes

Bei der Diskussion des theoretischen Ansatzes von Carmel Camilleri habe ich seine Überlegung vorgestellt, wonach Kohärenz nicht ein Bedürfnis des Subjektes, sondern der Gesellschaft ist. Zu einem Bedürfnis des Subjektes ist sie erst in dem Maße geworden, als die Gesellschaft sie zwar nach wie vor fordert, aber nicht mehr bietet. Denn die Gesellschaft hat unverändert einen hohen Bedarf an kohärenten Subjekten, die sich in den verschiedenen sozialen Transaktionen als unitäre Subjekte präsentieren. Wie schwierig es wird, wenn die Subjekte dies *nicht* tun, zeigt sich z.B. dort, wo sich aus dem Handeln von Personen mit einer

MPS strafrechtliche Konsequenzen ergeben. Dort führen Diagnosen der Dissoziation zu oft bizarren Argumentationen: Täter, die "es" nicht gewesen sind, sondern eine andere Persönlichkeit in ihnen, Opfer, die keine sein sollen, weil der Schaden einer anderen als der klagenden im Körper des Opfers widerfahren sein soll, die klagende Persönlichkeit also gar kein Klagerecht habe u. ä. Eines der bekanntesten Beispiele war der Fall des "Hillside Strangler" Bianchi.

> Bianchi, 27, wurde im Januar 1979 in Los Angeles angeklagt, zwei Studentinnen ermordet zu haben. Zuvor waren schon acht Frauen in der Gegend vergewaltigt und erdrosselt worden. Die Presse sprach vom "Hillside Strangler". Der Verteidiger zog den Psychiater John Watkins als Gutachter zu. Watkins ist ein ausgewiesener Spezialist für multiple Persönlichkeitsstörungen. Watkins stellte insgesamt 4 Subpersönlichkeiten fest. Die Subpersönlichkeit, welche die Tat begangen hatte, war nach seinem Gutachten eine andere als die, welche in normalen Kommunikationen im Vordergrund stand. Watkins' Gutachten wurde allerdings vom Gericht nicht akzeptiert. (vgl. Aldridge-Morris, 1989, 17ff.)

Der Subjektbegriff im Recht setzt genau diese innere Einheit und Kohärenz voraus, über die der MPS-Patient nicht mehr verfügt. Die Folge ist, daß viele Elemente der gerichtlichen Prozeßordnung ins Leere laufen. Es ist noch einfach festzustellen, daß ein psychisch Kranker einem Prozeß nicht folgen kann. Was aber macht man mit einem Angeklagten, der dem Prozeß sehr wohl folgen kann, der aber die Tat "nicht begangen" hat? Der "Täter" war vielmehr eine "Subpersönlichkeit", die sich im Gerichtssaal nicht zeigt. Und daß dies so exotisch und zuweilen auch abwegig auf uns wirkt, ist, so meine ich, ein starker Beleg für die Richtigkeit der These Camilleris. Es zeigt, wie sehr in unseren sozialen Institutionen die Idee eines kohärenten Subjektes fundamental verankert ist. Entsprechend massiv ist die Forderung an das Subjekt, dieser Erwartung zu entsprechen. Wenn wir das Subjekt als Ort im Diskurs aufgeben, so ist die Gesellschaft in großen Nöten angesichts der Frage, wie dieser Ort zu benennen ist. Dissoziative psychische Prozesse sind dann noch relativ leicht zu verhandeln, wenn sie von der Einheit der Person ausgehen: Eine Person "ist" dissoziativ, sie "hat" diesen oder jenen Bewußtseinszustand. Deshalb ist die Phänomenologie eines Störungsbildes, das diese Einheit offensichtlich auflöst, schon allein im Hinblick auf das, was mit Sprache ausdrückbar und damit diskursiv zu verhandeln ist, extrem schwierig zu fassen (vgl. den Versuch von Gillett 1986, S.173 f.).

3.1.5 Die Multiple Persönlichkeitsstörung als Extremfall eines menschlichen Vermögens zur Dissoziation

Auf der einen Seite gibt es also einen Diskurs über die MPS als einer Rede vom Schrecken und seiner Bändigung: eine grausame Kindheitsgeschichte resultiert in einer grausamen - aber gleichwohl psychiatrisch "beherrschbaren" - Störung. Auf der anderen Seite gibt es aber auch eine Darstellung der MPS in einem Diskurs vom Vertrauten und vom Fremden. Er betont, daß das Befremdliche, die Dissoziation, doch eigentlich das Vertraute, Normale, Alltägliche ist und das Vertraute, nämlich die Idee eines einheitlichen Subjektes, uns doch eigentlich viel befremdlicher erscheinen müßte. Auch in diesem Kontext bleibt die MPS eine psychische Störung. Die Normalisierung hält hier Einzug über die Betonung der Alltäglichkeit und Normalität von Phänomenen der Inkohärenz und Dissoziation im Handeln und psychischen Erleben des Subjektes. Die psychische Realität des MPS-Patienten ist eine pathologische Extremform von psychischen Prozessen, die in jedem Menschen ablaufen. Von dieser These aus ist der Fokus dann zwangsläufig weniger auf die pathogenen Ereignisse als vielmehr auf allgemeine Phänomene der Dissoziation gerichtet. Denn wenn die Krankheit auf denselben psychischen Prozessen beruht wie "gesunde" Formen der Dissoziation, trägt die Erforschung des einen zum Verständnis des anderen bei.

Entsprechend ihrem weiteren Verständnis von Dissoziation wird bei den Protagonisten dieser Diskussion Dissoziation auf einem Kontinuum angesiedelt. Denn für das normale Wacherleben ist ein geteiltes Bewußtsein eine alltägliche Erfahrung. "Der Mensch tut mehr als eine Sache zur gleichen Zeit - zu jeder Zeit -, und die bewußte Repräsentation dieser Aktionen ist niemals vollständig" (Hilgard, 1986, S. 1). Seine Aufmerksamkeit kann springen vom Körper zu Außenwahrnehmungen, zu Erinnerungen usw. Dissoziation ermöglicht die Weiterverfolgung von Phantasien bei anderen Tätigkeiten. Ja manchmal gehen Aufmerksamkeitsorientierungen ohne ein Bewußtsein davon weiter. Dann, so Hilgard, ist dieser *Prozeß* dissoziiert vom *bewußten Erleben* der Person (a.a.O., S. 2).

Auch Beahrs betrachtet Dissoziation als wesentlich für gesundes Funktionieren und als einen kreativen Akt. "Alltagsbeispiele für kreatives Dissoziieren sind Träume, Phantasien, Rollen und spezifische Fähigkeiten, imaginäre Spielkameraden, die Projektion von positiven wie negativen Aspekten des Selbst auf andere, selektive Amnesie für Stimuli und quasi alle Abwehrfunktionen. In jedem dieser Fälle wird ein Aspekt des übergreifenden psychischen Funktionierens durch Dissoziation in einer Weise unterstützt, die die Handlungsfähigkeit einer Person steigert" (Beahrs, 1982, S. 85). Beahrs verweist darauf, daß alle Persönlichkeitstheorien gezwungen sind, in irgendeiner Form auf den Tatbestand der Dissoziation begrifflich zu reagieren.

> Daß [Dissoziation] kaum ein seltener oder einzigartiger Zustand oder Prozeß ist, zeigt eine Überprüfung von ähnlichen Begriffen, wie sie Vertreter verschiedener Persönlichkeitstheorien verwenden. Bewußtseinszustand, Schema, Stimmung, Rolle, System, Ichzustand ... verweisen alle auf irgendein Ausmaß ... mentaler Einheit. Abgegrenzt von anderen hat jede Einheit spezielle Eigenschaften, die ihre Identität und ihr Bestehen in der Zeit definieren. So gesehen ist Dissoziation der Prozeß der Ausbildung und des Erhalts der Begrenzung dieser Einheit. (Beahrs, 1982, S. 61)

Ein Beispiel für einen Dissoziationsbegriff, der normales psychisches Funktionieren mit einschließt, bietet die Definition von Fischer & Elnitsky (1990, S. 201). Danach ist Dissoziation

> ... das Phänomen der plötzlichen Veränderung der Integration von Bewußtsein, Gedächtnis oder Identität". Mildere Formen davon sind keine Seltenheit. Sie sind Teil der normalen mentalen Aktivität und treten in der Adoleszenz sehr häufig auf. Milde vorübergehende Gefühle von Dissoziation wurden mit einer Reihe von Traumata in Beziehung gebracht (z. B. Unfälle, sehr angstvolle Situationen). Deshalb kann Dissoziation konzeptualisiert werden als ein Kontinuum, das von den kleineren alltäglichen Dissoziationen bis zu gravierenden psychopathologischen Formen wie etwa dem Multiple Personality Disorder reicht.

Ludwig (1983, S. 95ff.) unterscheidet eine ganze Reihe von teilweise sich über-
lappenden Funktionen der Dissoziation. Die *Automatisierung von Verhalten* ermöglicht es, habituelles und gelerntes Verhalten mit einem Minimum an bewuß-
ter Kontrolle durchzuführen. Dissoziation ermöglicht weiter ökonomisches und
effizientes Entscheiden und Handeln. Der dissoziative Prozeß erlaubt dem Individuum eine uneingeschränkte Hingabe an eine Aufgabe. Dadurch daß es nicht
alle Kontingenzen und Möglichkeiten reflektiert, ist es in einer besseren Position
zu handeln. Dissoziative Zustände scheinen auch die ideale *Lösung für Grund-
konflikte*, die aktuell nicht lösbar erscheinen. Indem automatisch ein Bündel von
Verhaltensweisen, Wünschen und Werten einem Bewußtseinszustand zugeordnet
wird und ein konfligierender Set einem anderen, hat das Individuum zumindest
eine gewisse Basis für eine abgestimmte Aktion. Gegensätzliche Bedürfnisse
oder Wünsche können so sequentiell, nicht integriert, ausgedrückt werden. Dissoziation ermöglicht zudem die *Flucht vor den Beschränkungen der Realität*,
z.B. durch Trance u.ä. Schließlich ermöglicht Dissoziation auch die *Isolation
katastrophischer Erfahrungen*: Ungelöste Probleme und Tagesreste können zwar
durch Schlaf, eine Reihe von Ich-Abwehrmechanismen oder auch durch bewußte
Problemlösungen so abgeschlossen werden, daß sich das Individuum den Erlebnissen eines neuen Tages stellen kann. All dies versagt jedoch bei tiefen Erfahrungen von Angst, Erniedrigung oder Verletzung des Wertesystems, wie sie
etwa auch die Mißbrauchserfahrungen der MPS-PatientInnen darstellen. Solche
Verletzungen können weder in das Wachbewußsein integriert noch durch die
Ich-Abwehr in Schach gehalten werden, noch durch wiederholte Alpträume
gelöst werden. In solchen Situationen muß die Psyche diese Zustände wie Abs-
zesse abschotten durch Verdrängung und andere Mittel. Der dissoziative Zustand dient hier als eine Ablage für solche nicht bearbeitbaren Erfahrungen.

Dissoziation so verstanden wäre ein Steuerungsmechanismus, der es ermöglicht die Integrations- und Kohärenzarbeit auf das Unverzichtbare zu beschränken und ansonsten mit Ich- oder Identitätsbaustellen zu leben, mit Un-
abgeschlossenem und aktuell auch Unabschließbaren. Wenn wir hier die Metapher vom *unternehmerischen Selbst* wieder aufnehmen, so könnte man davon
sprechen, daß dieses Selbst viele relativ autonom arbeitende "Zweigwerke" hat,
die überhaupt nur sinnvoll und effizient arbeiten können, wenn sie nicht für jede

Entscheidung in der "Zentrale" anfragen müssen. Und oft ist es für die Zentrale sogar ganz hilfreich, wenn sie nicht mit den Problemen jedes einzelnen Zweigwerkes belastet ist. Insgesamt gehen die Protagonisten dieser Position davon aus, daß Dissoziation eine normale und hilfreiche Kapazität der menschlichen Psyche darstellt. Pathologisch wird sie dann, wenn die dissoziierten Teile den Kontakt zueinander verlieren, wenn also eine amnestische Sperre im Sinne eines *vertikalen Splitting* entsteht. Wir sind also nicht nur ein kohärentes Selbst, sondern "auch ein Kompositum vieler Aspekte, Facetten oder Teile, die alle ihre eigenen Persönlichkeiten und einen kontinuierlichen Erfahrungsstrom innerhalb eines Gesamtselbst haben" (Beahrs, 1982, S. 182).

3.2 Die philosophische Debatte um die Einheit der Person

Gerade der Diskurs über die Kohärenz als das doch eigentlich Befremdliche ist es, um den auch die aktuelle philosophische Diskussion um die Einheit des Subjektes kreist. Ist es so, daß wir alle in einem viel höheren Maße dissoziiert sind und leben als wir es uns in unserem westlichen Denkgefängnis eines kohärenten Subjektes selbst zugestehen können und wollen? Wäre nicht auch theoretisch viel gewonnen, wenn wir von dieser Aporie Abschied nähmen? Diese aktuelle philosophische Debatte um die Einheit der Person ist gekennzeichnet durch eine Bezugnahme auf die Multiple Persönlichkeitsstörung wie auch auf andere neurologische Phänomene, z.B. Split-Brain-Patienten (vgl. Sperry, 1966) oder Selbsttäuschungs-Phänomene (vgl. McLaughlin & Rorty, 1988). Die Ergebnisse werden in ihren ontologischen Konsequenzen untersucht und insbesondere auch als Ausgangspunkt für Gedankenexperimente verwendet, um implizite Voraussetzungen gängiger Modelle zu erkunden[3].

---

3 Ein grundlegendes Werk stammt von Derek Parfit (1985). Sein Buch "Reasons and Persons" stellt den Bezugspunkt für viele andere Autoren dar; Kathleen Wilkes (1988) hat sich insbesondere mit dissoziativen Persönlichkeitsstörungen befaßt: "Real people: Personal identity without thought experiments"; Stephen Braude (1992) macht ebenfalls die dissoziativen Persönlichkeitsstörungen zum Ausgangspunkt seiner Überlegungen in "First person plural: Multiple reality and the philosophy of mind". Dazu gibt eine Vielzahl von Sammelbänden z.B. "Self and identity. Contemporal philosophical issues", herausgegeben von Kolak & Martin (1991).

Die Grundfrage all dieser Erörterungen ist, ob es an der Zeit ist, sich vom Konzept der Einheit der Person zu verabschieden. Die Gründe, die dafür ins Feld geführt werden, sind insbesondere auch Störungsbilder wie das der MPS. Glover (1988, S. 29ff.) sucht in seiner systematischen Darstellung Parallelen zu Lebenssituationen, in denen ebenfalls dissoziative Strategien eingesetzt werden: etwa Folterer, die nach "Dienstschluß" brave Familienväter sind. Er greift dazu den Begriff der *Dopplung* auf, den Lifton in seiner Studie über die Auschwitz-Ärzte geprägt hat.

> Dopplung ist ein aktiver psychischer Vorgang, ein Mittel der *Anpassung an Extremsituationen.* .... Die Anpassung an Extremsituationen erfordert die Auflösung von "psychischem Klebstoff". Die Alternative ist der totale Zusammenbruch des Selbst. Diese Erfahrung machte der einzelne Nazi-Arzt unter den harten Bedingungen seiner Eingewöhnungsphase in Auschwitz. In dieser Zeit war er sowohl Todesängsten als auch der Angst vor Todesäquivalenten - wie Selbstzerfall, Isolierung und Erstarrung - ausgesetzt. Er brauchte ein funktionierendes Auschwitz-Selbst, um dieser Ängste Herr zu werden. In der täglichen Routine mußte dieses Auschwitz-Selbst zudem ein solches Übergewicht erhalten, daß das ursprüngliche Selbst nur noch in Ausnahmesituationen und im Kontakt zu Familienangehörigen und Freunden außerhalb des Lagers zum Ausdruck kam. (Lifton, 1988, S. 497)

Während die einzelnen Selbste hochintegriert sind, gibt es zwischen ihnen wenig Kommunikation. Es handelt sich hier um eine Dissoziation, die zwar nicht so stark ist wie im Falle der MPS, "aber es sind genügend Ähnlichkeiten vorhanden, um die These zu stützen, daß die MPS eine extremere Ausprägung einer allgemeinen Tendenz der Psyche ist, unter Druck zu fragmentieren" (Baillie, 1993, S. 155). Glover verweist darauf, daß Bigamisten oder Spione möglicherweise zu ähnlichen psychologischen Strategien greifen. Der Unterschied zur multiplen Persönlichkeitsstörung ist allerdings, daß diese Dissoziation der Selbste nicht mit einer Amnesie verbunden ist. Sie wissen sehr wohl voneinander, sind also möglicherweise zwar von ähnlicher Struktur wie in der MPS, aber doch eine abgemilderte Variante davon.

Glover diskutiert mehrere Möglichkeiten der Interpretation der multiplen Persönlichkeitsstörung. Die skeptischste wäre, daß die Patienten lügen. Das mag sicher nicht immer von der Hand zu weisen sein, insbesondere in Fällen, wo der Betroffene strafrechtliche oder andere schwerwiegende persönliche Konsequenzen zu befürchten hat. Aber alle Evidenzen sind damit nicht vom Tisch zu wischen. So übersteigt das Verhalten der Patienten häufig normale schauspielerische Fähigkeiten bei weitem. Zudem ist die Verbindung mit kindlichen Traumata empirisch wohl etabliert. Wenn wir akzeptieren, daß es eine Reihe solcher Fälle tatsächlich gibt, haben wir immer noch verschiedene Erklärungsstrategien. Die Person ist geteilt in zwei oder mehr unabhängige funktionale Systeme, die das Verhalten zu unterschiedlichen Zeitpunkten kontrollieren. Oder die Teilung ist etwas schwächer, eher wie die Dopplung des Folterers, Bigamisten oder Spions, aber mit dem zusätzlichen Aspekt der Amnesie. Mehrere schwächere Formen der Division sind denkbar, je nachdem wieviel die einzelnen Persönlichkeiten voneinander wissen bzw. wie sehr sie sich gegenseitig beeinflußen können. Die starke Version von Teilung dagegen konfligiert mit unserer Weltsicht.

Das grundsätzliche Problem ist, *wie man zwischen den Modellen eine Entscheidung herbeiführen kann.* Dabei geht es nicht nur um Plausibilität, sondern um die *Maßstäbe für Plausibilität.* Die konservative, skeptische Position favorisiert natürlich immer Erklärungen, die entweder den Grad an Bewußtheit oder das Ausmaß der Unabhängigkeit der Subpersönlichkeiten eher gering ansetzen. Zwar muß diese Frage empirisch entschieden werden, aber weil die Plausibilitätsstandards eine zentrale Rolle spielen, ist dies auch ein theoretisches Problem. Und insofern als die Maßstäbe soziale Wertvorstellungen transportieren, sprechen wir nicht nur über ein theoretisches Problem, sondern von gesellschaftlicher Normativität, ihrer Genese und ihrer mögliche Revision.

Das Konzept der Multiplizität der Person und die Frage seiner theoretischen Notwendigkeit

Eine systematisierte Zusammenschau der philosophischen Debatte um die Einheit der Person hat Elster (1987) einem Reader vorangestellt, in dem einzelne Aspekte der Diskussion eingehender beleuchtet werden. In diesem einführenden Artikel geht Elster insbesondere der Frage nach, ob eine Veränderung des Konzeptes der Person überhaupt notwendig ist, ob also in der philosophischen Diskussion um Phänomene der Dissoziation so starke Argumente gefunden worden sind, daß die Grundannahme der Einheit der Person nicht mehr zu halten ist. Dazu analysiert er die in den einzelnen Ansätzen vorgebrachten Argumentationsstrategien. Nach Elster hat die Idee, die individuelle Person als einen Set von sub-individuellen, relativ autonomen Selbsten zu betrachten, eine lange Geschichte. Die konzeptuellen Strategien lassen sich unter drei Blickwinkeln betrachten:

- Wie wörtlich nehmen sie den Begriff der multiplen Selbste?
- Welches sind die Teilungsprinzipien?
- Wie sind die Interaktionsmodi zwischen den Teilsystemen?

Manche postulieren eine Teilung der "Hardware", d.h. verschiedene Teilselbste basieren auf der Nutzung verschiedener Hirnareale. Andere gehen von unterschiedlicher "Software" aus, die die gleiche "Hardware" benutzt. Eine weichere Form der Teilung wäre etwa ein Verständnis von Freuds drei Instanzen als distinkten Entitäten. Bei den "weichsten" Konzepten der Teilung des Selbst sind eher Formen des Sprechens gemeint.

Die zwei Hauptstrategien der Konzeptbildung nehmen zum einen *interpersonale* und zum anderen *intertemporäre* Phänomene als Ausgangsbasis. Die einen fragen, ob sich die Subselbste ähnlich zueinander verhalten wie Individuen. Die anderen schauen auf unterschiedliche Zeitabschnitte. Beide Foki können Überlegungen der *Hierarchiebildung* mit einbeziehen oder auch nicht. Eine weitere Möglichkeit der Ordnung der Ansätze wäre nach ihrer Definition des *Bezuges der Subselbste* zueinander. Zu vermuten ist, so Elster, daß die Einheit des multiplen Selbst aus Assymetrien der einzelnen Teile resultiert, d.h. die Teilselbste verkehren nicht gleichberechtigt miteinander. Hier sind Täuschung und Manipulation als ganz zentrale Mechanismen zu analysieren. Elster ordnet seine Diskussion entlang einzelner Metaphern, die verschiedene theoretische Nuancierungen repräsentieren sollen.

Eine uns allen bekannte Erfahrung ist die eines *Faustischen Selbst*, hin- und hergerissen zwischen verschiedenen Wünschen. "Zwei Seelen wohnen, ach, in meiner Brust": Der zwischen verschiedenen Wünschen hin- und hergerissene

Mensch ist, so Elster, eine Alltäglichkeit. Es wäre unsinnig, alle diese Fälle in den Status des gespaltenen Bewußtseins zu erheben. Erst wenn die Widersprüche von der Person nicht gelöst und in eine konsistente Reihe von Wahlentscheidungen überführt werden können, sondern statt dessen zu Inkonsistenzen im Verhalten führen, gäbe es für Elster einen Anlaß, eine tiefsitzende Spaltung der Person zuzugestehen.

Ein paradigmatisches Beispiel für ein gespaltenes Selbst ist in der philosophischen Literatur der *Selbstbetrug* (Rorty, 1988; Erwin, 1988; Harré, 1988). Wörtlich genommen bedeutet der Begriff, daß wir eine bewußte Strategie anwenden, um gewisse Dinge vor uns selbst zu verbergen. Dies ist in der Tat eine schwer zu verstehende Geschichte, denn wie kann ich gleichzeitig Betrüger und Betrogener sein? Wenn ich genug weiß, um eine Strategie anzuwenden, dann weiß ich ganz sicher zu viel, um auf sie hereinzufallen. Und doch ist Selbstbetrug ein sehr alltäglicher Vorgang. Wir bilden uns z.B. ein, Konflikte offen ansprechen zu können, und erklären dann unsere Drückebergerei mit dem Mangel an Zeit und Gelegenheit bzw. dem Fehlen des rechten Ortes dafür. Der Begriff des Selbstbetruges steht für eine ganze Familie von Begriffen, die auch Wunschdenken und andere Formen des Einflusses von Wünschen auf die Bildung von Überzeugungen umfassen. Elster unterscheidet hier noch unter dem Blickwinkel von Lust und Unlust. Es gibt einerseits den Selbstbetrug, der Spaß macht und/oder Zufriedenheit vermittelt. Das ist auf den ersten Blick recht plausibel. Das Lustprinzip mag zwar vielleicht nicht ganz so gut sein wie das Realitätsprinzip, macht aber zumindest Spaß. Anderseits gibt es aber die Form des Selbstbetruges, die nicht einmal das vermag (der Pessimist). Elster gesteht denn auch zu, daß es in diesem Kontext eine Reihe von komplexen Wahrnehmungsprozessen gibt, die in der Tat auf eine gewisse Dissoziation hindeuten.

Weitere Modellüberlegungen drehen sich um ein *lose integriertes Selbst* und insbesondere um das Ausmaß der Integration in solchen Modellen. Hier spielt Elster verschiedene Modelle dafür durch, wie lose diese Integration sein könnte. Als Gedankenmodell dient, wie für das *unternehmerische Selbst* (Wagner, 1995), das Analogon einer Firma. Die Direktion entscheidet, daß es produktiver ist, relativ autonome Untereinheiten zu haben, auch wenn dies Konkurrenz und Reibung bedeutet. Für das Selbst könnte man an die Stelle der Direktion auch die natürliche Selektion setzen, d.h. die Bildung der Untereinheiten geschieht nicht per "Erlaß", sondern danach, wie Teilselbste mit Aufgaben zurechtkommen. Eine andere Idee wäre, zwar eine zentrale Steuerungsagentur innerhalb der Person zu konzipieren, die aber die Aufgaben an Subeinheiten verteilt. Das führt zwar zu Koordinationsproblemen, ist auf lange Sicht aber doch erfolgreicher als wenn immer der ganze kognitive Apparat aktiviert werden müßte. Eine letzte Möglichkeit wäre, daß es keine Direktion, keine hierarchische Organisationsform gibt. Ein Versagen oder ein Fehlen von Koordination muß aber nicht unbedingt zu großen Problemen führen. Widersprüchliche Überzeugungen können friedlich koexistieren, solange sie zu verschiedenen Lebensbereichen gehören. Dies zeigt sich etwa an Untersuchungen zu Entscheidungsstrategien. Der Abwägungsprozeß im Rahmen der Entscheidungsfindung bezieht neben dem Angebot viele Aspekte des *Entscheidungsumfeldes* mit ein. So kann es dann bei gleichem Angebot zu sehr unterschiedlichen Entscheidungen kommen.

Aber, so Elster, für eine Erklärung solcher Phänomene bedarf es *keines Konzeptes gespaltener Selbste*. Genauso leistungsfähig ist hier das Konzept der Framing-Strategien, d.h. letztlich unterschiedliche mentale "Rechnungssysteme" in unterschiedlichen Bereichen, die von außen betrachtet zu unlogischen Verhaltensweisen führen. "Viele scheinbare Fälle eines gespaltenen oder geteilten Selbst erweisen sich als wenig mehr denn ein Mißlingen der Koordination und Integration. Was zu einem beliebigen Zeitpunkt aussieht wie eine Fissur in der Einheit des Selbst ist möglicherweise nur ein Nebenprodukt von Mustern, die auf lange Sicht ein Höchstmaß an Einheit garantieren" (Elster, 1987, S. 3). In eine lebensweltbezogene Identitätsperspektive übersetzt heißt das, daß die Organisation dieser verschiedenen Teilidentitäten sehr unterschiedlich gedacht werden kann im Hinblick auf Kohärenz und Hierarchisierung/Dominanz der einzelnen Teile. Widersprüchliches Verhalten in einzelnen Lebenswelten wäre insgesamt und über die Zeit gesehen dann gerade kohärenzstiftend. Im Fall der Liftonschen Dopplung ist dann die Dissoziation die Identitätsstrategie, die eingesetzt wird, gerade *weil* die Einheit des Subjektes erhalten werden soll und so über die Zeit garantiert ist.

Schließlich gibt es auch eine Gruppe von Modellen, die in irgendeiner Form von einer *Hierarchie der Teilselbste* ausgehen. Die Ausbildung dieser *hierarchi-*

schen Selbste geschieht in der Regel entlang von Metapräferenzen oder Präferenzen erster Ordnung ("first order preferences"), d.h. situationsübergreifenden Evaluationsdimensionen. Eine Person kann mehrere haben. Jede davon evaluiert Optionen des Subjektes aus einer bestimmten Sicht (z.B. Kohärenz, Integriertheit, Konstanz, Innovationsbereitschaft, Eigeninteresse, Sympathie). Eine horizontale Reihung der Metapräferenzen führt entsprechend der Art der Interaktion durch Aggregation, Aushandeln, Manipulation, zu konsistente Entscheidungsmuster - oder auch nicht. Es kann also auch zu Pattsituationen kommen. Denkbar wäre auch eine vertikale, hierarchische Reihung, was den Entscheidungsprozeß natürlich völlig verändert. Wenn man davon ausgeht, daß Kohärenz eine, wie etwa Breakwell postuliert, hierarchisch sehr weit oben angesiedelte Metapräferenz ist, dann müßten sich Selbste, die vielleicht auf divergierende lebensweltliche Erfahrungen bezogen sind, dieser Hierarchie unterordnen. In gewisser Weise wäre dann dem Kohärenzzwang nicht zu entkommen, weil die Hierarchie die Integrationsfähigkeit und -bereitschaft von Teilselbsten einfordern würde. Alles, was nicht kohärent zusammenzufügen wäre, müßte ausgeschieden, abgewehrt werden.

Elster weist jedoch mit Recht auf ein großes Problem bei diesen Überlegungen hin. Der Begriff der Metapräferenzen sagt nichts darüber aus, wie diese Hierarchie zustandekommt. Denn Grundlage der Reihung muß selbst eine Präferenz erster Ordnung darüber sein, was die Person glaubt tun zu müssen. D.h. den Metapräferenzen muß eine First-Order-Evaluation vorausgehen. Und diese Evaluation wäre gerade die Demonstration eines einheitlichen Selbst.

Eine weitere Dimension einer möglicher Aufspaltung des Selbst ist die über die Zeit, d.h. die Aufteilung des Selbstes in *sukzessive Selbste*. Wie etwa ist es zu verstehen, wenn jemand im Lauf der Zeit "ein völlig anderer Mensch" geworden ist? Parfit kommt in seiner Analyse zu folgender Schlußfolgerung:

> Zwei Einheiten müssen erklärt werden: die Einheit des Bewußtseins zu einem beliebigen Zeitpunkt und die Einheit eines ganzen Lebens. Diese beiden Formen der Einheit können nicht erklärt werden mit der Behauptung, daß die gleiche Person verschiedene Erfahrungen hat. Diese Formen der Einheit müssen erklärt werden, indem man die Beziehungen zwischen diesen vielen Erfahrungen und ihre Beziehungen zum Gehirn der Person beschreibt. Und

wir können uns auf diese Erfahrungen beziehen und umfassend ihre Beziehung untereinander beschreiben, ohne zu postulieren, daß dies Erfahrungen von ein und derselben Person sind. (Parfit, 1985, S.217)

Elster kommt konträr dazu zu dem Schluß, daß "bei näherer Betrachtung ... wir zu der Überzeugung kommen würden, daß das Reden über mehrere Selbste mehr Probleme schafft als es löst" (a.a.O., S. 14). Wenn sich eine Person ändert, bedauert sie vielleicht Entscheidungen, die sie vor dieser Änderung getroffen hat. Vielleicht mag sie auch nicht bei Entscheidungen bleiben, die sie früher getroffen hat und die in die Jetztzeit hineinreichen. Diese Phänomene: Bedauern und Abrücken von Entscheidungen, wie sie auch Parfit analysiert, können auch auftreten ganz ohne Charakterveränderung. Elster verweist hier insbesondere auf Inkonsistenzen in der Einstellung der Person gegenüber der Zeit. So gibt es eine Form der Willensschwäche, die dadurch charakterisiert ist, daß eine Abwertung der Zukunft stattfindet. Das kann jemanden dazu führen, zugunsten eines kleinen aktuellen Vorteils auf einen größeren zukünftigen Nutzen zu verzichten ("Der Spatz in der Hand ..."). Ein weiterer Fall wäre eine Person, die eine knappe Ressource auf zwei oder mehr Zeitsegmente verteilen muß. Nicht selten wird sie die zeitlich nähere bevorzugen. Personen mit diesen Problemlagen leiden unter einem Mangel an Integration. "Aber obwohl temporale Inkonsistenz einen Bezug zu einem geteilten Selbst haben mag, gibt es keinen Grund, von sukzessiven Selbsten zu sprechen" (Elster, 1987, S. 15).

Eine dritte Form, in der die Zeitdimension für die Identität eine Rolle spielt, ist das System von Antizipation und Erinnerung, das eine Integration des Subjektes und seiner Erfahrungen über die Zeit bedeutet. Situative Erfahrungen sind verbunden mit einer Erwartung und mit Erinnerungen an frühere Erwartungen. Steedman & Krause (1987) unterscheiden zwei Formen, in denen zukünftiger Nutzen die Gegenwart beeinflußt: Zum einen erhöht die Antizipation zukünftigen Nutzens die aktuelle Freude ("Vorfreude"); zum zweiten ist die zukünftige Freude auch aktuell bedeutsam, weil sich der einzelne als über die Zeit dauernd wahrnimmt mit nicht bloß momentanen Interessen.

Wenn diese beiden Formen fehlen, kann man dann von einem geteilten Selbst sprechen? Nicht notwendig, so Elster. Denn manche Leute mit kurzem Zeithorizont wollen keinen längeren. Wenn sie wollen, aber nicht können, dann könnten wir von einem geteilten Selbst sprechen. Wenn sie aber nicht wollen, dann wäre es sinnvoll, von einem Mangel an temporaler Integration sprechen. Bezogen auf die postmoderne Identität in der Lesart von Kellner (1992) und Hall (1992) würde das bedeuten, daß es dann legitim wäre, von einem geteilten Selbst zu sprechen, wenn die Subjekte zwar planen wollen, aber nicht können, aus welchen Gründen auch immer. Die Intention wäre also vorhanden, nicht jedoch die objektive Möglichkeit, ihr zu entsprechen. Fehlt der Wunsch danach, wie etwa bei der kulturell adaptiven Identitätsdiffusion, dann, so Elster, müßten wir eher von einem Mangel an temporaler Integration sprechen. Elsters Fazit schließlich ist eindeutig:

> Von pathologischen Fällen abgesehen ... sollten wir den Begriff der "mehreren Selbste" nicht sehr wörtlich nehmen. Im allgemeinen befassen wir uns mit genau *einer* Person - nicht mehr und nicht weniger. Diese Person mag einige kognitive Koordinationsprobleme haben und einige Motivationskonflikte, aber es ist *ihre* Aufgabe, sie zu lösen. Sie lösen sich nicht von selbst in einer inneren Region, wo mehrere homunculi darum kämpfen, die Oberhand zu behalten. (Elster, 1987, S. 30f.)

3.3 Diskussion

MPS ist en vogue. Sie wird diskutiert, als Diagnose vergeben und angenommen, als Denkmodell in andere Wissenschaftsbereiche übertragen. Die fachimmanenten Kritiker stört insbesondere, daß dieses Krankheitsbild nicht etwas Solides, Zeitloses ist, sondern große Inzidenz-Schwankungen im Lauf der letzten 150 Jahre festzustellen sind, und daß man anscheinend "daran glauben muß", um sie zu haben oder zu diagnostizieren. Selbst diesen Kritikern aber bleibt die Frage: Was macht eine psychiatrische Diagnose "modern", "attraktiv"? Könnte es sein, daß sich im Modell der MPS gesellschaftliche Subjekterfahrungen bündeln und daß sich in dem Moment des Erratischen, des Unverstandenen und mit etablierten Theorie- und Wissensbeständen Unverbundenen diese Erfahrung noch einmal doppelt? Vielleicht wäre es ja den Subjekten unerträglich, die Erfahrung von Brüchen und Zerrissenheit in einen Diskurs kleiden zu müssen, der sie normalisiert, entdramatisiert, in ewige Menschenheitserfahrungen kategorisiert? Die Konnotationen des Erschreckens, des Faszinosums und des Nicht-Integrierten wären gerade das, was MPS als Metapher *angemessen* macht für die Erfahrung der Subjekte.

Gerade dieses Moment der Nicht-Integration ist es aber, was für die wissenschaftliche Diskussion schwer tolerierbar ist. Die Diskursstrategien, die zur Anwendung kommen, lassen sich selber wiederum mit der Hilgardschen Unterscheidung von Abwehr und Dissoziation benennen:

— Abwehr als eine hegemoniale Strategie des "Ausspuckens", des Ungesagten oder auch der Zwangsintegration in Bestehendes einerseits: MPS gibt es nicht, Punkt. Und

— Dissoziation als Strategie der Satellitenbildung, integriert in ein System mit einem begrenzten Maß an Gemeinsamkeit und unterschiedlichen Zuständigkeiten im fachwissenschaftlichen Gesamtdiskurs: MPS ist einzufügen in etablierte Ordnungen (den Diagnoseschlüssel DSM). Wichtig ist nur, daß sich alle damit Befaßten an den Grundkanon des Kohärenzpostulats halten.

Fachimmanent gesehen ist festzustellen, daß die Diskussion psychiatrischer Diagnostik weit über die Position hinaus ist, die darunter eine in einem konservativen naturwissenschaftlichen Sinne zeitlose und von gesellschaftlicher Entwicklung getrennte Form der Wissensakkumulation sehen mag. Insofern kann all das, was zur gesellschaftlichen oder interaktionalen Situierung der Diagnose oder des Störungsbildes vorgebracht wird, nicht als Kritik am *Konzept*, sondern an der *Beschränktheit des Konzeptes*, weil konstitutionellen Blindheit gegenüber gesellschaftlichen Prozessen, verstanden werden. Die Historizität wie auch die interaktionalen Aspekte sind kaum verstanden und in die Konzeptbildung nicht integriert. Es stellt sich also grundsätzlich die Frage, wie Psychiatrie als Wissenschaft der Spezifität der historischen Subjekterfahrungen gerecht werden kann.

Die Dissoziationstheorien zeigen, daß die Abgrenzung von Dissoziation und MPS recht leicht geht. In der MPS sind die dissoziierten Teile ohne Verbindung amnestisch zueinander. Die Frage der Bedeutung des Konzeptes der Dissoziation für das normale psychische Funktionieren ist aus Sicht der Dissoziationstheoretiker entschieden. Sie sehen die Vorzüge des Konzeptes wesentlich auch in einer theoriestrategischen: indem nicht die Kohärenz schon aporetisch gesetzt wird, wird überhaupt erst ein Erkenntnisraum eröffnet, der Dissoziationsphänome verstehen und theoretisch integrieren will. Es geht dann nicht mehr um die Frage, ob es so etwas gibt und wie das sein kann, sondern um die Frage der Strategie, der Prozessualität. Keiner der genannten Theoretiker hat den Begriff der Einheit des Subjekts völlig aufgegeben, wenn auch die Vielfalt und Mächtigkeit der dissoziativen Prozesse betont werden. Modelltheoretisch sind hier noch viele Fragen offen.

Im Falle der Philosophie steht die Überlegung im Vordergrund, was denn an Umbauten auf ein Konzept der personalen Identität zukommen mag, wenn man die Position des kohärenten Subjektes erst einmal aufgegeben hat. Zum einen geht es hier um die Frage, wie im Falle der Zersplitterung von einem zersplitterten Subjekt überhaupt noch gesprochen werden kann und wie es von "sich" sprechen kann, also um ganz zentrale Fragen individueller Verfaßtheit. Elster nimmt hier eher eine vorsichtige Position ein, mit dem Versuch, die Diskussion um die Multiplizität vom Boden eines kohärenten Subjektes aus zu führen. Letztlich tun das andere (z.B. Parfit, 1985) auch, wenn auch mit wesentlich mehr Euphorie und weniger Skepsis davor, was dem Begriff von einer personalen Identität widerfährt, wenn der Boden eines einheitlichen Selbst nicht nur im Gedankenexperiment verlassen wird, sondern eine Subjekttheorie auf dieser Annahme aufbaut. Gelegentlich erinnert die philosophische Diskussion an psychische Prozesse bei der Integration von Neuem oder dem Aufgeben von dem, was Camilleri (1991) *référents identitaires*, d.h. Bezugspunkte der Identität nennt. Die Frage danach, ob ich mit mir (noch) identisch bin, wird auf Grund eines oder weniger Referenzpunkte entschieden. Solange ich am Begriff des "einheitlichen Selbst" noch festhalten, erkenne ich mich wieder in unserer Theoriediskussion, wenn auch sonst kein Stein mehr auf dem anderen geblieben ist. Dabei sollen keineswegs die Schwierigkeiten heruntergespielt werden, die ein Aufgeben des Konzeptes des kohärenten Subjektes mit sich bringen. Denn in der Tat gilt ja trotz aller postmodernen Postulate das Diktum von Morton Prince, dem Therapeuten der Sally Beauchamp: "Man kann philosophieren wie man will, es gibt ein empirisches Selbst..." (Prince, 1906, S. 233).

Auch für die philosophische Diskussion gilt im übrigen die Kritik, daß gesellschaftliche Erfahrungen nur als Abstraktum vorkommen und in der Begrifflichkeit keinen Niederschlag finden. Es wird postuliert, daß es Sinn macht, vom Individuum zu sprechen und über es nachzudenken, ohne soziale und situative Bezüge systematisch mit einzubeziehen.

Zusammenfassend läßt sich vorläufig feststellen daß Kohärenz in der Regel ein Empfinden der situationsübergreifenden Selbigkeit meint. Ich bin derselbe, auch wenn ich mich in verschiedenen Situationen höchst unterschiedlich erfahre. Dies kann als eine nicht-hierarchische Funktion verstanden werden. Hier würde darunter verstanden eine Ich-Leistung, die versucht, körperliche und innerpsychische Empfindungsvielfalt in Deckung zu bringen, *ohne daß dies mit der Organisation der innerpsychischen Prozesse in Übereinstimmung sein muß*. D.h. das sprechende Ich stellt sich dar als Ich-Körper = Ich-Bewußtsein; das muß aber nichts mit unserer innerpsychischen Realität zu tun haben. Kohärenz ist dann also eine Form der Selbst-Repräsentation und nicht eine innerpsychische Realerfahrung. Natürlich sind auch die hierarchischen Modelle geläufig. Sie haben ihre Schwierigkeit darin, daß es systemökonomisch wenig Sinn macht, eine Maximalintegration von Wahrnehmungsströmen und situativen Erfahrungen zu postulieren. Der Begriff eines repräsentierenden Selbst, das Selbigkeit interaktiv - kontrafaktisch - garantiert, scheint mir systemökonomisch gesehen viel plausibler. Ein weiterer Bedeutunghof von Kohärenz bezieht sich auf den Kohärenz*zwang* als eine Art Verdrängungsenergie. Aus dem Zwang/Bedürfnis zur Eindeutigkeit, zum Austreiben von Ambiguitäten resultieren verschiedene Formen der Verdrängung, Abgrenzung etc. Die - vermeintliche - Rettung der Integrität des Subjektes resultiert in einer Amputation seiner vielfältigen sozialen Bezogenheit oder polemisch: Was übrigbleibt, ist ein *reines* (Fast-)Nichts im Sinne von Camilleris *identité reductrice*. Kohärenz als *therapeutisches Ziel* (vgl. Berne, 1961; Assagioli, 1975) meint gerade das Gegenteil davon, nämlich das Ich dabei zu stützen, dissoziierte Persönlichkeitselemente als solche zu akzeptieren gerade in ihrer Sperrigkeit und geringen Integration mit anderen und sie nicht aus einem wie auch immer gesteuerten Kohärenzzwang heraus zu verdrängen.

Camilleris Ansatz stellt ein höchst interessantes Alternativmodell bereit. Für ihn bedeutet Kohärenz nicht die innere Erfahrung der Selbigkeit, sondern die Deckungsgleichheit der Erfahrung des Ich mit dem Selbst einerseits und mit sich als sozialem, situativem Selbst, als sozial wahrgenommener Person andererseits. Damit wird nämlich die Spannung zwischen personaler und sozialer Identität in die Debatte um Kohärenz und Dissoziation hineingenommen und insofern auch historisch situiert. Kohärenz ist dann keine menschliche Universalie mehr, sondern ein Prozeßziel, dessen Erreichen von innerpsychischen *und* gesellschaftlichen Faktoren abhängt. Entsprechend stellt Camilleri im Gefolge von Lévi-Strauss die Überlegung an, ob Dissoziation nicht deswegen bedrohlich wird, weil die Gesellschaft keine Kohärenz mehr bietet. Dissoziationserfahrungen gibt es in vielen Gesellschaften von sehr unterschiedlichem Entwicklungsstand, und sie sind Charakteristikum vieler psychischer Prozesse. Aber wie bedrohlich sie (erlebt) werden, hängt wesentlich davon ab, was Gesellschaft an Kohärenz zu bieten hat. Indem die Gesellschaft diese Aufgabe ins Individuum hineinverlagert, kommt es zu einer Überlastung. Es geht also nicht nur darum, wieviel Kohärenz eine Gesellschaft ihren Mitgliedern abverlangt, sondern was sie selbst dazu beiträgt, sie zu erreichen. Dissoziation bedroht nicht grundsätzlich das Subjekt in der alltäglichen Erfahrung seines Selbst, da ist es solche Erfahrungen gewöhnt. Die Bedrohung resultiert vielmehr aus der Vergeblichkeit der Versuche, sich als Erfahrungsträger in dieser Gesellschaft zu situieren, die nur noch wenig dazu beiträgt, Kohärenz zu erreichen.

4. DER PERSPEKTIVISCHE BLICK: DIE ZUKUNFTS-BEZOGENHEIT VON IDENTITÄT

> My action is not an event I encounter but one I "live through". But this expression also has too passive a connotation, especially with regard to the future. In the midst of an action the future is not something expected or prefigured in the present... it is something to be brought about by the action in which I am engaged... it is something I effect... it is the outcome or completion of what I am doing. In an important sense it *is* what I am doing. (David Carr, 1986, S. 34)

Die Beziehung zwischen Identität und Zeit ist komplex. Das Problem ist, wie ein Gefühl der *Fortdauer*, der Permanenz einerseits und ein Empfinden des *Wandels* andererseits aufeinander bezogen sind. Was auch immer die Gründe dafür sein mögen: man kann davon ausgehen, daß solchen Menschen, die nur in der Gegenwart leben, eine Dimension menschlicher Existenz fehlt. Sie sind der Spielball von ständigen Veränderungen. Kontrolle über die Zeit fordert vom Menschen einen Gesamtüberblick über jede in der Vergangenheit erworbene Erfahrung und zugleich über alle voraussichtlichen Zukunftspläne. Natürlich kann es auch eine *Flucht aus der Gegenwart* geben z.B. in der Form von Tagträumen im Sinne von Montaigne "Wir sind niemals bei uns; wir sind immer jenseits von uns. Furcht, Angst oder Hoffnung treiben uns in die Zukunft und entledigen uns des Gefühls und der Betrachtung dessen, was ist" (zit. in Poulet, 1950, S. 3). Der Wunsch nach Veränderung produziert dann ein Ungleichgewicht, "wenn das Handeln hinsichtlich der Realisierung dieser Zukunft keinen Bezug mehr zur Wirklichkeit hat oder wenn Zuflucht genommen wird in einer geträumten oder sogar gelebten Phantasie" (Fraisse, 1985, S. 195).

4.1 Zukunft und Identität

Der Identitätssinn ist in hohem Maße auf die Zukunftsperspektive bezogen (Melges, 1982, 1990; Krappmann, 1992). Das zeigt sich theoriebezogen in der Verwendung des Konzeptes einer *Identität als Projekt* (Tesch-Römer, 1990; Guichard, 1993; Boutinet, 1990; Harré, 1983), wobei mit dem Projektbegriff der Fokussierungsprozeß bezeichnet wird, der sich aus der Formulierung eines zukünftigen Projektes für die Gesamtheit der Identitätsbildung ergibt. Ein Bruch in der Kontinuität der Zeitperspektive hat zur Folge, daß die Person sich nicht als dieselbe über die Zeit hinweg empfindet. Ihr Empfinden von Kontinuität ist gestört. Weil Menschen grundsätzlich zielorientiert sind, resultiert aus einer klaren Zukunftsvorstellung eine Orientierung und Sicherung der Zeitperspektive. Wenn die persönliche Zukunft verschwimmt, dann auch die Zeitperspektive. Das behindert das Empfinden von Identität.

> Die Gegenwart kann verstanden werden aus der Vergangenheit im Hinblick auf Kausalität und Determination, aber die Bedeutung gegenwärtiger und vergangener Erfahrungen wird deutlicher, wenn sie auf unsere Konstruktionen einer antizipierten Zukunft bezogen werden. Obwohl die Zukunft "leer" von perzeptivem Inhalt ist, ist sie doch reich an kognitivem Inhalt wie etwa Antizipationen, Erwartungen und Zielen. Projektionen in die Zukunft, die ich *futuring* nenne, sind höchst bedeutsam für Vorausschau und Belohnungsaufschub. (Melges, 1990, S. 257)

Eine Identitätsbildung ohne *futuring*, der Projektion in die Zukunft im Sinne von Melges, führt zur *Identitätsdiffusion*. Diesen Begriff hatte ich schon im Zusammenhang mit der Diskussion des Eriksonschen Ansatzes eingeführt. Melges verwendet dieses Konzept nicht unter dem Blickwinkel der Identitätstheorie, sondern dem der Zukunftsperspektive. Für ihn ist Diffusion eine klare psychische Störung. Sie ist gekennzeichnet von einer verkürzten und vagen Zukunftsperspektive. Sie kann bis ins Erwachsenenalter hinein andauern, ist dort aber oft eine unspezifische Störung, die viele psychiatrische Diagnosen begleitet.

In der Adoleszenz erweitert sich normalerweise die Zukunftsperspektive. Dies geschieht nicht aufgrund von Reifungsprozessen, sondern aufgrund der zunehmenden Bewußtheit zukünftiger sozialer Kontingenzen und Verpflichtungen (Greene, 1986). Entsprechend detailliert sind die Zukunftsvorstellungen von Adoleszenten mit einem stabilen Identitätssinn (Hamburg & Adams, 1967). Eine weitere und dichtere Zukunftsperspektive korreliert nach Melges auch mit verschiedenen Maßen der psychischen Gesundheit. Allerdings kann umgekehrt auch eine extreme Ausdehnung der Zukunftsperspektive darauf hindeuten, daß sich die Person von näherliegenden Zukunftsoptionen verabschiedet hat und damit keine integrierte Identität besitzt. Es ist also weniger die Ausdehnung in die Zukunft, als vielmehr *eine flexible Orientierung in die mittlere Zukunft*, die mit einem starken Identitätsgefühl verbunden ist (Melges, 1990, S. 262f.).

Auf einem anderen Weg, über eine Betrachtung der Zukunftsperspektive und ihrer Bedeutung für die Entwicklung von Identität, kommt Melges damit zu Überlegungen in der Tradition von Erikson. Auch hier stoßen wir wieder auf ein "gesundes Vertrauen" in die Zukunft, weder übertrieben, noch kleinmütig, sondern realistisch und flexibel. Die Seite des Scheiterns wird wieder mit demselben Begriff belegt, den auch Erikson schon dafür reserviert hat, dem Begriff der Diffusion. Bei Erikson habe ich zu zeigen versucht, daß seine Theorie mit der Vorstellung einer prästabilisierten Harmonie zwischen Individuum und Gesellschaft unterfüttert ist, wie sie für die Zeit der *organisierten Moderne* typisch ist. In dem Maße, wie dieses Unterfutter löchrig geworden ist, ändert sich auch die Interpretationsbasis für individuelles Scheitern. Marcia hatte daraus bereits Konsequenzen gezogen und den Begriff der Diffusion ausdifferenziert. Er benennt u.a. auch eine *kulturell-adaptive Identitätsdiffusion*, die zu einer positiven Bewältigungstrategie geworden ist. Verkürzung von Perspektiven, Offenhalten von Optionen sind in unsicheren Zeiten sinnvolle Identitätsstrategien.

Zukunft und Spätmoderne

Die Frage auf die ich hier eingehen möchte, ist, ob die gleiche Argumentationsfigur auch im Falle der Zukunftsorientierung und ihrer Bedeutung für die Identitätsentwicklung Anwendung finden kann. Ist es so, daß sich mit dem Ende der organisierten Moderne, mit einer neuen Welle der Freisetzung des Individuums, mit zunehmend breiter und umfassender werdenden Prozessen der Individualisierung, auch die Zukunftsorientierung der Subjekte und der Stellenwert von Zukunft in der Identitätsbildung verändert haben? Haben individuelle Planungsprozesse heute eine andere Qualität als früher? Im Modell Eriksons wird die Identitätsbildung in der Adoleszenz konzipiert als Grundlegung für die

Erwachsenenphase. Projekttheoretisch betrachtet zeigt sich hier ein Projekbe-griff, in dem Konzeption und Ausführung voneinander getrennt und sequentiell angeordnet sind. In der Adoleszenz wird - unter Mühen - quasi der *master plan* entworfen, dem der Erwachsene zwar nicht in jedem Detail, aber doch im großen und ganzen folgt. Planungssicherheit setzt allerdings voraus, daß zum einen die Rahmenbedingungen relativ stabil bleiben und daß zum anderen die Kontingenzen beherrschbar, weil bekannt, sind. Gerade diese Voraussetzungen sind mit dem Ende der organisierten Moderne nicht mehr gegeben.

In der gegenwärtigen Diskussion ist von diesen Sicherheiten nichts mehr zu spüren. Betont wird statt dessen gerade die Unabschließbarkeit von Planungs-prozessen, die Schwierigkeit, unterschiedliche Lebenswelten mit unterschiedli-chen Zeitlogiken zu verbinden. Die so gefundenen Lösungen sind immer fragil und in ihrer Zielsetzung nie abzuschließen. Der Projektbegriff heute bezeichnet nicht mehr den Prozeß der Planung gegenüber der Realisierung. Vielmehr fallen Planung und Umsetzung in einer beständigen Verschleifung zusammen. Pla-nungsziele sind fließend geworden. Wenn wir, ausgehend vom Begriff des *enterprising self*, einen Blick in die Organisationspsychologie tun, dann finden wir eine Vielzahl von Begriffen, die genau diesen Tatbestand thematisieren. Die Rede ist vom *moving target*, vom beweglichen Planungsziel, vom *muddling through*, dem "Durchwursteln", anstelle der Fiktion rationaler Planung zu erlie-gen, dem *piecemeal engineering*, einem Planungsprozeß, der sich an der Aus-gangssituation orientiert, weil die rationale Zielfindung angesichts einer kom-plexen Situation nicht gelingen will (vgl. Lindblom, 1959). Der Begriff des Ma-nagements wird auf die einzelnen Subjekte ausgedehnt. Gefordert ist *Selbst*ma-nagement und individuelles *Zeit*management. Beides wird in Kursen gelehrt und mit Hilfe von voluminösen Terminkalendern praktiziert.

Neben diesem Herrschaftsgestus über die Zeit, der letztlich darin besteht, das Identitätskorsett enger zu schnüren, gibt es auch den der spielerischen situativen Orientierung, wie sie exemplarisch - und gelegentlich karikierend - dem Typus des hedonistischen Jugendlichen zugeschrieben wird: "In den Tag hineinleben" nicht als Provokation gegenüber einer herrrschenden sozialen Praxis, sondern als Konsequenz aus einer nicht beherrschbaren Zukunft, die zerfallen ist in eine Vielzahl von lebensweltlichen Zukünften in einer höchst individuellen Mischung und ohne daß dafür gesellschaftliche Kohärenzangebote bereitstünden.

Psychologie der Zukunft: Begriffliche Differenzierungen

Die psychologische Forschung zum Begriff der Zukunft antwortet auf solche aktuellen Überlegungen allenfalls implizit. Gleichwohl hat sie einen umfangreichen Korpus an Konzepten, begrifflichen Differenzierungen und empirischen Befunden zusammengetragen, der sich unter diesem Blickwinkel aktueller gesellschaftlich-historischer Subjektkonstitution betrachten läßt.

Der Begriff der Zeitperspektive hat im Anschluß an Franks kulturphilosophischen Artikel über *time perspectives* durch Kurt Lewin Einzug in die Psychologie gehalten (Nuttin, 1985). Sie umfaßt "die psychologische Vergangenheit und die psychologische Zukunft auf der Realitätsebene sowie den verschiedenen Irrealitätsebenen insgesamt" (Lewin, 1982 [1951], S. 143). Die Fähigkeit zur Entwicklung einer Zukunftsperspektive, so sagen uns die Entwicklungspsychologen, ist abhängig vom jeweiligen Lebensalter und bildet sich erst allmählich aus (Fraisse, 1985, S. 155). Die vollständige Entfaltung der Zeitperspektive setzt voraus, daß der Mensch aufgrund des Zusammenwirkens symbolischer Erfahrungen zur Zukunft fähig geworden ist. Dies ist ".. nur bei denjenigen möglich, die von ihrer Aktivitätsdynamik über die gegenwärtige Situation hinausgetragen werden. Allgemeiner gesagt, die Zukunft entfaltet sich nur insoweit, wie wir uns eine für uns *realisierbare* Zukunft vorstellen" (Fraisse, 1985 S. 172). Bietet eine Gesellschaft keine Perspektiven an, kann das Individuum sie auch nicht individuell entfalten. Allerdings ist diese Beurteilung nicht objektiv zu treffen, denn, so Fraisse, es gibt sehr unterschiedliche individuelle Haltungen gegenüber der eigenen Zukunft. So finden wir Personen mit einer aktiven Haltung im Sinne von Guyau: "Die Zukunft ist nicht, was *uns entgegenkommt*, sondern das, *dem wir entgegengehen*" (Guyau, 1993 [1890], S. 50). Bei anderen dagegen zeigt sich eine passive Haltung, begleitet "von einem Gefühl der Unsicherheit und Unruhe" (Lavelle, 1945, S. 276). Fraisse betont, daß die zwei Perspektiven der Rekonstruktion der Vergangenheit und der Antizipation der Zukunft sich unter völlig verschiedenen Bedingungen entwickeln. Die Vergangenheit bildet sich dank des mit jedem gelebten Ereignis verbundenen Temporalzeichens, das sie zeitlich situiert, und aufgrund der seriellen Organisation von Erinnerungen, die durch den Kalender und allgemeine soziale Hinweisreize erleichtert wird. Dagegen ist die Zukunftsperspektive von der Fähigkeit abhängig, sich von einer Gegenwart zu lösen, die determiniert ist durch die aktuelle Situation oder durch die Gebundenheit an die Vergangenheit. Ohne Wunsch nach etwas anderem, verbunden mit dem Wissen, wie er realisiert werden kann, gibt es keine Zukunft (Fraisse, 1985, S. 174).

Es braucht also den Wunsch auf der einen Seite und das Wissen um die Realisierbarkeit auf der anderen. Beides sind jedoch für das Subjekt schwierig zu erfüllende Bedingungen geworden. Der Wunsch bedarf der sozialen Verfaßtheit, d.h. das Wünschbare muß einen Namen haben, eine soziale Form. Wo dies nicht mehr für Identitätsangebote sondern am ehesten noch für die Welt des Konsums zutrifft, können Selbstrealisierungen am ehesten in der Objektwelt vollzogen werden, nicht jedoch mittels komplexer Selbstentwürfe.

Die in der wissenschaftlichen Diskussion verwendete Terminologie zur Zeitperspektive ist, wie Schneider (1987) konstatiert, sehr uneinheitlich. Die Zukunftsperspektive kann verstanden werden als das *Gesamt der Blickwinkel* auf die subjektive Zukunft. Der Begriff des Blickwinkels bezieht sich hier auf die verschiedenen Dimensionen, nach denen die Zukunft evaluiert wird (z.B. Wertorientierungen, Bedürfnisse usw.). Der Begriff der Zukunftsperspektive kann in Anlehnung an Hoornaert (1973) und Kastenbaum (1961) weiter ausdifferenziert werden.

a)   Die *Gerichtetheit* der Zeitperspektive: Sie fragt danach, ob jemand mehr auf die Vergangenheit, die Gegenwart oder die Zukunft hin orientiert ist oder auf irgendeine integrative Weise auf die Gesamtheit dieser Dimensionen. "Diese Involviertheit kann auf der gedanklichen Ebene oder auf der Handlungsebene situiert sein" (de Volder, 1979, S. 62). Kastenbaum differenziert die Gerichtetheit der Zeitwahrnehmung noch weiter. Zunächst einmal kann die Qualität der Gerichtetheit sehr unterschiedlich sein. Sie kann z.B. ausgeprägt und stabil sein oder auch nicht. Sie kann sich weiter beziehen auf die Wahrnehmung der Zukunft aus einer Situation heraus, also auf die Zukunftsbezogenheit einer Situation, oder aber auf einen längeren zeitlichen Abschnitt, der beurteilt werden soll. Und schließlich kann sie *personenbezogen* ("Ich in fünf Jahren") oder *impersonal*, von der Person abstrahierend sein ("die politische Lage in fünf Jahren").

b) Die subjektive *Einstellung* gegenüber der Zukunft. Ein Individuum kann optimistisch oder pessimistisch in die Zukunft blicken, aktiv oder passiv ("Die Zeit arbeitet nicht für Sie. Das müssen Sie schon selbst tun!"), positiv oder negativ ("Was kann aus einem Tag schon werden, der mit Aufstehen beginnt?"). Andere Begriffe, die hier Verwendung finden, sind die der *Tönung* (Bergius, 1957; Knapp & Garbutt, 1958) und der *Bewertung* (Rakowski, 1979; Trommsdorf, Burger, Füchsle & Lamm, 1978). Heckhausen unterstreicht die Bedeutung der Dimenson Tönung:

> Es kann kein Zweifel daran bestehen, daß es mannigfache Grundströmungen im Erleben dieser "subjektiven Anschauungsform" Zeit gibt, anhand welcher man Menschen oder etwa Lebensalter oder *sogar geschichtliche Formen* unterscheiden kann. So erscheint Zeit z.B. als schnell vergehende langsam verrinnende Lebenszeit, als verläßliches oder gefahrvolles Medium der individuellen Selbstentfaltung, als Kette zufälligen oder notwendigen, sinnlosen oder sinnvollen Geschehens, als ständige Wiederkehr des Gleichen oder kontinuierlicher Fortschritt der Entwicklung und als vieles andere mehr. Solche Tönungen des Zeiterlebens sind nur schwer zu fassen, weil man ihrer kaum unmittelbar gewahr wird. Sie dürften nämlich eher eine Art Untergrund darstellen, welcher alle zeitbezüglichen (oder gar alle) Erlebnisse trägt und in charakteristischer Weise erscheinen läßt. (Heckhausen, 1963, S. 213, Hvhb. W.K.)

Die Qualität dieser Tönung läßt sich mit Hilfe der Lewinschen Unterscheidung von *Realitätsschicht* und *Irrealitätsschicht* (Lewin, 1931) weiter untersuchen. Auf die zukunftsbezogene Zeitperspektive bezogen sind *Erwartungen* in der Realitätsschicht lokalisiert, *Wünsche, Hoffnung und Befürchtungen* dagegen in der psychologischen Irrealitätsschicht (Schneider, 1987).

c) Die *Dichte* der Zukunftsperspektive. Dieses Maß bezieht sich darauf, wie sehr die Zukunft "bevölkert" ist, wie elaboriert und vielfältig die Kognitionen sind. Beschränkt sich die Vorstellung auf eine Idee, einen wenig konkreten Plan, oder ist der Plan sehr differenziert, facettenreich. Gibt es auch Alternativen?

d) Die *Qualität* dieser Inhalte kann sehr unterschiedlich sein. Hoornaert (1973) nennt u.a. Phantasien, persönliche kognitive Inhalte (Ereignisse), persönliche dynamische Inhalte (Wünsche, Pläne, Ängste) und abstrakte Inhalte (historische Ereignisse).

e) Die *Extension* oder Ausdehnung: Wie weit in die Zukunft hinein sind kognitive Bilder präsent? Die Extension oder Spannweite der auf die Vergangenheit oder Zukunft gerichteten Zeitperspektive ist die in Verbindung mit der Zeitorientierung am häufigsten untersuchte Dimension (vgl. Rakowski, 1979; Müller, 1973). Das Extensionskonzept wird oft stark werthaltig eingesetzt. D.h. es ist - häufig implizit - unterfüttert mit Bewertungen über große oder kleine Spannweiten, wobei in der Regel die große Spannweite in irgendeiner Form als "reifer" gilt. Trommsdorf drängt dagegen auf eine differenziertere Betrachtung: "Extension kann im Kontext anderer Aspekte der Zukunftsorientierung, verschiedener Persönlichkeitsvariablen und situativer Bedingungen eine psychologisch je unterschiedliche Bedeutung haben. Eine ausgedehnte Zukunftsorientierung als solche ist nicht notwendig ein Indiz für eine wohlangepaßte Persönlichkeit" (Trommsdorf, 1983, S. 385f.).

f) Das Ausmaß der *Konsistenz oder Kohärenz* in der zeitlichen Verortung von Inhalten. Der Begriff der Kohärenz zielt auf den "Grad der Organisiertheit" (Wallace, 1956, S.240) bzw. der Durchgliederung zukünftiger Ereignisse ab, d.h. in der Operationalisierung, wie stabil Reihungen von erhofften/erwarteten Ereignissen bei wiederholter Befragung bleiben (Wallace, 1956; Kastenbaum, 1961; Bergius, 1957).

4.2 Das zentralistische Selbst: Zukunftsperspektive als Analogon zur räumlichen Zentralperspektive

Den wohl umfassendsten Entwurf zur Zukunftsperspektive hat Nuttin (1985) vorgelegt. Bei ihm findet sich in einer integrierten Form vieles wieder, was v.a. in der traditionsreichen psychologischen Zeitforschung in Belgien im Lauf der letzten Jahrzehnte an Wissen zusammengetragen worden ist. Auch Nuttin konstatiert die immense Begriffsverwirrung in der Forschung über die Zeitperspektive. Allerdings begnügt er sich nicht mit dieser Feststellung, sondern versucht, der Diffusion ein Ende zu setzen. Deswegen möchte ich seine Position ausführlicher darstellen. In diesem Versuch einer Präzisierung wird nämlich einiges deutlich über seinen Begriff eines gesellschaftlich-historischen Subjektes.

Nuttin sieht den wesentlichen Grund für die terminologische Konfusion darin, daß die Parallelität des Begriffes der Zeitperspektive mit dem der Raumperspektive nicht beachtet worden ist. Er schlägt deshalb vor, den Begriff der *time perspective* in einem strengen Sinn zu verwenden und ihn abzusetzen etwa von *time orientation* und *time attitude*. Unter der Zeitperspektive eines Individuums versteht er ".. die Konfiguration temporal lokalisierter Objekte, die sein Bewußtsein in einer bestimmten Situation virtuell besetzen. Sie ist nicht begrenzt auf das einzelne Objekt, das das Subjekt in einem bestimmten Moment im Sinn hat. ... Für die Perspektive ist der periphere und intermediäre Kontext von grundlegender Bedeutung" (Nuttin, 1985, S. 21). Konstituiert wird die Zeitperspektive durch Objekte oder Ereignisse, die in der Gegenwart auf der repräsentationalen oder kognitiven Ebene von Verhalten existieren. Die Objekte dieser individuellen kognitiven Repräsentation sind allerdings *nicht* an den gegenwärtigen Moment gebunden, in dem der repräsentationale Akt stattfindet. Sie sind gegenwärtig in der psychologischen Aktivität des Subjektes. Dies bedeutet, daß die Auswirkung der Zeitperspektive auf das Verhalten von kognitiven Prozessen abhängt.

Nuttins Präzisierung basiert wesentlich auf dem Vorschlag, den Begriff der Perspektive ernst zu nehmen. Er stellt dazu eine Verbindung her zu einem Bereich, in dem er eine sehr präzise Bedeutung hat, nämlich in der räumlichen Wahrnehmung als Raumperspektive. Die Zeitperspektive hat, wie viele Zeitkonzepte, ihren Ursprung in räumlichen Vorstellungen. Nuttin verweist auf die Italiener Brunelleschi und Alberti, deren Namen eng mit der Entwicklung der Zentralperspektive verbunden sind (Edgerton, 1975). Nach seiner Überzeugung beruht die Konfusion in den Konzepten zur Zeitperspektive darauf, daß der Eindruck der *Tiefe* als fundamentaler Aspekt der Perspektive nicht beachtet wird.

> In der visuellen Wahrnehmung der realen Welt korrespondiert die wahrgenommene Tiefe mit objektiven Distanzen, die von einem Subjekt direkt erfahren werden können, indem es sich von einem Objekt zum anderen bewegt. Auf dem Gebiet der Zeit sind diese *Distanzen* temporale Intervalle, die direkt erfahren werden können in der durchlebten Folge von Ereignissen. Analog zur Raumperspektive besteht die Zeitperspektive aus der *mentalen Perzeption* von Ereignissen zu einem bestimmten Zeitpunkt (wobei die psychologische Präsenz hier mit der temporalen korrespondiert), welche in Wirklichkeit in zeitlicher Folge stattfinden und mit längeren oder kürzeren Intervallen dazwischen. Der grundsätzliche Unterschied ist also evident: Anders als die Raumperspektive hat die Zeitperspektive ihren Ursprung nicht in einem Wahrnehmungsprozeß, sondern in einer momentanen kognitiven Re-Präsentation einer temporalen Ereignissequenz. (Nuttin, 1985, S. 16f.)

Und er treibt die Analogie zur Raumperspektive noch weiter. Auch die Funktion der kognitiven Repräsentationen kann analog gesehen werden: "*Kognitive Repräsentationen* sind für die Zeitperspektive das, was *visuelle Perzeptionen* für die Raumperspektive sind" (a.a.O., S. 17). Wie in der zentralperspektivischen Raumwahrnehmung können Ereignisse gleichzeitig wahrgenommen werden, obwohl sie in verschiedenen zeitlichen Entfernungen angeordnet sind, bei Jugendlichen etwa: Schulabschluß, Ausbildungsabschluß, Heirat, Kinder, Hausbau. Und wie in der Raumwahrnehmung kann der Zeithorizont nahezu unbegrenzt hinausgeschoben werden, wobei mit zunehmender Entfernung allerdings das Ausmaß an Realismus abnimmt. Die Einordnung der mentalen Objekte in die Zukunftsperspektive geschieht über *Temporalzeichen*, gewissermaßen zeitliche Markierungen. Für Vergangenheit und Gegenwart ist der Ursprung dieser Zeichen kein Problem, da sie ja real sind. Anders für die *Zukunft*. Damit ein Ereignis in der Zukunftsperspektive verankert wird und so als Temporalzeichen dienen kann, müssen zwei Prozesse ablaufen. Zum einen muß eine *allgemeine* Lokalisierung eines Ereignisses in der Zukunft stattfinden, d.h. die Person muß etwas wollen (z.B. Mutterschaft ja/nein). Zum anderen findet dann eine *spezifische* Lokalisierung statt, die das Ereignis in der näheren oder ferneren Zukunft ansiedelt. Die spezifische Lokalisierung ist das Ergebnis individueller allgemeiner Erfahrung mit dem Lauf der Dinge in der kulturellen Umwelt und in der Welt im allgemeinen. Dafür spielt soziales Lernen eine zentrale Rolle.

Es wird zwar von Nuttin nicht weiter ausgeführt, ist aber offensichtlich, daß diese zwei Schritte der Lokalisierung in erheblichem Maße von sozialen Konstruktionen abhängig sind. Das Diktum "alles zu seiner Zeit" setzt voraus, daß die richtige Zeit für Handlungen und biographische Schritte als soziale Konvention bekannt und konventionalisiert ist. Wenn diese Klarheit schwindet, muß sich die Last für das Subjekt enorm erhöhen, diese Lokalisierungen vorzunehmen. Verändert hat sich auch die Qualität vieler Ereignisse. Sie verlieren ihre Funktion als Temporalzeichen und Ordnungsmittel. Heirat etwa ist längst keine Voraussetzung mehr für gemeinsames Wohnen zweier Partner, ökonomische Selbständigkeit nicht unbedingt für den Wegzug von der Herkunftsfamilie.

Nuttin geht davon aus, daß *Ereignisse* mit ihren temporalen Zeichen in der Zeitperspektive eines Subjektes *in derselben Weise* präsent sind wie räumliche Objekte in seiner räumlichen Perspektive. Ja, Perspektive entsteht gerade durch die faktische Präsenz von Objekten in unterschiedlichen Entfernungen. Allerdings kann die Qualität der Präsenz sehr unterschiedlich sein, je nach Person, Situation oder auch Lebensalter. Die Aufmerksamkeit ist gerichtet jeweils auf ein Ereignis, "aber viele andere Objekte oder Ereignisse sind in einer habituellen, latenten oder virtuellen Weise präsent. Diese virtuelle Präsenz manifestiert sich, sobald die Situation es erfordert" (a.a.O., S. 20). Die Objekte der Zukunftsperspektive sind verhaltensregulierend in dem Sinne, daß sie zu erlangende Zielobjekte sind. In welchem Ausmaß diese Objekte das aktuelle Verhalten beeinflußen, hängt vom subjektiven Zeithorizont ab. Ist der sehr gering, dann werden weiter entfernte Objekte wenig Einfluß haben. Die Wirkung hängt weiter davon ab, ob zwischen den Objekten kausale oder instrumentelle Beziehungen wahrgenommen werden (a.a.O., S. 28). Die in der Zukunftsperspektive präsenten Objekte haben also dann eine geringe Bedeutung für das aktuelle Verhalten, wenn das Subjekt aus der Gegenwart heraus keine instrumentelle Beziehung herstellen kann und auch nicht sieht, wie das eine Objekt möglicherweise mit einem anderen zusammenhängt. Diese These setzt allerdings voraus, daß solche Beziehungen und Zusammenhänge in der Tat bestehen. Wenn wir anderseits davon ausgehen, daß sich Lebenswelten entkoppelt haben und die Abfolge von biographischen Ereignissen in hohem Maße beliebig geworden ist, dann ist diese Voraussetzung nicht mehr gegeben.

Die Wahrnehmung kausaler Beziehungen verdichtet sich nach Nuttin, sobald ein Subjekt beginnt, auf eine entferntes Ziel hinzuarbeiten. In diesem Prozeß wird der Realitätsgrad des Zielobjektes dann immer größer. Eine aktive und und realistische Zeitperspektive ist "weitgehend abhängig von subjektiven Wahrnehmungen (wahrgenommene Instrumentalität z.b.) und der Existenz von Mittel-Ziel-Strukturen (temporale Integration). Ein Subjekt mit einem hohen Maß einer solchen *Zeitintegration* (time integration) kann *zeitkompetent* (time competent) genannt werden" (a.a.O., S. 29). Zeitkompetenz meint allerdings nicht "Flucht aus der Gegenwart". Denn die Betonung liegt auf der Integration der Zeitperspektiven. Die Gegenwart wird in eine direkte Beziehung gesetzt zu den in der Zukunftsperspektive lokalisierten Objekten.

> ... die wichtigeren menschlichen Errungenschaften benötigen Zeit: Eine eher lange Zeitspanne wird benötigt, um wichtige Verhaltensprojekte und Ziel-Mittel-Strukturen zur Erreichung wichtiger Ziele zu konzipieren. Von Anfang an muß Verhalten durch diese finalen und fernen Ziele reguliert werden, die auf der Ebene des kognitiven Funktionierens präsent sind. Anderseits ist das Fehlen jeglicher Zukunftsperspektive charakteristisch für Menschen, die nur an der sofortigen Befriedigung physiologischer Bedürfnisse interessiert sind, wie etwa bei Kindern und in einigen primitiven Gesellschaften. Das gleiche mag in streßreichen Situationen passieren. (a.a.O, S. 30)

Nach dieser Überlegung wäre im Falle der kulturell-adaptiv diffusen Jugendlichen, die Marcia (1989) in so großer Zahl gefunden hat und die ebenfalls eine kurze Zukunftsperspektive haben, davon auszugehen, daß sie sich in einer "streßreichen Situation" befinden. Das ist natürlich noch eine sehr unspezifische Erklärung für ein möglicherweise gesamtgesellschaftliches Problemszenario. Nuttins normative Position ist indes klar. Es ist für ihn keine Frage, daß eine lange Perspektive ein absolut positiver Faktor für die persönliche Entwicklung ist.

Ein Individuum, das weit vorausschaut, formuliert Langzeitprojekte und findet möglicherweise mehr Mittel für ihre Realisierung. Wenn in der Gegenwart die Mittel fehlen, sucht es sie möglichereise in der ferneren Zukunft. ... Deshalb ist eine lange, realistische und aktive Zukunftsperspektive wichtig für die Planung und Realisation von Verhaltensprojekten, denn nahezu alle bedeutsamen Werke erfordern koordinierte und langfristige Ziel-Mittel-Strukturen. (a.a.O., 1985, S. 22)

Eine wichtige Differenzierung macht Nuttin noch hinsichtlich der *Einheitlichkeit der Zeitperspektive.* Die ist empirisch nämlich nicht gegeben. Empirisch finden wir statt dessen eine Vielzahl von Dimensionen. Allerdings macht er, zumindest begrifflich, Integrationsvorschläge.

Wenn deshalb von der Zeitperspektive im Plural gesprochen wird, dann bezieht sich dies nicht nur auf die vergangene und zukünftige Zeitperspektive, sondern auch auf die jeweilige Zeitperspektive verschiedener Verhaltensbereiche und Persönlichkeitsaspekte. Es ist durchaus möglich, daß diese unterschiedlichen Zeitperspektiven nicht sehr hoch miteinander korrelieren. Der Begriff der *globalen* Zeitperspektive kann verwendet werden im Hinblick auf Maße, die alle möglichen Arten subjektiver motivationaler Interessen implizieren im Unterschied zu *spezifischeren* Perspektiven. Die *totale* Zeitperspektive bezieht sich dann auf die Gesamtausdehnung einer individuellen Zeitperspektive von der Vergangenheit bis zum Zukunftshorizont. (a.a.O., 1985, S. 26)

4.3 Zukunftsperspektive als Zentralperspektive: Kritik einer historischen Erkenntnisfigur

Nuttins Überlegungen resümieren und integrieren eine Vielzahl von Forschungsergebnissen der Psychologie zur Zeitperspektive aus den letzten Jahrzehnten. Er versucht, die Diskussion weiterzutreiben und Präzisierungen vorzunehmen, die Unklarheiten in der Diskussion beheben sollen. In vielen seiner theoretischen Überlegungen erkennt man einen Blick auf die Welt wieder, wie wir ihn schon bei Erikson vorgefunden haben. Das Subjekt tut gut daran, sich weit in die Zukunft hinein zu entwerfen und dabei planvoll ans Werk zu gehen; und offensichtlich lebt es in einer Gesellschaft, wo das möglich ist. Die Dynamik dieses

Prozesses, seine Abhängigkeit vom konkreten gesellschaftlichen Umfeld scheinen nur ganz gelegentlich auf, werden aber nicht systematisch mit einbezogen.
Nur am Rande wird bemerkt, daß Streß die Perspektive verkürzt, was in Beziehung gesetzt werden könnte zu den Belastungen der Identitätsbildung durch Prozesse der *Entwurzelung*. Und auch das Nebeneinander der Lebenswelten wird
zwar begrifflich möglich durch die Unterscheidung von globalen und spezifischeren Perspektiven, jedoch werden das Zusammenspiel der Perspektiven bzw.
die Schwierigkeiten dabei ausgeblendet. Statt dessen herrscht die Ordnung, die
sich aus der Einnahme *eines* perspektivischen Blickes ergibt.

Nuttin betont, daß viele begrifflichen Unklarheiten der Diskussion um die
Zukunftsperspektive verschwinden, wenn der *Begriff der Perspektive* ernst -
genommen wird. Er tut dies und bezieht sich mit großer Selbstverständlichkeit
als Analogie auf die räumliche Zentralperspektive Brunelleschis. Damit übernimmt er allerdings auch einen *ganz spezifischen Subjektbegriff* und ein Modell
der Situierung des Subjektes in der Welt. Würde er dieses Modell explizieren,
wäre das sogar ausgesprochen positiv: Es würde seiner Theorie zu einer gesellschaftlich-historischen Einbettung verhelfen. Dies geschieht jedoch nicht. Man
kann allenfalls implizit erschließen, daß diese Subjektperspektive, wie sie sich
in der Zentralperspektive darstellt, seinen Überlegungen entspricht.

Die scheinbare Selbstverständlichkeit der Nuttinschen Analogiebildung ist uns
indes in den letzten Jahren abhanden gekommen. Buci-Glucksmann (1984;
1986), Comar (1992) und Jay (1992) haben die Zentralperspektive als Teil eines
kulturellen Entwicklungsprozesses analysiert, in dem sich ein ganz bestimmter
Subjektbegriff manifestiert.

> Die Wahl einer Perspektive will die sichtbare Welt verstehbar machen und ist
> weit davon entfernt, ein bloßer Aspekt des Stiles zu sein. Sie ist das Mittel,
> mit dem ein Maler, eine historische Epoche, eine ganze Zivilisation dazu
> gelangen, die Bezüge des Menschen zu seiner Umwelt zu bestimmen. Die
> Wahl einer Perspektive setzt eine wahre Philosophie des Raumes voraus. Ein
> Bild repräsentiert nicht von sich aus die Welt, es enthüllt die Konzeption, die
> man davon hat. (Comar, 1992, S. 83)

Jay (1992) unterscheidet in Übernahme eines Begriffs von Metz (1982) historisch drei Typen der *Herrschaft des Blickes* (scopic regimes). Die Zentralper-

spektive ist eine Weltsicht, die einhergeht mit einer Vielzahl von intellektuellen Bestrebungen, die Welt aus der Sicht des singulären Menschen zu sehen. Jay nennt sie den *Cartesianischen Perspektivismus*. Solche zentralperspektivischen Bestrebungen sind auch in der Philosophie und Architektur der Zeit Brunelleschis nachweisbar. Der Mensch als Maß und Bezugspunkt. Perspektivisch bedeutet das die Blickhöhe des Menschen, die Einäugigkeit und die Fixierung des Betrachters. Einäugigkeit deswegen, weil alle Perspektivlinien in einem einzigen Punkt zusammenlaufen. Es gibt also die ideale Position des Betrachters. Es bedeutet aber auch, daß der Betrachter als Organisator zwar implizit präsent, aber gleichzeitig doch als *entkörperlichter Blick* (Bryson, 1983) eine Leerstelle ist. Er ist es, der das Bild organisiert und gleichzeitig ist er nicht sichtbar. Hinzu kam eine Denarrativierung und Dekontextualisierung. Der Künstler war mehr daran interessiert, den quantitativ konzeptualisierten Raum darzustellen, als die Qualität der Subjekte in ihm. Das Bild gewinnt zunehmend Autonomie gegenüber gegenüber äußeren Zielen, z.B. der Religion, die in der Malerei in den Epochen davor die Regeln bildlicher Darstellung bestimmt hat. Insofern befindet sich der Cartesianische Blick in Übereinstimmung mit einer wissenschaftlichen Weltsicht, "die die Welt nicht länger als göttlichen Text las, sondern sie situiert sah in einer mathematisch regelmäßigen raum-zeitlichen Ordnung, angefüllt mit natürlichen Objekten, die nur von außen durch das leidenschaftslose Auge des neutralen Forschers beobachtet werden konnten" (Jay, 1992, S. 182).

Ordnung hat ihren Preis. Indem Nuttin die Zukunftsperspektive der räumlichen Zentralperspektive gleichsetzt, übernimmt er einen Subjektbegriff, dessen Blick den Zukunftsraum organisiert und in ein geordnetes, statisches Szenario faßt. Das ist zwar veränderbar, aber es ist eine Veränderung im Rahmen des Modells. Die Objekte werden verschoben, der Blick bleibt. Das bewegliche Subjekt, dessen Perspektive sich durch die Bewegung ständig ändert, das Subjekt, dessen Perspektive abhängig ist von dem Kontext, in dem es sich befindet, ist in einem solch statischen Modell schwer zu fassen. Wir haben es hier wieder mit dem Eriksonschen Subjekt zu tun. Es entfaltet in der Adoleszenz sein Identitätsprojekt oder hier: seine Zukunftsperspektive. Die ist mehr oder weniger elaboriert. Sie ist auch im Zueinander der Elemente veränderbar, aber insgesamt ist der Blick des Subjektes auf seine Zukunft zentralperspektivisch fixiert.

Betrachten wir dagegen einen zweiten Typus der Herrschaft des Blickes in der Unterscheidung von Jay. Ihn nennt Jay in Anlehnung an Alpers (1983) *The Art of Describing*. Ein Protagonist dieser Kultur ist Vermeer. Charakteristisch für diesen Typus ist die große Bedeutung der Deskription und der Auflösung der Zentralperspektive. Die Betrachtung kann von vielen Standorten aus geschehen. Die Rahmung erscheint arbiträr, die Welt über die Leinwand hinauszulappen. Als philosophisches Korrelat verweist Alpers auf den Niederländer Constantin Huygens. Diese Tradition legt den Fokus auf die "fragmentierte, detaillierte und reich gegliederte Oberfläche, wobei sie sich mit deren Beschreibung statt ihrer Erklärung zufrieden gibt" (Jay, 1992, S. 185). Auflösung einer Zentralperspektive, arbiträre Rahmung, reich gegliederte Oberfläche: Viele Begriffe, die Jay hier verwendet, provozieren Assoziationen zum spätmodernen Subjekt Marcias. Der zentrale Blick auf die eigene Zukunft ist abhanden gekommen. Die Orientierung erfolgt lebensweltlich und situativ. Deren Rahmung ist immer arbiträr: Wo etwa fängt die Lebenswelt Arbeit an und hört die Lebenswelt Familie auf. Das biographische Bild wirkt einerseits in seiner Wahl des Ausschnittes beliebig, andererseits hat es eine Vielzahl von lebensweltlichen Details.

Möglicherweise wäre also in der gegenwärtigen gesellschaftlichen Situation nach dem Zerfall der organisierten Moderne ein anderes Analogon wesentlich treffender als Modell für die Zukunftsperspektive. Aus der Sicht der Raumperspektive konstatiert Jay für unser Jahrhundert, daß der cartesianische Blick in der Philosophie wie in den bildenden Künsten in hohem Maße zurückgedrängt worden ist. "Der Aufstieg der Hermeneutik, die Rückkehr des Pragmatismus, die Verbreitung von linguistisch orientierten strukturalistischen und poststrukturalistischen Denkweisen haben die epistemologische Tradition, die weitgehend auf Descartes zurückgeht in die Defensive gebracht" (Jay, 1992, S. 188). Aber, so Jay, vielleicht geht es ja nicht mehr um eine neue Hierarchie, sondern vielleicht um *ein Nebeneinander verschiedener Herrschaften des Blickes, eine Anerkennung ihrer Existenz und der Tatsache, daß es keinen "wahren" Blick gibt.* Wenn wir dieses Argument im Analogieschluß auf die Zukunftsperspektive übertragen, würde das bedeuten, daß es vielleicht auch verschiedene Logiken nebeneinander geben kann, daß es keinen einzigen "wahren Blick" in die Zukunft gibt.

Das Modell einer Zukunftsperspektive ist also keine Gegebenheit, sondern bedingt eine Wahl. Ihr zugrunde liegt eine Evolution von Gesellschaft und mit ihr von Sehgewohnheiten und ideologischen Modellen. Insofern sich Nuttin für die Zentralperspektive entscheidet als Anologon, trifft er eine ganz bestimmte Wahl für eine ganz bestimmte Welt- und Zukunftssicht. Sie stellt den Betrachter ruhig, verbirgt ihn und macht ihn doch zum zentralen Organisator des Bildes. Letztlich befinden wir uns mit Nuttin in einer wissenschaftshistorischen Phase der Modellbildung, die mit einer situativen Fixierung arbeitet. Dies erleichtert das Betrachten der einzelnen Elemente des Modelles wesentlich und erleichtert auch die Ableitung einer Methodologie, um sich mit dem jeweiligen Phänomen empirisch zu befassen, weil es die Dynamik der Phänomene stillstellt. Aber indem sie dies tut, beraubt sie den Prozeß um ein Konstituens seines Wesens. Der cartesianische Blick bildet die Welt nicht ab, sondern "schneidet sie aus" und schafft dem Subjekt Distanz zu ihr. Wenn man die Anregung Jays aufnimmt, die Multiplizität möglicher Sichten zuzulassen, ohne auf eine Hierarchisierung zu drängen, wäre zu überlegen, ob nicht andere Modi des Sehens, der visuellen Repräsentation geeigneter wären, das Anliegen Nuttins aufzunehmen. Vielleicht wäre es aber auch sinnvoller, sich von dieser Analogiebildung zu verabschieden, weil sie nur vermeintlich Klarheit schafft.

Das Nuttinsche Modell der Zukunftsperspektive läßt sich noch aus einem anderen Blickwinkel betrachten, nämlich dem einer Identität als Projekt (Tesch-Römer, 1990; Guichard, 1993). Bei Erikson sind Konzept und Realisierung zwei im wesentlichen getrennte Prozesse. In der Adoleszenz findet die Identitätsbildung statt, die zur Formulierung eines zu realisierenden biographischen Entwurfes führt. Bei Breakwell dagegen fällt das Projekt mit seiner Realisierung in einem ständigen Prozeß des Abgleichs zwischen Wunsch und Wirklichkeit in eins. Das Projekt einer zukünftigen Identität aus der Sicht Nuttins entspricht dem von Erikson als einem Entwurf, in dem sich das Subjekt künftig bewegen wird. Dem Subjekt Camilleris schließlich will eine Herrschaft des Blickes gar nicht mehr gelingen. Es strebt sie an, aber es kann sich keine autonome Position außerhalb seines Zukunftstableaus verschaffen, welche aber Voraussetzung für den zentralperspektivischen Blick ist. Statt dessen stellt es fest, daß es selbst in einer Vielzahl von sozialen Perspektiven oder Matrixen eingebunden ist, die ihm weder Anerkennung, noch Autonomie, noch den sicheren Standpunkt verleihen, um sich selbst zu entwerfen.

Diese soziale Einbindung der individuellen Zukunftsperspektive ist es, was ich im folgenden noch genauer beleuchten möchte. Denn abgesehen davon, daß Nuttin einen Subjektbegriff verwendet, den er nicht weiter ausweist und der historisch veraltet ist, ist sein Subjekt auch ein asoziales: Die Zukunftsperspektive ist individuell analysierbar und zurechenbar. Ihre Bildung geschieht abgekoppelt vom sozialen Umfeld und Geschehen.

4.4 Die soziale Dimension von Zukunft

Die Situierung des Subjektes in der Zeit organisiert sich ganz wesentlich im Zusammenspiel mit gesellschaftlich-historischen Einflüssen. "Jede Kultur und jede Religion präsentiert ihre eigene Zeitperspektive und betont die Notwendigkeit, das menschliche Verhalten danach auszurichten. ... Die Betonung der Zeitperspektiven für das menschliche Verhalten heißt dann, diese uralte Bedeutung anzuerkennen, aber diese Zukunft in die beeinflußbare Gegenwart zu verlagern und ihr einen operationalen Sinn zu geben, indem man aufzeigt, daß die Zukunft der Name ist, den wir den veränderten Dimensionen der Gegenwart geben" (Frank, 1939, S. 299).

4.4.1 Soziale Zeiten und ihre Einbettung

Die Analyse der *sozialen* Zeiterfahrung ist notwendig eine komplexe Aufgabe. Soziale Zeit ist zunächst zu unterscheiden von der physikalischen bzw. chronologischen Zeit. Aber sie ist nicht getrennt davon. So dienen etwa Kalenderdaten als Marker und Organisatoren von sozialen Ereignissen (z.B. 8. Mai 1945) und sozial signifikanten Perioden (z.B. Schulferien). Die soziale Zeit kann nach Lewis & Weigart (1990) differenziert werden in drei Ebenen: die soziale Zeit des Individuums, der Gruppe und der Kultur. Diese Ebenen sind ineinander eingebettet. Jede dieser Ebenen hat ihre eigene Form der sozialen Zeit: "auf der individuellen Ebene die *Selbst-Zeit*, auf der Ebene der Gruppe die *Interaktionszeit* für informelle Interaktionen und die *institutionelle Zeit* für Bürokratien und andere formale Interaktionen; und auf der breiten, soziokulturellen Ebene die *zyklische Zeit* (Tag, Woche, Jahreszeiten), die durch die gesamte Gesellschaft schneidet" (Lewis & Weigart, 1990, S. 79).

Die Selbst-Zeit ist nicht nur geprägt von den drei Dimensionen Vergangenheit, Gegenwart und Zukunft, sondern auch vom Prozeß des Sich-Annäherns und -Entfernens. Objekte, die zeitlich näher sind, empfinden wir anders als solche, die noch oder wieder weiter entfernt sind. Die Qualität dieser Empfindung ist also nichts Statisches, sondern wesentlich auch mit der Erfahrung des Näherkommens verbunden. Eine temporale Panik entsteht dann, wenn Objekte so schnell näherkommen, daß die Person nicht in der Lage ist, die aktuelle Handlung abzuschließen (Lyman & Scott, 1970). In Zeiten raschen sozialen Wandels wird die individuelle temporale Panik zum kulturellen *Zukunftsschock* (Toffler, 1971).

Die Selbstzeiten der Akteure werden teilweise überlagert durch die *Interaktionszeit*. Diese bildet das dynamische Scharnier auf der mikrosozialen Ebene zwischen Individuum und sozialem Umfeld. Sie hängt ab von den kulturellen Regeln für solche Interaktionen in Abhängigkeit etwa vom sozialen Status und der Spezifität der sozialen Dyaden (z.B. Freunde, Käufer-Verkäufer usw.). Interaktionen sind wiederum zeitlich *eingebettet* in größere Zeitstrukturen. Diese zeitliche Einbettung beeinflußt in hohem Maße Interaktionen, z.B. über interaktive Begründungsverpflichtungen, die genau diese Einbettung verdeutlichen (*"Ich muß jetzt gehen, weil.."*). Eine Gruppenmitgliedschaft (z.B. Familie) bedeutet immer die Notwendigkeit, die *verschiedenen individuellen Zeiteinbettungen aufeinander abzustimmen*, um sich als kompetentes Gruppenmitglied zu zeigen (Kantor & Lehr, 1975). Die Kompetenzzumutungen sind im Falle der Familie höchst unterschiedlich. Hier sind es in der Regel die Mütter, die die Abstimmung der Zeiteinbettungen nicht nur für sich, sondern auch für andere Familienmitglieder übernehmen müssen. Die interaktiven Begründungsverpflichtungen werden in hohem Maße zukunftsbezogen erfüllt.

Selbstzeit und interaktionale Zeit wiederum sind in die *institutionellen und kulturellen* Zeitstrukturen eingebettet. Diese Einbettung konstitutiert die temporale Integration auf den verschiedenen Ebenen der Sozialstruktur und macht die temporale Schichtung und Synchronizität notwendig. Auf der Makroebene unterscheiden sich die Zeitstrukturen im Hinblick auf Form und Reichweite. Die Reichweite ist je nach Organisation unterschiedlich, wenn auch die zugrundeliegende Zeitstruktur (Tag, Woche, Monat, Jahr) kulturspezifisch einheitlich ist. Der Unterschied ist, daß institutionelle Zeit in der Regel linear fortschreitet, während die genannte Struktur zyklisch ist.

> Die Gesellschaft legt eine Zeitschiene ... aus, von der wir angemessene Zeitpläne ableiten. Die Zeitpläne zwingen jedes Individuum zur Konstruktion einer Biographie, indem es verschiedene Status durchwandert, die teilweise durch die Natur bestimmt sind, aber wichtiger noch durch die allgemeinen Strukturen des sozialen Lebens. Diese biographische Zeit ist markiert durch die *Statuspassagen* des Individuums durch die verschiedenen Positionen und Identitäten, die in einer Gesellschaft zur Verfügung stehen. Die Verfügbarkeit dieser Positionen ist eindeutig in hohem Maße durch das chronologische Alter, Geschlecht, die ethnische und die Klassenzugehörigkeit beeinflußt. (Lewis & Weigart, 1990, S. 89)

Für das Individuum besteht die komplexe Aufgabe darin, diese verschiedenen Zeitrealitäten miteinander in irgendeiner Form in Einklang zu bringen. Selbstzeit, Interaktionszeit, biographische Zeit, Organisationszeit und andere soziale Zeiten sind schon jeweils einzeln schwer zu organisieren, aber wir müssen uns der viel komplexeren Aufgabe stellen, irgendwie mit den sich überschneidenden zeitlichen Anforderungen fertig zu werden. "... wie sehr wir auch versuchen mögen, diese Zeiten in der physikalischen Zeit getrennt zu halten, sie haben alle die unangenehme, imperialistische Eigenschaft, in andere Zeitrealitäten einzudringen" (a.a.O., S. 92).

Drei Aspekte sind es, die das Modell von Lewis & Weigart charakterisieren. Die *Zeiteinbettung* bezeichnet einen Mechanismus, der die Erfahrung der Kontinuität des Selbst, einer dauerhaften Identität über unterschiedliche Situationen plausibel macht. Die temporale Einbettung ist eine Plausibilitätsstruktur für die

Erfahrung der Einheit und Kontinuität eines zunehmend komplexeren modernen Selbst in den säkularen und pluralistischen Gesellschaften. Die *Schichtung* der sozialen Zeit macht die Erfahrung der Selbstkontrolle und der sozialen Kontrolle als einer einzigen Realität plausibel. Die objektive Vorhersagbarkeit von individuellem Handeln wird sichergestellt durch die objektiven sozialen Zeiten, die jedes individuelle Leben strukturieren. Die *Synchronizität* schließlich als drittes strukturelles Moment menschlichen Lebens ist ein Derivat der Einbettung und der Schichtung und arbeitet als ein Mechanismus, der die Rationalität menschlichen Handelns und Planens plausibel macht. Rationalität beinhaltet die Ordnung von Handlungen und Erwartungen. Diese Ordnung entsteht intersubjektiv als eine öffentliche Realität.

Die Synchronisation eines individuellen Lebens ist eine gesellschaftliche Leistung, welche die unüberbrückbare Individualität der persönlichen Existenz, die sich aus der eingebetteten Zeit konstituiert, verbindet mit der unreduzierbaren Kollektivität sozialer Ordnung, wie sie sich aus den geschichteten sozialen Zeiten ergibt. (Lewis & Weigart, 1990, S. 94)

Diskussion

Nach den Überlegungen von Lewis & Weigart ist die Frage nach der persönlichen Zukunftsperspektive eine Anfrage an die Integrationsleistung des Subjektes. Wie gelingt es ihm, aus den verschiedenen sozialen Zeiten, die es betreffen und die zudem noch lebensweltlich differenziert sind, eine einzige Perspektive herauszufiltern und zu formulieren, also interaktiv glaubhaft und rezipierbar zu übermitteln? Und wie ist es um die Zeitschiene bestellt, die nach Lewis & Weigart von der Gesellschaft ausgelegt wird und auf die sich die einzelnen Subjekte dann beziehen können? Auch wenn der Zwang zur Biographisierung vorhanden ist - und dies um so mehr, als die Normalbiographie immer weniger Gültigkeit hat -, so ist doch die *Möglichkeit* der biographischen Konstruktion mit der Individualisierung wesentlich erschwert. Lewis & Weigart zeichnen ein Modell, das zwar die einzelnen gesellschaftlichen Ebenen des Zeitbezuges klar unterscheidet, allerdings auf eine sehr mechanistische Weise. Es wird auch nicht deutlich, wie gesellschaftliche Veränderungen überhaupt in dieses Modell eindringen können. Dieses begriffliche Gerüst von Lewis & Weigart gibt eine Basis ab, von der aus weitere Fragen zu klären sind. Und die stehen in der Tat noch im Raum. Abgesehen von den dynamischen Qualitäten des Modells, die erst noch zu explizieren wären und wofür eine bloß strukturelle Analyse keinesfalls ausreichen dürfte, ist auch hier die Frage, wie gesellschaftliche Dynamik und Veränderung im Modell präsent sind. Die Sprache des Modells ist geprägt von einer Begrifflichkeit der Harmonisierung, von Einbettung, von Integration, von Zielgerichtetheit. Und wiewohl die dafür notwendige Anstrengung betont wird, scheint doch auch klar, daß Integration gelingen kann und tagtäglich gelingt. Was aber, wenn das aktuelle Thema der Gesellschaft eher Fragmentierung und Dissoziation heißt, wenn Integration und Kohärenz blasse Zielmarken in einer alltäglichen Erfahrung der Diffusion sind?

4.4.2 Multiple Zeiten: Zeit als gesellschaftlich-historische Zeit

Ein Modell gesellschaftlicher Zeit, das deren Zerrissenheit und Widersprüchlichkeit sozialer Zeit viel mehr in den Vordergrund rückt und zu seiner Ausgangsüberlegung macht, stammt von Georges Gurvitch (1969). Er betont ausdrücklich die Multiplizität der sozialen Zeit.

> ... das soziale Leben entfaltet sich in *multiplen, immer divergierenden*, oft *widersprüchlichen* Zeiten, und deren relative Vereinigung, gebunden an eine oft brüchige Hierarchisierung, stellt für jede Gesellschaft ein Problem dar. Wir schlagen deshalb vor, davon auszugehen, daß jede soziale Klasse, jede einzelne soziale Gruppe, jedes mikrosoziale Element, d. h. jedes Wir und jede Beziehung zu einem sozialen Gegenüber, schließlich jede Schicht in der Tiefe der sozialen Realität - von der morphologischen Basis bis zur kollektiven Mentalität - und selbst jede soziale Handlung (mythisch, religiös und magisch, ökonomisch, technisch, juristisch, politisch, kognitiv, moralisch, edukativ) die Tendenz hat, sich in einer je eigenen Zeit zu bewegen.(Gurvitch, 1969, S. 325)

Der Vereinigungsprozeß der sozialen Zeiten hat je nach Gesellschaftsform ein spezifisches Ergebnis. Die Analyse einer Gesellschaft, einer Gruppe, einer mikrosoziologischen Einheit muß die spezifische soziale Zeit immer mitreflektieren.

114

Gurvitch betont die Realität multipler sozialer Zeiten und wehrt sich gegen eine subjektivistische Perspektive im Sinne je unterschiedlicher, bloß subjektiver Zeithorizonte (Fraisse, 1985). Die Vereinigung der sozialen Zeiten ist einerseits notwendig, anderseits aber ein Prozeß, dessen Ausgang nicht a priori feststeht.

> Es stimmt, daß uns ohne eine Vereinigung der divergierenden sozialen Zeiten in den Ensembles der hierarchisierten Zeit weder unser persönliches Leben noch das Leben der Gesellschaften ... möglich erscheinen. Aber es handelt sich nicht um eine Einheit, die uns gegeben ist, sondern um eine *Vereinigung*, die durch menschliche Anstrengung erreicht werden muß, wodurch der Kampf um die Herrschaft über die Zeit Einzug hält. Wir wissen nicht und können es niemals wissen, ob es eine Einheit der Zeit für sich gibt. Alles was wir tun können, ist, zu kämpfen, um nicht *verloren zu gehen in der Multiplizität der Zeit, um uns anzuschließen an ihre relativen Vereinigungen auf den Stufen der Zeit.* (Gurvitch, 1969, S. 332)

Es handelt sich also um einen Vereinigungsprozeß mit einem ungewissen Ausgang, geprägt von Kampf und Anstrengung und von der Gefahr des Verlorengehens in der Multiplizität. Gurvitch stellt eine Typologie der sozialen Zeit vor, die sich auf ganze Gesellschaften oder, wie er es nennt, *ganzheitliche soziale Phänomene* (phénomènes sociaux totaux) bezieht. Diese analytische Einheit wählt er explizit in Anlehnung an Marcel Mauss. Mauss wollte damit einer analytischen Zersplitterung sozialer Phänomene begegnen. Die Phänomene bestehen aus den verschiedenen sozialen Tiefenschichten und insbesondere aus deren Zusammenspiel, ihren Konflikten und Abhängigkeiten. Gurvitchs Typologie der sozialen Zeit umfaßt acht verschiedene Typen (Gurvitch, 1969, S. 341ff.).

a) Die verlangsamte *Zeit der langen Dauer* (longue durée), in der die Vergangenheit in die Zukunft projiziert wird. Sie ist typisch für bäuerliche oder patriarchale Gesellschaften. Die Zukunftsperspektive ist geprägt von einer Verlängerung der Vergangenheit in die Zukunft hinein.

b) Die Zeit des *trompe-l'oeil*, des *trügerischen Scheins*, in der sich unter dem Schein der *longue durée* die Möglichkeit plötzlicher und unerwarteter Krisen verbirgt. Beispiele dafür wären charismatische Theokratien, die ewig sein sollen und doch plötzliche Krisen kennen. Die Zeit vor dem Kollaps des sozialistischen Blocks könnte ebenfalls als eine solche Zeit verstanden werden: Gestern noch unvorstellbar, geschehen plötzlich Änderungsprozesse in einer rasenden Geschwindigkeit.

c) Die *erratische Zeit*. Die Gegenwart scheint hier gegenüber Vergangenheit und Zukunft dominierend und mit einem schwierigen Bezug zu beiden. Festgeschriebene soziale Rollen stehen im Konflikt zu neuen, erhofften, sich entwickelnden. Dies ist die Zeit nicht strukturierter Gruppen und globaler Gesellschaften im Übergang. Noch gestern hatte es z.B. kaum jemand für möglich gehalten, daß in Europa noch einmal ein Krieg auf der Basis von Nationalismus und Religion mit extremer Brutalität stattfinden könnte; ein Hightech-Krieg um ökonomische Einflußgebiete wie in Kuweit ja, aber ein Krieg um Reinheit des Blutes, um den wahren Gott und den Boden der Väter? Weniger dramatisch ist uns diese Widersprüchlichkeit aus der alltäglichen Politik geläufig, z.B beim Erstarken nationalistischer Parteien im Zuge gesellschaftlicher Modernisierung. Dort wird in der politischen Analyse oft ausgeführt, eine Entwicklung gehe für manche zu schnell, sie kämen nicht mit, seien Modernisierungsverlierer. Und das erkläre dann eine "rückwärtsgewandte" politische Orientierung.

d) Die *zyklische Zeit*, in der ein Rückzug in sich selbst, ein "Treten auf der Stelle", verdeckt wird durch eine scheinbare Dynamik. Vergangenheit, Gegenwart und Zukunft werden wechselseitig aufeinander bezogen mit einer Betonung von Kontinuität und einer Schwächung der Kontingenzen, wobei das qualitative Element stark betont wird. Sie ist typisch für archaische Gesellschaften mit mythisch-religiösen Glaubenssystemen.

e) Die *verspätete Zeit*. Obwohl sich die Zukunft in der Gegenwart realisiert, ist sie doch nicht wirksam. Kontinuität und Diskontinuität erreichen kein Gleichgewicht. Kollektivsymbole sind etwa die Ebene, auf der sich diese Verspätung zeigt. Ein Beispiel für einen gegenüber sozialen Veränderungen verspätungsgefährdeten gesellschaftlichen Bereich ist häufig das Rechtsleben. Die verspätete Zeit ist charakteristisch für geschlossene, privilegierte Gruppen. In der Beschreibung solcher gesellschaftlicher Bereiche ist dann häufig von den "letzten Bastionen" einer vergangenen Zeit die Rede.

f) Die *alternierende Zeit* als ein Wechsel zwischen Verspätung und Voranschreiten. Die Aktualisierungen des Wechsels zwischen Vergangenheit und Zukunft in der Gegenwart treten in der Gegenwart in Konkurrenz zueinander, ohne daß es zu einer Lösung käme. Die Diskontinuität ist markant. Das ist die Zeit der Regeln und Signale. Auf der gesellschaftlichen Ebene ist dies die Zeit ökonomischer Gruppierungen, etwa der Auseinandersetzungen zwischen Kapital und Arbeit oder unterschiedlicher Fraktionen des Kapitals, wenn es keine anderen intervenierenden Faktoren gibt.

g) Die sich selbst *vorauseilende Zeit*. Hier triumphieren die Diskontinuität, die Kontingenz und das qualitative Element über sich selbst. Die Zukunft wird zur Gegenwart. Dies ist die Zeit kollektiver Innovationen und kollektiver Gärungsprozesse.

h) Die *explosive Zeit*. Die Gegenwart und die Vergangenheit lösen sich auf in einer Zukunft, die sofort wieder transzendiert wird. In dieser Zeit sind die Diskontinuität, die Kontingenz und das qualitative Element maximal. Es ist die Zeit schöpferischer Gemeinsamkeit.

Damit hat Gurvitch eine Typologie entwickelt, die sich nun auf die einzelnen sozialen Ebenen anwenden läßt. Drei Dinge sind an dieser Typologie besonders interessant. Zum einen betont sie, daß jede soziale Beziehung ihre eigene Zeit hat. Damit sind Spannungen, Ungleichzeitigkeiten, wesentlich stärker präsent als in dem Einbettungsmodell von Lewis & Weigart. Zum anderen ergeben sich in den möglichen Mischungen der einzelnen Typen auf verschiedenen sozialen Ebenen komplexe Muster, die die Analyse gerade in gesellschaftlichen Übergangsperioden erleichtern können (Harvey, 1989, S. 223). Drittens erscheint mir an dieser Typologie bedeutsam, daß sie Kohärenz als *Aufgabe* definiert, als etwas zu Leistendes, immer wieder Anzugehendes, wobei keineswegs a priori klar ist, wie diese jeweiligen Bemühungen ausgehen. Wichtig erscheint mir auch sein Insistieren auf ganzheitlichen, dynamischen und v.a. konfliktträchtigen sozialen Phänomen, d. h. ein Zurückweisen aller Versuche zur, wie er es nennt, Sezierung eines toten "sozialen Kadavers". Weiteres zentrales Element seines Ansatzes ist die Verteidigung der realen sozialen Zeit gegenüber subjektivistischen Ansätzen der Psychologie.

Mit der Zukunft in dem engen Sinne der psychologischen Forschung zur Zukunftsperspektive hat sich Gurvitch nicht beschäftigt. Dies würde auch seinem Ansatz zuwiderlaufen. Denn Zukunft ist nur einer der drei Modi der sozialen Zeit. Sie kann nicht isoliert betrachtet werden, sondern immer nur im Verhältnis zu den anderen beiden. Von daher ist sie in seiner Typologie immer präsent. Wie sehr sie jedoch dominiert, ist typenspezifisch. Die sozialen Phänomene, auf welche die Typen bezogen werden können, befinden sich auf verschiedenen analytischen Ebenen. Es können z.B. soziale Gruppen sein, Klassen, regionale Subgesellschaften oder auch ganze Gesellschaften. Von daher ist mit dieser Typologie ein vorläufiges Raster vorhanden, in dem man gesellschaftliche Zeiten einordnen kann. Aus der Sicht einer *postmodernen Identität* im Sinne Kellners (1992) scheint am ehesten den Typus 7 zuzutreffen, eine sich selbst vorauseilende Zeit. Allerdings müßte die gesellschaftlich-historische Typisierung auf den verschiedenen Ebenen gesellschaftlicher Beziehungen durchgeführt werden, um zu einem soliden Urteil zu kommen (vgl. Harvey, 1989, S. 284ff.)

Diskussion

Gurvitchs Ansatz zur sozialen Zeit hat von der Denkfigur her große Nähen zum Konzept von Kohärenz in der Identitätsbildung, wie es Camilleri vorgestellt hat. Auch dort ist Kohärenz nicht etwas Vorhandenes. Sie ist notwendig, aber um sie muß gekämpft werden. Und nicht immer ist sichergestellt, daß sie situativ zu erreichen ist. Viele Strategien, die die Subjekte in diesem Kampf einsetzen, beruhen zudem auf historisch-gesellschaftlichen Gegebenheiten, die selbst wieder konfliktbehaftet sein können. Die Kohärenz-Ergebnisse sind nicht selten mit Kosten verbunden, d.h. sie präjudizieren die nächste "Runde" des Ringens. Und wie im Falle der sozialen Zeit handelt es sich letzlich um eine dialektische Figur. Kohärenz ist Voraussetzung für das Handeln des Subjektes in der Zeit, und sie ist immer auch Ergebnis dieses Handelns.

So wichtig also in den oben genannten psychologischen und soziologischen Ansätzen die begrifflichen Differenzierungen und die Typenunterscheidungen sind, so sehr fehlt ihnen doch die Triebkraft, das dynamische Element. Gurvitch dagegen gewinnt diese Dynamik aus der Multiplizität und Konflikthaftigkeit als Grundannahme einerseits und der Notwendigkeit zur Koordination anderseits. Divergenz wird zur ontologischen Ausgangssituation, Kohärenz zum operativen Ziel. Damit besteht - in einer historisch kontingenten Situation - das Ergebnis in einer immerwährenden Figur der versuchten Annäherung an die soziale Zeit als Totalität.

4.5 Zukunft und Postmoderne

Die Zukunftsperspektive des Subjektes, das zeigen uns Lewis & Weigart wie auch Gurvitch deutlich, ist sozial geformt. Sie entwickelt sich in einem sozialen Kontext und ist in ihrer Einbettung und Synchronisierung ein Produkt sozialer Prozesse und individueller Verarbeitung. Vielleicht, darauf verweist uns Gurvitch, wäre es besser, den Grundkonflikt der Vielfalt und Zerrissenheit der Zeitperspektiven in den Vordergrund zu stellen. Denn das Gelingen der zeitlichen Integration ist, so sie denn stattfinden mag, immer nur ein kurzer Sieg. Verschiedene Lebenswelten, verschiedene soziale Zusammenhänge bedingen eine Vielzahl von Zeitlogiken. Der Sieg der Kohärenz, d.h. sich als Einheit in der Zeit denken zu können, ist deshalb kurz und womöglich auch nur unter Einschränkung der Perspektive als solcher zu sehen.

Die postmodernen Theoretiker verweisen hier v.a. auf die *Zeit-Raum-Verdichtung*, die in den letzten Jahrhunderten zu beobachten war und die in den letzten Jahrzehnten ein enormes Tempo und Ausmaß erreicht hat. Harvey versteht darunter "Prozesse, die die objektiven Qualitäten von Raum und Zeit dermaßen grundlegend ändern, daß wir auf bisweilen radikale Weise gezwungen sind, unsere Vorstellung von der Welt zu ändern" (Harvey, 1989, S. 240). Planen und Tun fällt in eins, wenn mein Plan, die Welt zu vernichten, bereits zehn Minuten nach Knopfdruck umgesetzt ist, wenn ich mich in den virtuellen Realitäten des Internet in Sekundenschnelle in den unterschiedlichsten Welten bewegen kann. Während noch im Zweiten Weltkrieg in den ehemaligen Kolonien ganze Kriegsschauplätze (aus europäischer Sicht) beinahe vergessen waren, läßt heute das Fernsehen Raum und Zeit in einem kleinen Rechteck zusammenschrumpfen. Die ganze Welt sieht über den Nachrichtensender CNN in "Echtzeit" einen Diktator stürzen und sitzt auf einer Rakete, die ihr Ziel selbständig anvisiert. Aus dieser Beschleunigung von Information und ihrer globalen Verfügbarkeit ergibt sich als eine der Hauptkonsequenzen die Akzentuierung der Flüchtigkeit und Kurzlebigkeit von Moden, Produkten, Ideen, Ideologien, Werten und kulturellen Praktiken. Diese Kurzlebigkeit macht längerfristiges Planen unmöglich. Gefordert ist vielmehr, strategisch damit umzugehen und/oder sehr adaptiv sein zu können. Die strategische Beeinflußung bedingt die Schaffung und Manipulation von Zeichensystemen und Bildern in einem viel umfassenderen Maße als bisher. Das *Simulacrum*, die beinahe perfekte Imitation, wird zu einem Zentralbegriff der Postmoderne. Das Einweben von *Simulacra* in den Alltag bringt verschiedene Welten in Raum und Zeit zusammen. Allerdings sind die Herkunft, die Spuren des Produktionsprozesses und der darin enthaltenen sozialen Beziehungen verschleiert. Simulacra können Realität werden. Jencks (1984, S. 127) fordert uns auf, sie aktiv zu unserer Realität zu machen:

> Jeder großstädtische Angehörige der Mittelklasse in einer beliebigen Großstadt von Teheran bis Tokio hat ein wohlsortiertes, ja überladenes "Bildarchiv", das ständig durch Reisen und Zeitschriften neu bestückt wird. Sein *musée imaginaire* mag das Potpourri der Produzenten widerspiegeln, aber es ist dennoch natürlicher Bestandteil seines Lebens. ... Warum sollte jemand, der es sich leisten kann, in verschiedenen Epochen und Kulturen zu leben, sich auf die Gegenwart, auf einen Ort beschränken? Ekklektizismus ist eine natürliche Entwicklung in einer Kultur der Wahl (culture of choice).

Ähnliche Entwicklungen zeigen sich in der Musik oder der Literatur, wo die unendlichen Möglichkeiten des Seins zu einem Charakteristikum postmoderner Literatur geworden sind (McHale, 1987). Die individuellen Strategien in dieser Situation sind unterschiedlich. Einerseits sehen wir den Versuch, diese Zersplitterung positiv zu leben "als geteilte Persönlichkeiten, in denen das Privatleben verstört wird durch das Versprechen von Fluchtwegen in eine andere Realität" (McHale, 1987, S. 38). Andererseits bemerken wir die intensive Suche nach einer personalen und kollektiven Identität. Regionale, lokale Identität wird zu einem Versuch, eine räumliche Identität zu behaupten gegen den Kollaps des Raumes (Mitzscherlich, im Druck). Deren Sicherung basiert indes auf Tradition. Die ist allerdings nicht selten selbst schon zu einem Simulacrum geworden.

Wenn man sich einmal verabschiedet von einem Ziel der Integration, das allenfalls appellativen Charakter haben kann, richtet sich der Blick wieder, wie bei der Diskussion der Identitätstheorien, auf die Frage der Strategien. Wie gehen die Individuen strategisch vor, um mit dieser Vielfalt von Logiken zurechtzukommen? Die Analyse von Lewis & Weigart kann da nur einen ersten Hinweis geben.

Schwieriger ist eine Bewertung der Typologie von Gurvitch. Hier müßte in einer umfassenden Analyse überprüft werden, was sich aus ihrer Anwendung auf die verschiedenen Ebenen gesellschaftlicher Beziehungen in der konkreten historischen Situation der sozialen Entwurzelung gewinnen läßt. Eine offene Frage in diesem Zusammenhang ist auch die nach den angemessenen Analyseeinheiten. Der Mausssche Begriff der totalen sozialen Phänomene insistiert auf einer Ganzheitlichkeit, die angesichts der Erscheinungen sozialer Dissoziation noch genauer auf ihre Tragfähigkeit überprüft werden müßte. Wenn wir mit Camilleri davon ausgehen, daß die Produktion von Kohärenz zu einer Aufgabe des Subjektes geworden ist, daß von der Gesellschaft Entlastungsangebote in dieser Hinsicht immer weniger geboten werden, dann ist die Schlußfolgerung zu ziehen, daß dies auch für die Integration der Zeitorientierungen gilt. In dem Maße etwa, wie es in das Belieben der Subjekte gestellt wird, welches Lebensalter für eine Heirat "normal" ist, geht die Aufgabe der biographischen Integration dieser Perspektive völlig über auf die Individuen. Nicht die Gesellschaft organisiert die Zukunftsperspektive, sondern das Individuum. Die Kohärenz- und Integrationslast auf das Subjekt wächst. Die Frage ist, wie es damit umgeht.

5. DAS SELBST IN DER KRISENHAFTEN SPÄTMODERNE: STRATEGIE VERSUS DEFORMATION

Die Prozesse der *Entwurzelung*, wie sie in der Diskussion der Spätmoderne/Postmoderne postuliert werden, sind weder in den psychologischen Theorien zur Identitätsentwicklung noch in denen zur Temporalität/Futurität dieses Prozesses expliziert worden. In vielen der einschlägigen Theorien stellt die Grundbotschaft der Moderne von einem freigesetzten handlungsmächtigen Subjekt die quasi ontologische Basis dar, auf der die je spezifische Theoriebildung und Forschungspraxis aufbauen. Allerdings gibt es, wie ich zu zeigen versucht habe, eine Reihe von Ansätzen, die zumindest erste Schritte tun, um diese Aporien zu überprüfen, zu reflektieren oder zu verändern entsprechend den gesellschaftlichen Veränderungen und den Diskursen, die darüber stattfinden. Oft finden diese Umbauten statt, ohne daß sie in der Theorie selber einen systematischen Ort hätten. Vielmehr schreibt sich in die Theorie ein Subtext von ontologischen Grundannahmen ein, der genau auf diese gesellschaftlichen Veränderungen antwortet, ohne daß dies in der Theorie offengelegt würde.

Ein letzter Begriff, den ich auf diese Weise untersuchen möchte, ist der des *Selbst*. Die Prozesse des Zersplitterns, der Dezentrierung, die von postmodernen Theoretikern postuliert werden, müssen die Selbstwahrnehmung in der Gegenwart und den Selbstentwurf in die Zukunft beeinflußen. Camilleri hat die Überlegung angestellt, daß im Gefolge gesellschaftlicher Individualisierung auf das Subjekt erhebliche Lasten zukommen: Kohärenz als gesellschaftlich vermittelte Strukturierungsleistung ist individualisiert; persönliche Zukunft verschwimmt in der Beschleunigung von Raum und Zeit und der ungeheuren Vielfalt subjektiver Verortungsmöglichkeiten. Die Frage stellt sich dann, wie das Subjekt mit dieser Situation umgeht, ja umgehen *kann*, d.h. wie daraus eine Strategie erwachsen kann. Das Denkkonzept, an dem solche Überlegungen angelagert sind, ist das des Selbst. Wenn das Subjekt sich selbst zum Gegenstand seiner Wahrnehmung macht, dann wird dieses sehr spezielle Objekt der Wahrnehmung mit dem Begriff des "Selbst" benannt. Um dieses Konzept sind in den letzten Jahren in ganz verschiedenen Kontexten Überlegungen angestellt worden, die genau solche Fragen thematisieren: Wie geht das Subjekt mit der Vielfältigkeit seiner situativen Verortungen um? Wie entwirft es sich in die Zukunft? Wie geht es um mit einer gesellschaftlichen Entwicklung, die Vielfalt und situative Zersplitterung in einem enormen Ausmaß bietet, aber deren Integrationsangebote immer brüchiger werden?

5.1 Der Begriff des Selbst

Die Qualitäten des Selbst sind von ausschlaggebender Bedeutung für die Frage danach, wie der Prozeß der Identitätsbildung verläuft und wie sich das Individuum in die Zukunft entwirft, wie also Identitätsbildung als strategischer, zukunftsorientierter Prozeß inszeniert wird. Für den Begriff des Selbst gilt Ähnliches wie für den der Identität. Die Mannigfaltigkeit der Definitionen ist enorm. Der Begriff des Selbst als Metapher für direkte menschliche Erfahrung hat "eine besonders schmerzliche Geschichte", schreibt Bruner (1990, S. 99). Er führt dies auf ein essentialistisches Verständnis des Begriffes zurück, "als ob das Selbst eine Substanz oder Essenz wäre, die schon vor unseren Bemühungen sie zu beschreiben, existierte, als ob alles, was man zu tun hätte, wäre, sie zu inspizieren, um ihre wahre Natur zu entdecken" (a.a.O.). Der Alternativbegriff zum substantialistischen Selbst wurde das *konzeptuelle Selbst*. Die Debatte um den realen Gehalt war damit aber nicht beendet. Vielmehr ging es jetzt um die Frage, ob dieses Konzept ein genaues Abbild einer Realität ist. Die ontologischen Fragen wurden bald in den Hintergrund gedrängt durch die Fragen nach den Prozessen und Erfahrungen, die der Entwicklung des Selbst zugrundeliegen. Umfaßt das Selbst vielleicht, wie William James meint, ein *extended self*, das Familie, Freunde, Besitztümer mit einschließt? Oder sind wir, wie Markus & Nurius (1986) postulieren, eine Kolonie von *possible selves*, mit einigen, die wir fürchten, anderen die wir erhoffen und die sich alle darum drängen, das *now self* in Besitz zu nehmen? Erst in letzter Zeit rückt die Psychologie die *Kontextabhängigkeit der Selbstkonstruktion* ins Blickfeld. Danach ist "die soziale Welt, in der wir leben, weder im Kopf noch außerhalb davon in irgendeiner positivistischen, ursprünglichen Form. Bewußtsein und Selbst sind beide Teil der sozialen Welt" (Bruner 1990, S. 106).

Ein Autor, der sich engagiert bemüht, das Begriffsdurcheinander zu beenden, ist Drew Westen (1990). Er unterscheidet zunächst einmal den Begriff des Selbst von den verschiedenen Bindestrichbegriffen wie Selbst-Konzept, Selbst-System, Selbst-Schema usw. Diese Begriffe werden oft nebeneinander verwendet. Nach seiner Überzeugung kann Selbst nur meinen "die ganze reale Person, wenn man etwa sagt 'sie selbst' oder 'ich selbst'. Wenn Selbst einfach dazu verwendet wird, die reale Person zu bezeichnen, dann machen alle abgeleiteten Begriffe logisch Sinn. Selbstkonzept ist dann das Konzept der Person von sich selbst. Ein Schema ist dann das Schema einer Person über sich selbst" (Westen, 1991, S. 184). Nach dieser Festlegung würde die Frage danach, ob Subjekte ein oder mehrere Selbste haben, keinen Sinn haben: "Es kann nur ein Selbst geben, weil es nur eine Existenz gibt. Das Subjekt mag sich in unterschiedlichen Situationen unterschiedlich verhalten oder verschiedene Rollen spielen. Es mag verschiedene Repräsentationen von sich selbst haben; und es mag Schwierigkeiten haben, zu sehen, wie die verschiedenen Seiten von ihm zusammenpassen. Dennoch, dieses Individuum ist eine Person ein Selbst, *ob es das weiß oder nicht* ..." (Westen, 1991, S. 184, Hvhb. W.K.).

Hier wird der Preis deutlich, den Westen für seine Klarheit zahlen muß: Möglicherweise kann das Subjekt mit einem unitären Begriff des Selbst nichts mehr anfangen, wenn es sich selbst viel disparater wahrnimmt. Die Frage ist, welcher analytische Wert aus einer solchen Definition noch erwachsen kann. Schillernden Begriffen das Schillern auszutreiben, ist vielleicht der falsche Weg. Gerade das beraubt sie möglicherweise ihrer Qualität, nämlich einen Diskursort zu benennen, an dem sich viele Diskurse bündeln, auch wenn dies um den Preis von Unschärfen geschieht.

Identität meint mehr als ein bloßes Selbstkonzept. Identität umfaßt ein kohärentes Selbstkonzept, eine Investition in sinnstiftende Ziele und Normen und subjektiv bedeutsame Versuche der Aktualisierung von Vorstellungen über ein ideales Selbst im Sinne einer inneren Verpflichtung (Marcia, 1966). Hinzu kommen zwei weitere Elemente. Das erste ist eine Übernahme von moralischen, ästhetischen und evaluativen Prinzipien, die handlungsleitend sind und die ein Bild von der realen Welt, der Gesellschaft und dem Selbst erschaffen. Und schließlich umfaßt Identität auch die Anerkennung der Selbigkeit durch das soziale und kulturelle Milieu. Deswegen sind soziale Rollen bedeutsam für das Identitätsgefühl der Individuen: Sie stellen die Übereinstimmung von Selbst- und Fremdwahrnehmung her.

Wenn wir fragen, mit welchem Subjektbegriff in den verschiedenen Theorien des Selbst gearbeitet wird, so kann man zwei große Gruppen unterscheiden. Die eine Gruppe beschäftigt sich mit einem zukunftsorientierten, rationalen und strategischen Selbst, das ein aktiver Handlungsträger ist. Die andere Gruppe betrachtet den Gegenpol dazu, das fragile Selbst, für dessen Gedeihen im sozialen Umfeld viele Voraussetzungen erfüllt sein müssen und das sich, falls dem nicht so (gewesen) sein sollte, durchs Leben "kränkelt". Es ist sicher kein Zufall, daß das strategische Selbst ganz überwiegend in den *Kognitionstheorien* thematisiert wird, während das fragile Selbst Gegenstand *psychoanalytischer Theorien* ist.

5.2 Das strategische Selbst

Die Zukunft ist in ihrem Ursprung das *Davor-Seiende*, das was ich nicht habe, aber wünsche oder benötige, das woran ich arbeite, um es zu besitzen. So wie die Gegenwart auf die bewußte und sich an sich selbst erfreuende Tätigkeit zurückgeführt werden kann, leiten wir die Zukunft von der auf etwas anderes gerichteten Tätigkeit her, die das sucht, was ihr fehlt. (Guyau, 1993 [1890], S. 50)

Der Begriff des Selbst ist in der kognitivistisch und experimentell orientierten Persönlichkeits- und Sozialpsychologie seit langem insbesondere unter dem Begriff der *Selbstkonzept*-Forschung ein etabliertes Konzept. Der wissenschaftliche Ertrag ist aus der Sicht der Identitätsforschung bislang eher gering (gewesen) angesichts einer Zersplitterung der Fragestellungen und der Opferung wesentlicher Aspekte menschlicher Erfahrung auf dem Altar eines experimentellen Methodenpurismus (vgl. Filipp, 1980, S. 106; Haußer, 1995, S. 119ff.). Die Entwicklung in den letzten Jahren hat für meine Überlegungen zwei interessante Aspekte. Zum einen wird der soziale Bezug wesentlich stärker als bislang mitreflektiert. Und zum anderen hat sich die Definition der Analyseeinheiten gewandelt. Gegenstand werden zunehmend sogenannte "Middle Level"-Analyseeinheiten. Sie umfassen u.a. "aktuelle Interessenslagen, Lebensaufgaben, individuelles Streben und unsere persönlichen Projekte. ... gemeinsam ist (diesen Analyseeinheiten) ein Interesse an der hierarchischen Struktur, der intentionalen Natur und der kontextuellen Einbettung von menschlichem Handeln" (Little, 1989, S. 28).

Auch die Bemühungen um eine Einbeziehung sozialer Kontexte haben sich verstärkt. So stellt Monteil (1993) in "Soi et le Contexte" eine Kognitionspsychologie vor, die den sozialen Kontext des Subjektes ins Zentrum rückt. Howard & Callero (1991) präsentieren in "The Self-Society Dynamic" eine Reihe von Aufsätzen unter ähnlichen programmatischen Vorzeichen. Einleitend stellen sie fest, die Sozialpsychologie habe im Laufe dieses Jahrhunderts um die Pole Verhalten, Kognition und Affekt gekreist. "Was fehlt, ist eine schlüssige Theorie darüber, wie diese drei Aspekte menschlichen Seins zusammenwirken." (Howard & Callero, 1991, S. 2f.). Von zentraler Bedeutung bei dieser Theoriebildung ist die Ausgestaltung der Schnittstelle zwischen Selbst und Gesellschaft, eine Fragestellung, über die in den letzten Jahren zunehmend geforscht wird (Banaji & Prentice, 1994).

In diesen neueren Diskussionen wird Bezug genommen auf Theoriebildungen, die zu ihrer Zeit und für lange Jahre danach eher randständig waren für eine vom Behaviorismus beherrschte psychologische Theoriebildung. Das soziale Selbst ist zwar seit Ende des vorigen Jahrhunderts Gegenstand der Persönlichkeits- und Sozialpsychologie, war aber über lange Zeiträume hinweg von eher marginaler Bedeutung in diesem Wissenschaftszweig. Monteil (1993) verweist, wie viele andere, auf das Jahr 1890, in dem William James sein Werk "Das Selbstbewußtsein" veröffentlicht hat. Im Gegensatz zu den philosophischen Ansätzen der damaligen Zeit versucht James die *soziale Dimension* des Selbst zu erfassen. James M. Baldwin (1911) präsentiert etwas später eine noch radikalere Konzeption mit seiner Theorie des Sozius, in der er vorschlug, das Selbst in einer Entwicklungsperspektive als ein soziales und kulturelles Produkt zu begreifen. Diese ersten Ansätze eines sozialen Selbst wurden von George Herbert Mead (1934) zusammengeführt. Heutige sozialkognitivistische Ansätze überprüfen diese Ansätze auf ihre Brauchbarkeit für ihre eigene Theoriebildungen.

Wichtig im Hinblick auf meine Diskussionslinien - Identität, Zukunft, Kohärenz - sind zwei Modelle. Das eine stammt von Martindale und ist ein Modell der *Multiple Selves*, der Vielheit in der Gegenwart. Das andere wurde von Markus & Nurius entwickelt und ist ein Modell der zukunftsorientierten Vielheit, der *Possible Selves*. Zu ihrem Verständnis ist es allerdings notwendig, zunächst einmal die Grundbegriffe der sozialkognitivistischen Modellbildungen zu rekapitulieren. Dazu stütze ich mich im wesentlichen auf Kihlstrom & Cantor (1984) und Monteil (1993).

5.2.1 Modellannahmen

Die Ausgangsüberlegung der Sozialkognitivisten ist, das Selbst als die *Summe der Informationen des Subjektes* über sich zu betrachten. Es ist also quasi eine Datenbank. Akzeptieren wir diese Grundannahme, dann stellen sich sogleich eine Vielzahl von Fragen, die an Elsters Firmenanalogon erinnern (Elster, 1987; vgl. Kap. 3). Man kann etwa zum einen danach fragen, wie dieser Wissensbestand organisiert ist, ob es einen Zentralkatalog gibt, wie unabhängig die Teilbestände sind, wer nach welchen Kriterien entscheidet, welches neue Wissen aufgenommen wird. Die zweite Gruppe von Fragen richtet sich auf Prozeduren. Das Subjekt ist ja nicht nur Wissens-, sondern auch Handlungsträger in der Welt und in der Zeit; sein Wissen von sich ist also handlungsrelevant. Es bedarf allerdings einer ganzen Batterie von Prozeduren, um in Abhängigkeit von der Situation Strategien auszuwählen und sie auf eine bestimmte Auswahl aus den Wissensbeständen zu gründen. Die Ausgangsüberlegungen wie auch dabei verwendete Begrifflichkeiten kommen jedem bekannt vor, der sich in der Organisationstheorie/-psychologie einmal mit Projektplanung und -realisierung beschäftigt hat. Es ist die Sprache des Subjektes des *unternehmerischen Selbst*, projekt- und handlungsorientiert, im Zentrum des Geschehens stehend oder sich zumindest dort wähnend.

Aus der Notwendigkeit der Kategorisierung des Wissens ergibt sich eine Fülle von - auch erkenntnistheoretischen - Probleme, auf die ich im einzelnen hier nicht eingehe. Eine sozialkognitivistische Lösung dafür ist das Konzept des *Pro-*

totyps. Kihlstrom & Cantor (1984) verweisen darauf, daß die Kategorisierung von Wissen hochkomplex ist und für natürliche Kategorien oft nur wenig zufriedenstellend gelöst werden kann. Das Konzept des Prototyps soll eine plausible Strategie modellieren. Danach wird ein Gegenstand oder ein Ereignis nicht entlang der einzelnen Eigenschaften klassifiziert, sondern im Vergleich zu Prototypen aus einer Ereignisklasse. Ich definiere also nicht den Begriff "Stuhl" allgemein, sondern mit dem ersten, den ich sehe, weiß ich, wie einer aussieht. Wenn ich einen weiteren sehe, vergleiche ich ihn mit meinem Wissen und verändere gegebenenfalls den Prototypen.

Subjektbezogen stellt sich in der Selbstkonzept-Theorie die Frage, ob das Wissen des Subjektes über sich vielleicht ebenfalls in Form von Prototypen organisiert ist. Von diesen Prototypen kann es situationsspezifisch eine ganze Reihe geben (ich als Partner, ich als Arbeitnehmer...), die eventuell auch hierarchisch organisiert sein kann. Die Anzahl dieser Teilselbste richtet sich nach der Zahl der sozialen Rollen, die wir zu erfüllen haben. Die Frage wäre dann wieder, wie sehr integriert oder hierarchisiert diese Teilselbste sind. Kihlstrom & Cantor sehen diese Integration auf der Ebene der *Selbst-Narrationen* hergestellt. Indem wir uns fortlaufend als Zentralfigur einer Narration erzählen, produzieren wir für uns und andere die Integration und Kohärenz, die uns für andere verstehbar macht und unser Handeln kontextuiert und zeitlich ordnet. Von der Multiplen Persönlichkeitsstörung einmal abgesehen, werden die verschiedenen "kontextuellen Selbste durch eine ständige autobiographische Wahrnehmung vereint: So wie wir am Morgen mit dem Wissen aufwachen, derselbe zu sein, der am Abend zuvor schlafen ging, so sind wir uns der Aktivitäten unserer verschiedenen Selbste bewußt... *In letzter Analyse sorgen unsere persönlichen Geschichten für die Kontinuität, die das Wesen der Selbigkeit ist"* (Kihlstrom & Cantor, 1984, S. 13, Hvb. W.K.).

Diese Prozesse finden nicht in einem sozialen Vakuum statt. Vielmehr geht es darum, die Rolle der *sozialen Regulierungen* der Informationsverarbeitung in Bezug zum Selbst modelltheoretisch zu integrieren. Das passiert mit dem Modell des *Selbst als Schema.* Nach Brewer (1986) wird das allgemeine Wissen über das eigene Selbst (Fähigkeiten, Eigenschaften) in *Selbstschemata* organisiert. Das Konzept des Selbstschemas wurde weitgehend von Markus (1977) entwickelt. Es umfaßt zum einen kognitive Repräsentationen, die aus spezifischen Erlebnissen abgeleitet worden sind; zum anderen besteht es aus allgemeineren Repräsentationen auf der Basis wiederholter Selbstkategorisierungen und Selbstbewertungen durch das Indivuduum selbst *oder durch Dritte*. Es spielt eine Mittlerrolle zwischen Wahrnehmung, dem Gedächtnis und Handeln (vgl. Markus, 1977; Robinson & Swanson, 1990). Seit dem grundlegenden Artikel von Markus hat sich die Literatur über die Selbstschemata stark ausgeweitet (Markus & Nurius, 1986; Markus & Smith, 1981; Markus, Smith & Moreland, 1985; Markus & Wurf, 1987).

Auf theoretischem Niveau erweist sich das Konzept des Selbstschemas in mehrfacher Weise als nützlich. Es ermöglicht zum einen, die Verhaltenskontrolle auf der Ebene des wissenden Subjektes zu verorten, zum zweiten, die Allokation von Aufmerksamkeitsressourcen direkt zu prognostizieren, und zum dritten, den Ort der Verhaltensänderung zu spezifizieren. Der Begriff des Selbstschemas ist offensichtlich untrennbar verbunden mit dem Begriff des Schemas selbst, wie er in der kognitiven Psychologie entwickelt worden ist (Bartlett, 1932; Greenwald & Banaji, 1989; Markus & Zajonc, 1985). Betrachtet als ein System, das eine Information akzeptiert, ist das Schema vergleichbar einem Format im Sinne einer Programmiersprache. Die Information muß gewisse Charakteristika haben, um korrekt interpretiert zu werden. Aber: "Ein Schema ist nicht nur ein Format, es handelt sich dabei auch um einen Plan, um Informationen über Ereignisse und Objekte aufzuspüren, die in das Format gebracht werden sollen. Das Schema ist also nicht nur der Planer, sondern auch der Planungsausführende. Es ist sowohl ein Muster von Handlungen als auch ein Muster für Handlungen" (Neisser, 1976, S. 56) In ähnlicher Weise sind die Selbstschemata die Basis der Wahrnehmung und der Interpretation unseres Verhaltens.

Diese kognitive Perspektive des Selbst ist nicht neu. Sarbin betrachtete schon 1952 das Selbst als eine kognitive Struktur, die fähig ist, die individuellen Funktionen zu organisieren, zu planen, zu modifizieren und zu integrieren. Die Frage aber ist, ob die Selbstschemata in irgendeiner Weise spezielle Qualitäten haben. Dies scheint in der Tat der Fall zu sein. Eine wachsende Zahl von Forschungsergebnissen legt den Schluß nahe, daß die kognitiven Strukturen in Beziehung zum Selbst in gewissen Punkten einzigartig sind (vgl. Rogers, Kuiper

& Kirker, 1977; Kuiper & Rogers, 1979). Die empirischen Untersuchungen der Effekte des Selbstbezuges bringen also genügend Unterstützung für die These, daß Informationen mit Selbstbezug anders kodiert werden als solche ohne. Das Selbst wird so vorstellbar als ein in hohem Maße vertrautes und gut organisiertes Ensemble von evaluativ polarisierten Wissensbeständen.

Kihlstrom & Cantor listen am Ende ihres Artikels eine Reihe von Leerstellen in der bisherigen sozialkognitivistischen Forschung auf. Ihre Analyse scheint mir immer noch zutreffend.

> Wir wissen z. B. nicht, ob es multiple Selbstkonzepte gibt. ... Wir wissen nicht, wie sich die verschiedenen Typen des Selbstwissens - deklarativ und prozedural, episodisch und semantisch in einem organisierten Erinnerungs-system beeinflussen. .. Wir wissen nicht, in welchem Ausmaß das Selbst-konzept einzigartige Qualitäten hat und in welchem Ausmaß wir einfach die Leute sind, die wir am besten kennen. (Kihlstrom & Cantor, 1984, S. 37f.)

Und schließlich verweisen sie noch auf eine ganz bedeutsame Leerstelle, näm-lich das Selbst als Subjekt, das "Self as Knower" wie James es nennt. Es ist nicht nur ein Informationsprozessor. Es stellt sich vielmehr die Frage nach dem handelnden Teil des Selbst, d.h. desjenigen Teils des kognitiven Systems, "der den Rest überwacht und kontrolliert und die Grundlage für die Erfahrungen der Wachheit und Intentionalität bildet" (a.a.O., S. 40).

5.2.2 Das Selbst als Vielheit: Multiple Selbste

Aus der Sicht meiner bisherigen Überlegungen interessiert mich, wie die *Inte-gration* der Kognitionen erfolgt. Wenn sich das Individuum in einer Fülle von sozialen Kontexten und Situationen erfährt, wenn von seiten der Gesellschaft die Angebote zur Erfahrungsorganisation und zur Rollenhierarchisierung schwinden, wie organisieren sich dann diese vielfältigen Erfahrungen des Selbst in ihrem Verhältnis zueinander? Gibt es *ein* Selbstschema oder mehrere? Wenn mehrere, wie ist dann die Beziehung der Schemata untereinander geregelt? Wie erfolgt die Verbindung zwischen den Selbstschemata und dem Handeln des Subjektes, wie wird also der Output organisiert? Oder dienen die Selbstschemata lediglich

130

der Selbstwahrnehmung, d.h. dem Abgleich von meiner situativen Selbsterfahrung bzw. der Rückmeldung durch Dritte mit meinem Selbstschema.

Martindale (1980) hat ein Modell expliziert, das versucht, der Vielfältigkeit sozialer Erfahrung des Subjektes gerecht zu werden, indem er ein *Modell der Subselbste* entwirft. Er beginnt seine Ausführungen mit einer Begriffsklärung: "Mit dem Begriff des Selbst oder Subselbst beziehe ich mich mehr auf das, was James (1890) das Ich genannt hat, denn auf das 'me' oder Selbstkonzept" (Martindale, 1980, S. 215). Es ist also primär ein Modell des *self as knower*, also der Handlungs- und Steuerungsinstanz im Sinne von Kihlstrom & Cantor. Nach seinem kognitiven Modell ist die Persönlichkeit am besten als ein Set von Subselbsten zu verstehen. Als Subselbst definiert er "eine kognitive Einheit, die Input von einer Reihe von Quellen erhält (z. B. Information über die Situation, in der man sich befindet, das eigene Selbstkonzept und den eigenen emotionalen Status) und die Output an eine Reihe von kognitiven Einheiten versendet, welche die Disposition zum Handeln kodieren. Normalerweise wird ein Großteil des Inputs für die Subselbste recht konstant bleiben. Ist dies der Fall, dann wird die Hauptdeterminante dafür, welches Subselbst dominiert, von der Situation abhängen" (a.a.O., S. 194). Komplizierter wird es bei Fällen von "Dissoziation", wenn die Aktivierung der einzelnen Subselbste nicht so einfach durch die Unterschiedlichkeit von Situationen erklärt werden kann. Beispiele solcher Dissoziationsformen wären etwa multiple Persönlichkeit, plötzliche Veränderung der Persönlichkeit, das Phänomen des *hidden observer* (Hilgard, 1986) in der Hypnose und die künstlerische Inspiration.

Im Zuge der detaillierten Diskussion seines Modells stößt Martindale dann auf die Frage, wie denn die *Auswahl des jeweils dominierenden Subselbstes* zu denken sei. Nach seiner Vorstellung ist das jeweils am stärksten aktivierte Subselbst dominierend. Es kontrolliert das Verhalten und blockiert die anderen Subselbste. Die Aktivierungswahrscheinlichkeit ist größer für Subselbste, die stark ausgeprägt sind und/oder niedrige Aktivierungsschwellen haben. Das sind die Subselbste, welche am meisten Input von anderen kognitiven Einheiten bekommen, und diese häufige Aktivierung wiederum läßt sie dominant werden. Die relevanten Quellen für den Input sind das Selbstkonzept, die Person, das semantische Gedächtnis, das emotionale System und das episodische Gedächtnis.

Darüber hinaus spielen die Umweltstimuli eine Rolle. Subselbste, die uns selbst oder Dritten fremd vorkommen oder ungewöhnlich für uns sind, scheinen oft durch sehr starke und archetypische Stimuli evoziert zu werden. Martindale postuliert hier unter Bezugnahme auf C. G. Jung menschliche Grundbefindlichkeiten, die entsprechende Verhaltens- und Gefühlsmuster auslösen, auch wenn sie vorher noch nie aktiviert waren, ihre Aktivierungswahrscheinlichkeit also eher gering sein müßte. Ein Beispiel dafür wäre die "Liebe auf den ersten Blick" (Martindale, 1980, S. 211ff.).

Manchmal kommt es zu *plötzlichen Persönlichkeitsveränderungen*, z.B. wenn eine Person hoch erregt ist. Martindale erklärt dies damit, daß in dieser Situation das herrschende Subselbst angesichts des hohen Erregungsniveaus ermüdet. Er verweist weiterhin auf die Möglichkeit, mit seinem Modell auch individuelle Unterschiede abzubilden. So können Individuen *unterschiedlich viele Subselbste* haben. Den unterschiedlichen Grad an Selbstkonsistenz (Bem & Allen, 1974) erklärt er mit der unterschiedlichen relativen Stärke der Inputs: Bei konsistenten Menschen "kann das Selbstkonzept ... in der Regel die Situation 'überstimmen', während bei inkonsistenten gerade das Gegenteil der Fall ist" (Martindale, 1980, S. 212). Auch das Ausmaß der Rigidität einer Person ließe sich danach erklären. Sie ist dann größer, wenn die Person für verschiedene Situationen nur wenige Subselbste zur Verfügung hat.

Die Bindeglieder zwischen den Subselbsten und dem Handeln nennt Martindale die *Dispositionseinheiten*. Man kann sich *zwei polare Modelle* vorstellen: einmal ein Modell, in dem jedes Subselbst mit allen Dispositionseinheiten verknüpft ist. Handeln wäre in diesem Fall immer auch ein Input für jedes Subselbst. Im anderen Fall wären die Dispositionseinheiten nur mit je einem Subselbst verknüpft. Das Maß der Trennung, der Dissoziation wäre in diesem Fall extrem. Das je einzelne Subselbst hat seine je eigene Dispositionseinheit, ohne Querverbindungen zu anderen. Der erste Fall würde etwas beschreiben, was wir als kohärentes Selbst bezeichnen würden: Alle Subselbste werden informiert und aktiviert, wenn von einem Subselbst aus über eine Dispositionseinheit eine Handlungssequenz in Gang gesetzt wird. Der zweite Fall beschreibt ein dissoziiertes Selbst: Nur das aktuell herrschende Subselbst und seine Dispositionseinheit wären aktuell befaßt.

Martindale schließt mit einer Bemerkung zur *Historizität von Dissoziation*. Danach variiert, historisch gesehen, möglicherweise das Maß an Dissoziation, das in einer Gesellschaft zu finden ist, ein Gedanke, der uns schon von Camilleri und Lévi-Strauss vertraut ist. Er verweist auf Trilling (1972), der unter Hinweis auf den unterschiedlichen Gebrauch von Begriffen wie "Ernsthaftigkeit" und "Authentizität" in verschiedenen historischen Perioden ähnlich argumentiert. "Wenn dies der Fall wäre", so Martindale, "dann würden Veränderungen des theoretischen Konsenses über die Tragfähigkeit von Konzepten wie dem der Subselbste nicht so sehr veränderte wissenschaftliche Moden ... reflektieren, sondern vielmehr tatsächliche Veränderungen des Ausmaßes, in dem die zugrundeliegenden Phänomene in der Gesellschaft zu beobachten sind" (Martindale, 1980, S.214f.).

Diskussion

Martindales Ansatz ist - und hier kann er als Stellvertreter für die Sozialkognitivisten gelten - in hohem Maße substantialistisch: Wir handeln, also haben wir ein *action unit*. Es findet eine Entscheidung zwischen verschiedenen Handlungsmöglichkeiten statt, also haben wir eine *disposition unit*. Jedem prozessualen Aspekt scheint gleich das entsprechende Strukturelement zur Verfügung gestellt zu werden. Bedeutsam scheint mir andererseits sein Bemühen, gerade auch paradoxe, erfahrungsbezogene und soziale Aspekte des Seins zu modellieren (Liebe auf den ersten Blick), und seine Bereitschaft, einen historischen Blick auf die Problematik des Selbst mitzudenken.

Mit postmoderner Brille gelesen zeigt sein Modell die Aufnahme zentraler Themen der aktuellen Diskussion. Er gestaltet ein dezentriertes Selbst-Modell, das ohne eine rigide Hierarchie auskommt. Die Hierarchie, die sich in der jeweiligen Situation entwickelt, ist genau das: eine situative Hierarchie, d.h. wesentlich durch Umwelteinflüsse gestaltet. Die Grundstruktur ist nie abgeschlossen. Je nach Input von außen kann sich die relative Dominanz einzelner Subselbste bzw. auch ihre Zahl verändern. Dissoziation bezieht sich lediglich darauf, wie rigide die Subselbste und ihre Informations- und Handlungsbahnen voneinander abgeschottet sind. Die Frage, welches Subselbst agiert, wird in einem anderen strukturellen Kontext gelöst, nämlich auf der Ebene der Umweltbeziehungen. Unklar bleiben dann aber die Freiheitsgrade des Individuums, seine Möglichkeiten, selbst aktiv Kontexte aufzusuchen und zu beeinflußen. Wenn er den Subselbsten die Möglichkeit einräumt, eine Situation zu transzendieren, ist die Frage der Aktivierung der Subselbste nicht gelöst. Was darüber hinaus bei ihm keine Rolle spielt, das ist die Frage der Intentionalität, der Situierung des Selbst auf einer Zeitachse. Sein Selbst ist primär dem Augenblick verhaftet.

5.2.3 Das Selbst im Spannungsfeld von persönlichen Zukunftsszenarien: Possible Selves

Hazel Markus, Paula Nurius und andere haben nicht nur das Konzept des Selbstschemas ganz wesentlich entwickelt, sie haben auch den Aspekt der Zukunftsorientierung ins Zentrum ihrer Arbeit gestellt. Voraussetzung für ihr Konzept der *möglichen Selbste* (possible selves) ist ein Modell des Selbst, welches das *Selbstschema* und das *working self-concept* als Grundbegriffe hat.

> Aus unserer Perspektive kann das Selbst als ein System von Selbst-Schemata konzeptualisiert werden. ... Ein Schema integriert alle über das Selbst in einem gegebenen Verhaltensbereich bekannten Informationen in einen systematischen Rahmen, der während des Prozeßablaufes verwendet wird (Neisser, 1976). Ein Schema ist ein konzeptuell vorteilhaftes Analogon für das Selbst, weil es potentiell das repräsentieren kann, was James (1890) die zwei distinkten Aspekte des Selbst genannt hat - "das Selbst als Wissendes und als Gewußtes". ... Genauer gesagt sind Selbst-Schemata Generalisierungen über das Selbst, abgeleitet aus der wiederholten Kategorisierung und Evaluation des eigenen Verhaltens durch sich und andere. Das Ergebnis ist eine wohldifferenzierte Vorstellung darüber, wer man bezogen auf eine ganze Reihe von Verhaltensbereichen ist. ... Selbst-Schemata suchen nach kongruenten Informationen und lenken Verhalten so, daß es mit ihnen konsistent und vereinbar ist. (Markus & Sentis 1982, S. 45)

Eine wesentliche Forschungsfrage der letzten Jahre war, wie auf der Basis dieses Konzeptes in der Modellbildung mit der Polarität zwischen den wandelbaren und situativen Aspekten des Selbst einerseits und den eher stabilen, überdauernden Teilen andererseits umgegangen wird. Nurius (1991) verweist auf diese beiden grundverschiedenen Zugänge zum Selbstkonzept: Während die einen - in Konkordanz mit einem Subjekt der *organisierten Moderne* - die stabilen, überdauernden, vereinenden Aspekte betonen (Block, 1981; Shrauger & Schoeneman, 1979), heben andere gerade die situativen, reagierenden und wandelbaren Aspekte des Selbst hervor, eine Überlegung, die eher in Prozessen der gesellschaftlichen *Entwurzelung* ihren Platz hat (McGuire & McGuire, 1981; vgl. auch Gecas, 1982; Greenwald & Pratkanis, 1984).

Ein Versuch, diese Spannung zwischen den beiden gegensätzlichen Konzepten aufzulösen, war der Hinweis, daß jede der beiden Positionen für sich genommen Schwächen hat. Einerseits hat der *Arbeitsspeicher* (working memory) Kapazitätsgrenzen, was die situative Bewußtheit notwendig beschränkt, und andererseits sind die eigenen Selbstkonzepte nicht in jeder Situation zugänglich, was ein situatives, anpassungsfähiges Handeln notwendig macht (vgl. Higgins, King & Marvin, 1982). In ihrem eigenen Konzept nun versuchen Markus & Nurius diese Widersprüche insofern aufzulösen, als sie einfach *zwei Formen* von Selbstkonzepten postulieren: ein eher überdauerndes, monolithisches Selbstkonzept, das sich im Laufe des Lebens bildet und verfestigt, und im Unterschied dazu sehr formbare *working self-concepts* (Markus & Kunda, 1986; Nurius, 1986; Nurius & Markus, 1990).

Dieses *working self-concept* ist das funktional relevante Selbstkonzept in einem bestimmten Moment. Es ist eine beständig sich verändernde Konfiguration von Selbstkonzepten, welche einmal mehr, einmal weniger im Vordergrund stehen, je nachdem wie sie durch situativ relevante Reize und Ereignisse aktiviert werden. ... unter alltäglichen Umständen ist diese Aktivierung ein hoch effektiver Prozeß mit wenig Bedarf für eine bewußte Anstrengung oder eine Bewußtheit auf seiten des Individuums. In anderen Situationen, vielleicht unter völlig neuen Umständen oder unter solchen, die gerichteter Aufmerksamkeit oder einer bewußten Anstrengung bedürfen, um sich über einen konkurrierenden Set von Selbsten hinwegzusetzen, wird das Individuum relativ bewußt und absichtsvoll gewisse Subsets von Selbstkonzepten aktivieren. (Nurius, 1991, S. 240)

Manche Selbstkonzepte bilden den Kern des *Identitätsempfindens* (sense of identity) eines Individuums. Auf sie bezieht sich das Individuum so häufig, daß sie situationsübergreifend bedeutsam werden. Die Mehrheit dagegen wird viel seltener, situationsabhängiger und kontingenter aktiviert. Sie unterscheiden sich in ihrer Bedeutsamkeit für das Individuum, ihrem Grad an kognitiver Elaboration und Differenzierung und ihrer Aktivierungswahrscheinlichkeit.

Diese Subsets von aktivierten Selbstkonzepten wiederum dienen als Grundlage für nachfolgende Attributionen und Evaluationen durch das Individuum selbst wie auch durch andere im sozialen Umfeld. Nurius sieht in diesem Aspekt eine Konkretion von Überlegungen des Meadschen Interaktionismus. Danach wird ein Stimulus dann zu einem Objekt, wenn er eine individuelle Bedeutung gewinnt. Objekte werden situativ konstituiert in der Interaktion der Teilnehmer an dieser Situation. "Das working self-concept kann in diesem Sinne gesehen werden als eine spezifische Manifestation der Transaktion zwischen dem Selbst und der Situation" (Nurius, 1991, S. 242).

Die Konzeptualisierung dieser Vorstellungen ist zwar, nach Ansicht von Nurius, noch nicht völlig gelöst. Aber es zeichnet sich ab, daß solche Ansätze am überzeugendsten sind, die die Selbstkonzeptionen als facettenreiche Selbstschemata modellieren. In diesem Rahmen der Selbstschemata können die Selbstkonzeptionen beträchtlich variieren in ihrem Grad an Spezifität und Elaboration, wie auch in ihrem Grad an Rationalität und persönlicher Bedeutsamkeit.

Das Konzept der Possible Selves

Mit dieser Dynamisierung und Flexibilisierung des Selbstkonzeptes geht im Ansatz von Markus, Nurius u.a. eine Orientierung in die Zukunft einher. Selbstkonzepte unterscheiden sich danach auch in ihrer Zeitperspektive. Die Bedeutung dessen, was sich Individuen erwarten bzw. worauf sie zustreben, letztlich also die Wichtigkeit ihrer Zukunft für ihre Gegenwart, ist von vielen Persönlichkeitspsychologen betont worden (Allport, 1955; Maslow, 1954). Zusätzlich zum Situationsbezug wird so das Modell noch um eine Verankerung auf der Zeitachse und damit im individuellen biographischen Geschehen erweitert. Gerade diese Erweiterung ist es, wofür die beiden Autorinnen stehen. Sie führen dazu den Begriff der möglichen Selbste, der *Possible Selves*, ein.

136

In den Selbstkonzeptionen verankern die Autorinnen also nicht nur einen aktiven situativen Bezug, sondern mittels des Konzeptes der Possible Selves auch *Vorstellungen über die Zukunft*. Possible Selves sind Repräsentationen des eigenen Selbst in zukünftigen Zuständen und Umständen und als solche funktionieren sie wie andere Selbst-Repräsentationen (Nurius, 1991, S. 242). Die Possible Selves wären dann die strukturelle Ausformung von dem, was Mead (1934) als die antizipierte Zukunft beschrieb. Insofern ist dieses Konzept ein Verbindungsglied zwischen Selbstkonzept und Motivation und zielgerichtetem Verhalten. Possible Selves sind

> ... spezifische Repräsentationen (bildhaft, semantisch, enaktiv) des eigenen Selbst in erwünschten oder unerwünschten Zuständen und Umständen. ... Wir haben die These, daß Possible Selves als psychologische Ressourcen gesehen werden können und daß sie mindestens zwei Funktionen haben, die entscheidend sind für das Verständnis von Kontinuität und Wandel im Lebenslauf. Erstens sind Possible Selves Motivatoren; sie wirken als Anreiz für künftiges Verhalten. Sie stellen anzustrebende oder zu vermeidende Selbste dar. Zweitens sind Possible Selves instrumentell für die Affirmation und Verteidigung des gegenwärtigen Selbstes, indem sie einen evaluativen und interpretativen Kontext für die gegenwärtige Sicht des Selbst bereitstellen. (Cross & Markus, 1991, S. 232)

Der *Motivationsaspekt* kommt insofern ins Spiel, als eine gewünschte oder befürchtete Zukunft das aktuelle Verhalten beeinflußen. Die Sozialisationsforschung nennt das *antizipatorische Sozialisation* (Brown, 1979; Dion, 1985). Beispiele dafür wären Abendkurse zum erhofften beruflichen Aufstieg oder eine Diät angesichts befürchteter Gesundheitsrisiken. Markus & Nurius verwenden das Konzept der Possible Selves, um zukünftige Elemente des Selbst zu bezeichnen: gewünschte, erwartete und befürchtete (Markus & Nurius, 1986). Dem liegt die Annahme zugrunde, daß die möglichen Selbste eine *psychologische Ressource* darstellen bei der inneren Aushandlung von Veränderungen und psychosozialen Übergängen in verschiedenen Lebensabschnitten. Und in der Tat, so Markus & Nurius (1986), läßt sich vieles an manifestem Verhalten verstehen als Versuch, verschiedene mögliche Selbste zu vermeiden oder zu realisieren.

Die Affirmation und Verteidigung des *gegenwärtigen Selbst* findet statt in der

Spannung zwischen gegenwärtigem Selbst und den Possible Selves. Daraus kann ein positiver Veränderungsimpuls erwachsen; die Spannung kann aber auch zu groß sein und Angst erzeugen. In diesem Fall, so Cross & Markus, könnte eine Revision der Possible Selves stattfinden. Das ist deshalb relativ leicht möglich, weil sie oft privater Natur und nicht kommuniziert sind. Sie sind auch noch nicht im sozialen Handeln manifest und deshalb nicht schon Gegenstand sozialer Aushandlungsprozesse gewesen, was Änderungen erleichtert. Wenn jemand z.b. einerseits eine Karriere anstrebt, andererseits aber auch große Angst vor dem Scheitern hat, könnte er seine Wünsche zurückschrauben, um sich dieser Gefahr nicht auszusetzen. Solange er seine Wünsche noch nicht mitgeteilt hat, wird diese Revision sozial ohne Folgen bleiben. Die Änderung des eigenen Anspruchsniveaus ist in ihrer Bedeutung für subjektives Wohlbefinden in einer Vielzahl von Ansätzen diskutiert und belegt (vgl. Thomae, 1970; Campbell u.a., 1976).

Wie leicht sich diese *Rekalibrierung des Anspruchsniveaus* vollzieht, ist offensichtlich sehr verschieden. Die inneren Aushandlungsprozesse und die individuellen Lösungen sind sehr vielfältig. Solche Rekalibrierungen finden häufiger statt, als nach außen sichtbar wird. Das, was in der Entwicklung von Erwachsenen so stabil und unverändert bzw. unveränderbar aussieht,

... verbirgt signifikante Variationen in der Natur und der Funktion der möglichen Selbste der Individuen. Die Sicht eines Individuums von sich selbst als erfolgreich, kompetent und kooperativ mag sich vielleicht über seinen Lebenslauf hinweg nicht verändern. Aber die zur Verfügung stehenden Möglichkeiten, diese Selbstcharakterisierung zu kontextuieren und sie mit Sinn zu erfüllen, können sich beträchtlich wandeln. So gesehen, sind einige Aspekte des gegenwärtigen Selbst stabil, aber nur als Ergebnis beträchtlicher Veränderung oder Modifikation der eigenen möglichen Selbste. (Cross & Markus, 1991, S.251)

Um sich etwa als kontinuierlich erfolgreich zu erleben, würde das Subjekt angesichts drohender Niederlagen mögliche Selbste entwerfen, die die Kontinuität dieses Selbsterlebens weiter ermöglichen. Die Selbsterzählung als erfolgreich wäre dann nur die scheinbar unveränderte äußere Seite von kontinuierlichen und möglicherweise sehr umfangreichen Rekalibirierungsprozessen. Sich kongruent und konsistent zu erzählen setzt also möglicherweise schmerzhafte und umfassende Veränderungen der eigenen Possible Selves voraus.

Possible Selves: Konzeptuelle Fragen

Voraussetzung für dieses Konzept ist die Vorstellung von einem aktiven, starken und veränderungsfähigen Subjekt (Greenwald & Pratkanis, 1984; Markus & Wurf, 1987; Rosenberg, 1979). Und neben dieser Dynamisierung ist auch eine Aufweichung der Vorstellung von einem monolithischen, streng hierarchischen Selbst vonnöten. Cross & Markus schlagen hier - wie erwähnt - einen Mittelweg ein. Sie verweisen zum einen auf die Vielfalt subjektiver Selbstrepräsentationen (*working self-concepts*), betonen aber die Existenz von Kernkonzepten (Gergen, 1968) bzw. von hervortretenden Identitäten im Sinne von Strykers *salient identities* (Stryker, 1986).

Eine Frage an dieses Modell bezieht sich, wie ja auch in der Individualisierungsdiskussion, auf den *möglichen Bedrohungscharakter dieser ungeheuren Vielfalt* möglicher Selbste. Muß soviel Wahlmöglichkeit nicht das Subjekt überfordern? Nurius antwortet mit dem Hinweis, daß die Vielzahl theoretisch möglicher Selbste in der Realität durch soziale Aushandlungsprozesse begrenzt ist. Denn das Selbstkonzept ist zwar ein sozialer Wirkfaktor, aber auch gleichzeitig ein soziales Produkt. Es ist eine aktive und zentrale kognitive Struktur und doch in ständige Aushandlungsprozesse mit der sozialen Umwelt eingebunden. Das Wechselspiel von sozialer und subjektiver Evaluation spielt eine entscheidende Rolle, insbesondere die *vermutete* Evaluation der eigenen Person durch Dritte (Rosenberg, 1981). Faktisch finden also Aushandlungsprozesse und soziale Evaluationen statt. Deshalb sind - sozialstrukturell gesehen - manche theoretisch "möglichen Selbste" real nicht möglich. Ich kann mich zwar als weltberühmten Schriftsteller imaginieren, bräuchte allerdings eine soziale Welt dazu, die mich berühmt sein läßt.

Aber selbst wenn die Zahl der möglichen Selbste in der Realität begrenzt ist, stellt sich doch die Frage, ob aus diesem Spiel der Möglichkeiten nicht eine *Überlastung des Subjekts* in der Gegenwart resultiert. Ist es für das Subjekt nicht strategisch sinnvoller, eine sehr beschränkte Zahl von Perspektiven im Auge zu haben, als sich einer großen Vielfalt perspektivisch zu öffnen? Nurius gesteht zwar die Möglichkeit von Rollenkonflikten zu, aber nach ihrer Einschätzung überwiegen die positiven Effekte. Sie verweist auf eine Reihe von Autoren, die die fruchtbare Wirkung multipler Rollenerfahrung konstatieren: Je größer die Zahl der realisierten Identitäten, desto stärker ist das subjektive Gefühl einer sinnvollen, gerichteten Existenz und deshalb von psychischer Gesundheit und Sicherheit (vgl. Marks, 1977; Sieber, 1974; Verbrugge, 1983; Thoits, 1983). Thoits (1986) und Potts (1987) haben diese Befunde noch differenziert: Wichtig ist nicht nur die Zahl der Identitäten, sondern auch ihr Typus (subjektive Bedeutsamkeit, soziale Bewertung) und die damit verbundenen strukturellen Faktoren (z.B. die Möglichkeit der faktischen Ausübung einer Rolle). In diese auf gegenwärtige Identitäten bezogene Debatte bringt das Konzept der Possible Selves noch eine weitere Dimension, die es - nach Nurius - ermöglicht, den Zusammenhang zwischen sozialen Bezügen, Identität und zielgerichtetem Verhalten weiter zu differenzieren.

Die Voraussetzungen für ein erfolgreiches Coping-Verhalten im Hinblick auf multiple Selbste werden mit Konstrukten wie Kompetenzgefühl, Selbsteffizienz, personale Kontrolle, positive Erwartungshaltung, Ich-Stärke, Widerstandsfähigkeit und Willenskraft beschrieben (Lazarus & Folkman, 1984; Marlatt & Gordon, 1985; Salovey & Rodin, 1985; Taylor & Brown, 1988). Sie alle - so Nurius - basieren letztlich auf der Annahme, daß das Individuum in der Lage ist, die Brücke zu schlagen zwischen seinen aktuellen Selbstrepräsentationen und dem, was es erwartet oder befürchtet. Die Fähigkeit, sich in einem zukünftigen Zustand zu entwerfen, erleichtert wiederum die Formulierung von Zwischenzielen.

Diskussion

Es sind also erhebliche Voraussetzungen vom Subjekt zu erbringen, damit es dieses Spiel der Möglichkeiten nutzen kann. Die Frage ist, was mit jenen passiert, die dieses strategische Vermögen nicht besitzen. Bezogen auf die kulturell adaptive Identitätsdiffusion im Sinne Marcias wäre etwa zu fragen, was aus der Modellsicht von Markus & Nurius der Grund für eine solche Strategie sein mag. Ist ihre Strategie eine, die aus der Not eine Tugend macht, d. h. aus dem Nichtvorhandensein der genannten Voraussetzungen das Beste macht, indem sie diffus offen ist für Entwicklungen? Oder gibt es doch eine Überlastungsgrenze, die in einer postmodernen Gesellschaft wesentlich öfter überschritten wird: Das Subjekt kann gar nicht so ichstark sein, wie es in einer Gesellschaft sein müßte, die Möglichkeitsräume eröffnet, aber Strukturierungshilfen verweigert?

Ungeklärt ist auch die Frage, wie realistisch die Possible Selves sind bzw. sein müssen, um ein positives Coping zu erleichtern bzw. zu ermöglichen. Nurius unterscheidet hier Possible Selves von höchst unterschiedlicher Qualität und entsprechend unterschiedlicher Funktion in Coping-Prozessen. So sind etwa embryonische Formen vorstellbar, die sich mit der Zeit ausdifferenzieren (Kindheitsträume). Andere können zwar höchst unrealistisch sein, aber doch eine eminent wichtige Funktion in einer persönlichen Biographie haben (z.B. Nelson Mandela).

Das Modell von Markus et al. hat verschiedene Qualitäten. Die eine sehe ich darin, daß sich die Autorinnen durch den kognitivistischen Methodenkanon nicht von einem weiten Blick abhalten lassen. Ihr Modell stellt viele Bezüge her und läßt auch viele Bezüge zu: zur Identitätsforschung, zur Motivationsforschung, zur Forschung über die individuellen Zukunftsperspektiven, wie auch zur Coping-Forschung. Die zweite Qualität besteht darin, daß sie das Nuttinsche Modell modernisieren, ohne es aufzugeben. Auch ihr Subjekt hat eine zentralperspektivische Zukunft, aber sie ist Gegenstand affektiv-evaluativer Aushandlungen. Die Objektwelt in ihr ist schillernder geworden. Mit der evaluativ-affektiven Dimension gefürchtet/erhofft/erwartet wird das Zielgebiet umrissen, aber es hat nicht mehr die Klarheit und Eindeutigkeit wie bei Nuttin. Das Zukunftsprojekt hat keine eindeutige, von Zukunftsobjekten bevölkerte Perspektive mehr, sondern ein Zielgebiet, das in einem kontinuierlichen Abtastprozeß affektiv-evaluativ auf die Gegenwart bezogen wird. Das ist ein Vorzug dann, wenn es keine Sicherheiten mehr in dem Umfang gibt, wie sie Erikson den Jugendlichen noch mit einem Platz in der Gesellschaft bieten wollte (und konnte). Drittens schließlich läßt das Modell Multiplizität zu. Der situative Alltagsbezug ist vielfältig.

Die Frage ist, ich habe sie wiederholt angesprochen, wie das Subjekt, diese Multiplizität der situativen wie der zukünftigen Selbst-Schemata verwaltet. Markus & Nurius brauchen dazu ein sehr mächtiges Selbst, selbstbewußt und stark.

Dann kann es in der Tat die Chancen nutzen, die diese Vielfalt bietet. Was aber, wenn dieses Selbst nicht dazu in der Lage ist, wenn es nur über eine geringe Ich-Stärke verfügt? Muß es dann scheitern, dissoziieren im Meer von Diffusion? Postmodern gelesen wäre dieses Modell eines, das die Desintegration feiert in der Hoffnung auf ein starkes Subjekt, das nutzen kann, was sich ihm da bietet.

5.2.4 Diskussion

Die kognitiven Ansätze des Selbst bemühen sich in den letzten Jahren, den sozialen Kontext des Selbst und seiner Entwicklung mit in ihre Überlegungen einzubeziehen. Die Denkmodelle, die hier zum Zuge kommen, erscheinen nicht selten mechanistisch und simplifizierend. Ambiguität, ein wesentliches Merkmal menschlicher Existenz, ist wohl schlecht modellierbar in einer Wissenschaftstradition, die letztlich eindeutigen Kausalitätsvorstellungen verhaftet geblieben ist. Positiv ist zu bemerken, daß in der Tat Ansätze zum Paradigmenwechsel erkennbar sind. Ein weiteres Positivum sind prägnante Modellbildungen (Possible Selves), die, wiewohl mit der Gefahr unzulässiger Vereinfachung und Verkürzung behaftet, doch Startpunkte benennen können bzw. energische Richtungswechsel des Denkens darstellen und damit programmatisch wirksam werden könnten.

Mit postmoderner Brille gelesen sind insbesondere Martindale und Markus interessant. Martindale kommt ohne zentralistisches Selbst aus und überläßt der Situation die Auswahl des jeweiligen situativ aktiven Selbst. Wiewohl er keinen Begriff von Gesellschaft und von Historizität in seinem Modell hat, ist ihm doch der historische Aspekt von Dissoziation bewußt, wie seine abschließende Überlegung deutlich macht.

Markus u.a. betonen insbesondere den Prozeß- und Möglichkeitscharakter von Selbst- und Selbstbildung und reflektieren damit den Gedanken des Changierens, des Spieles der möglichen Selbste, wie er in vielen postmodernen Diskursen thematisiert wird. Trotz dieses so entfalteten Möglichkeitsraumes schlägt sich Markus allerdings auf die Seite der Moderne: ein Selbst, das sich mit vielen Möglichkeiten auseinandersetzt, aber letztlich ein Versöhnungsmodell zu leben versucht; ein sich selbst entwerfendes, grandioses Selbst, das in der Auseinandersetzung zwar auch Niederlagen erlebt, letztlich aber doch "Herr" seiner selbst bleibt. Während die Subselbste von Martindale genährt werden von der sozialen Umwelt, sind die Possible Selves von Markus in einem viel größeren Maße "Kopfgeburten". Ihre soziale Vermitteltheit ist zwar offensichtlich und wird auch gelegentlich angedeutet, im Modell aber nicht systematisch gefaßt.

Aus identitätstheoretischer Sicht zeigt sich die modelltheoretische Schwierigkeit, ein Selbst zu entwerfen, das in der Zeit sozial verankert ist und doch auch Handlungsträger sein soll. Während Martindales Selbst eines ist, das situativ ist ohne Bezug zur Zeitachse, ist das von Markus & Nurius perspektivisch mit starken innerpsychischen Aushandlungsanteilen, vor derem Hintergrund das soziale Umfeld keine Plastizität mehr gewinnt. Dieses Selbst wäre eines der Spätmoderne. Die Projekte des Subjektes sind unabschließbar, unterliegen ständigen Adaptionsprozessen, aber es ist nach wie vor Herr der Situation, zumindest hängt es der Vorstellung an, sich rational planend in die Zukunft entwerfen zu können.

5.3 Das fragile Selbst

Die Modelle eines strategischen Selbst versuchen eine Antwort zu geben auf die Frage, wie das Subjekt in einer vielgestaltigen sozialen Welt handlungsfähig bleiben kann. Sie stellen allenfalls am Rande die Frage danach, ob diese Anforderungen an das Subjekt möglicherweise eine Überlastung darstellen, die Frage also nach der Kostenseite von gesellschaftlichen Veränderungen für das Individuum. Diese Frage möchte ich nun ins Zentrum der Überlegungen rücken. Markus u.a. brauchen für ihr Modell ein starkes Selbst, damit es von dem Erfahrungs- und Chancenreichtum profitieren kann. Was aber ist mit denen, die diesem Anspruch nicht genügen können? Der postmoderne Hedonist oder der strategische Karrierist sind die eine Seite der Medaille, der mühselig um Kohärenz ringende Immigrant Camilleris, der Arbeitslose mit dem aus der Not geborenen kurzen Zeithorizont, die andere. Hier machen uns insbesondere Diskussionen auf der Basis von psychoanalytischen Ansätzen auf die Kostenseite von gesell-

schaftlichen Entwicklungen und die Auswirkungen auf die psychische Binnen-
struktur der Subjekte aufmerksam. Psychoanalytische Theoretiker betonen typischerweise gegenüber den Selbstkonzept-Theoretikern, daß Selbstrepräsentationen viel mehr Modi der Repräsentation umfassen als das bloße semantische
Wissen, nämlich auch körperlich/kinästhetische, emotionale und andere sinn-
liche (visuelle oder auditive) Repräsentationen. Neben dieser Erweiterung der
Begrifflichkeit ist es aber insbesondere der Bezug zur *aktuellen Gesellschaftsanalyse*, der mich hier interessiert. Die Psychoanalyse hat, wie glücklich sie
auch immer selbst darüber sein mag, schon wiederholt als metaphorischer Stein-
bruch für Gesellschaftsanalysen gedient. Ziel war in der Regel, mit Hilfe dieser
Begrifflichkeit eine Brücke zu schlagen zwischen gesellschaftlichen Entwicklungen und deren Konsequenzen auf der Ebene des Subjektes. Auch hierbei zeigen sich unterschiedliche Zugangsweisen, je nachdem, ob die Analyse aus
einem spätmodernen, verlustorientierten Blickwinkel erfolgt oder aus postmoderner Sicht vorgetragen wird.

5.3.1 Spätmoderne Gesellschaften und Narzißmus

Ein breit rezipiertes Beispiel für eine verlustorientierte Analyse stellt Christopher Laschs *The culture of narcissism* dar (1979). Auf der Basis einer selektiven
Lektüre der psychoanalytischen Theorie zielt er darin auf eine humanistisch ge-
prägte Selbsterneuerung der Gesellschaft. Seine Analyse stellt einen Zusammenhang her zwischen der modernen Kultur und einem bestimmten Typus von Subjektivität - nach seiner Sicht einer verarmten inneren Welt. Im klinischen Bild
des Narzißmus drückt sich nach seiner Darstellung eine allgemeine Problematik
der Individuen in der modernen Gesellschaft aus (Bruder, 1993, S. 145). Die
gegenwärtigen gesellschaftlichen Bedingungen sind nicht dazu angetan, den Individuen die Bildung eines tiefen und integrierten Gefühles von Sicherheit zu ermöglichen, eines Seins, das mehr ist als eine Sammlung von Chamäleon-Bil-
dern. Entsprechend sind die Borderline-Störung und die narzißtische Störung die
für unsere Zeit charakteristischen Pathologien. Und mehr noch: Klinische Berichte darüber erinnern einen an alltägliche Kontakte: Personen, die ihre Wir-

kung auf andere leicht steuern können, unablässig bewundert werden wollen und doch gleichzeitig jene verachten, die diesem Bedürfnis willig entsprechen; sie haben zudem eine panische Angst vor dem Altern und dem Tod. Lasch sieht darin den Idealtypus für eine Gesellschaft, die geprägt ist von der bürokratischen Organisation: Der Alltagsnarzißmus muß zwangsläufig in einer Umgebung blühen, die die Manipulation von anderen belohnt und die Bildung intimerer und reziproker Beziehungen bestraft. "Das moderne Individuum - und aus diesem Grund spricht Lasch von einer narzißtischen Persönlichkeit - muß seine ganze Energie an die Aufrechterhaltung eines positiven Selbstbildes wenden. Die narzißtische Persönlichkeit kann keinen Augenblick ohne die Bestätigung und Bewunderung aus dem sozialen Umfeld leben" (van der Loo & van Reijen, 1992, S. 177).

Der Begriff des Narzißmus und seine Verortung in der psychoanalytischen Theorie hat also zwei Funktionen bei Lasch. Zum einen eine Zeigerfunktion zur pointierten Benennung von gesellschaftlichen Symptomlagen: der Egozentrik und einem ungezügelten Individualismus in der modernen westlichen Konsumkultur; und zum anderen eine analytische Funktion: mit diesem Konzept kann er seine Beschreibung in Beziehung setzen zur Befindlichkeit der Subjekte, zu einem tiefen Gefühl der Leere in unserer Kultur und ihren Individuen. Nach Lasch ist unser Leben so von den elektronischen Medien bestimmt, daß jeder sich benimmt, als ob er vor der Kamera stünde und sein Auftritt an einen unsichtbaren Zuschauerkreis übertragen würde. Entsprechend wichtig wird der prüfende Blick, die Selbstbeobachtung. Das Individuum lernt, sich durch die Augen der anderen zu sehen. Dies fördert eine intensive Konzentration auf die Oberfläche, auf das Selbst als eine Reihe von Bildern und Rollen, die *Selbstpräsentation* als den Realitätskern von Erfahrung. Kein Wunder, so Frosh, daß der Bildschirm und der Spiegel zwei zentrale Metaphern sind beim Denken über Narzißmus (Frosh, 1991, S. 65). Für Lasch ergibt sich aus dieser Oberflächenorientierung eine entfremdete Erfahrung von Irrealität und innerer Leere.

Der Spiegeleffekt macht aus dem Subjekt ein Objekt; gleichzeitig macht es die Welt der Objekte zu einer Extension oder Projektion des Selbst. Es ist irreführend, die Konsumkultur als eine von Dingen dominierte Kultur zu charakterisieren. Der Konsument lebt nicht so sehr umgeben von Dingen als vielmehr von Phantasien. Er lebt in einer Welt die keine objektive oder unabhängige Existenz hat und die nur die Aufgabe zu haben scheint, seine Wünsche zu erfüllen oder zu hintertreiben. (Lasch, 1984, S. 30)

Laschs Analysen sind in mehrfacher Hinsicht kritisiert worden (z.b. Barrett & McIntosh, 1982). Am meisten werden ihm die konservativen Implikationen seines Buches angekreidet. "Die Kulturkritik Laschs ist praktisch vom Heimweh nach einer frühen historischen Phase durchzogen, in der die protestantischen Tugenden noch galten. ... Jetzt, da kein Gott und kein Gebot mehr anzurufen sind, ermahnt er die Wissenschaft, und zwar die Psychoanalyse, Zeugnis abzulegen" (van der Loo & van Reijen, 1992, S. 179).

Frosh verweist aber auch auf das Paradoxon, daß Lasch mit seiner breiten, materialreichen Kritik selbst Zeugnis ablegt für die Moderne: denn alles ist mit bemerkenswerter Energie und Lust besetzt, und selbst Laschs Kritik transportiert noch die Zelebration der Moderne. Laschs Analyse formuliert eine Grundwahrheit über die Moderne: "Ihre gallopierende Geschwindigkeit, ihre enorme Ausdehnung, die Art und Weise, wie sie eine außergewöhnliche Vielfalt von Erfahrungen ermöglicht - und wie am Ende alles dasselbe ist" (Frosh, 1991, S. 67). Der Begriff des Narzißmus spielt für Lasch eine zentrale Rolle. Er verwendet ihn um die Charakteristika der modernen Gesellschaft mit den inneren subjektiven Zuständen der Sinnlosigkeit und Leere zu verbinden. Damit wird das Konzept zum Diagnose-Instrument einer kollektiven Erfahrung und der gesellschaftlichen Struktur: die westliche Kultur ist die "culture of narcissism".

Das narzißtische Selbst

Das Konzept des Narzißmus entfaltet seine zeitdiagnostische Qualität nicht nur bei seiner eher metaphorischen Übernahme in die Gesellschaftsanalyse. Auch innerhalb der psychoanalytischen Theoriebildung im engeren Sinn kann es dazu dienen, die Subjektbefindlichkeit in der Moderne zu untersuchen. Natürlich sind wir dann konfrontiert mit den Entwicklungslinien des Konzeptes innerhalb der Psychoanalyse selbst. Bemerkenswert ist, daß es zwar auf Freud zurückgeht, allerdings erst in den letzten Jahrzehnten - insbesondere durch die Arbeiten von Heinz Kohut - an Prominenz gewonnen hat. Theoretische Differenzen bestehen

heute insbesondere hinsichtlich der Frage, wie der Zusammenhang von 'norma-
lem' und pathologischem Narzißmus zu denken ist. Nach Kohut ist der Narzißmus eine normale Entwicklungsphase. Das Selbst des Kindes ist am Anfang zu
zerbrechlich, um allein zu überleben. Es braucht die Partizipation von anderen,
um ein Gefühl von Kohäsion und Konstanz zu haben. Das Kind stützt sich dazu
auf äußere Objekte: die Eltern, um die Integrität seiner inneren Welt zu erhalten. Kohut nennt diese Objekte "Selbstobjekte" und beschreibt sie als "Objekte,
die wir als Teil von uns selbst erfahren haben." (Kohut & Wolf, 1978, S. 177).
Wenn diese seine Entwicklungsbedürfnisse nicht befriedigt werden, geht es be-
schädigt aus dieser Erfahrung hervor. Das Selbst entwickelt sich dann in einer
verbogenen Weise und bleibt teilweise oder ganz in der Kindheitsphase stecken.

Im Gegensatz dazu unterscheidet Kernberg zwischen dem kindlichen Narzißmus und dem pathologischen Narzißmus. Letzterer ist nicht einfach eine Fixierung auf eine frühere Entwicklungsstufe, sondern hat andere Charakteristika.
So sind die Größenphantasien normaler Kinder realistischer als die von narzißtischen Patienten. Zudem koexistieren im kindlichen Narzißmus Überreaktionen
auf Kritik und Bedürfnis nach ungeteilter Aufmerksamkeit mit positiven und Ab-
hängigkeitsgefühlen. Und schließlich ist die kindliche Selbstzentriertheit emotional warm, die des narzißtischen Patienten dagegen kalt (Kernberg, 1974, S.
253f.). Der pathologische Narzißmus ist also sowohl zu unterscheiden vom
kindlichen als auch vom normalen erwachsenen Narzißmus.

Wichtig für meine Überlegungen ist die Frage, nach der zeitdiagnostischen
Qualität des Konzeptes. Und hier sind sich beide Positionen einig. Die Ursachen
für diese Störung sind auf soziale Bedingungen zurückzuführen, insbesondere
den Zusammenbruch von Familienstrukturen. In einer Gesellschaft, in der das
Selbstgefühl bedroht wird durch die Geschwindigkeit des kulturellen, sozialen
und technologischen Wandels, durch die Unsicherheit darüber, wer was kontrolliert, muß es für Eltern immer schwerer werden, einen stabilen Ruhepunkt zu
bieten, um den herum die Persönlichkeit eines Kindes geformt werden kann.
Mit dieser These ist der Begriff des Narzißmus nicht nur metaphorisch genommen als Bezeichnung für eine gesellschaftlichen Situation, sondern er bleibt in
seiner Grundbedeutung als Bezeichnung für eine psychische Störung erhalten.
Sie tritt endemisch dort auf, wo die Voraussetzungen für eine gesunde psychi-

sche Entwicklung nicht mehr gegeben sind. Dies ist in unseren westlichen Gesellschaften der Fall. Die Gründe dafür sind soziale Unsicherheit auf vielen Ebenen, insbesondere auch in der Beziehung zu den Eltern. Und wenn es stimmt, daß "the givers of self must have self", dann wird der zutiefst verstörende Charakter dieser Analyse deutlich. Es stellt sich die Frage, woher dann überhaupt noch Hoffnung kommen kann. Die Sichtweisen von Kohut und Kernberg haben eine Sicht des Narzißmus geschaffen, wonach er im Versagen der frühen elterlichen und sozialen Umgebung wurzelt, die Entwicklung eines integrierten Selbst zu unterstützen. Die Verbindung zwischen narzißtischer Pathologie und narzißtischem Elternverhalten meint, daß eine Kultur der leeren Äußerlichkeiten sich auf der Psyche abbildet und in der nächsten Generation reproduziert.

Die psychoanalytischen Narzißmus-Theorien zeigen insbesondere unter dem Blickwinkel der intergenerationalen Beziehungen, wie hoch der Anspruch an die Eltern-Kind-Beziehung ist, damit die kindliche Entwicklung gelingen kann. Frosh (1991, S. 113) stellt hier die kritische Frage, ob in diesen Theorien nicht selbst eine gehörige Portion Ideologie verborgen ist. Werden hier nicht, so fragt er, das Selbst und seine "wahre" Reifung zum Fetisch gemacht? Wird hier die soziale Welt nicht auf eine bloße Rolle als Behinderung des gesunden Selbstwachstums reduziert? Sind solche Theorien - in einem polemischen Sinne - nicht auch narzißtisch?

Das kohärente Selbst als tröstendes Trugbild: Jaques Lacan

Narzißmus wird fast generell theoretisch gefaßt als eine defensive Antwort auf die Unfähigkeit, ein stabiles Selbst zu konstruieren, was wiederum das Ergebnis von Defekten der Umwelt ist - v. a. der Unfähigkeit der Eltern, die selbst von den Unsicherheiten der Moderne durchdrungen sind, die Destruktivität des Kindes auszuhalten oder seine Wünsche nach Wertschätzung zu unterstützen. Was aber wäre, wenn, wie Poststrukturalisten und Postmodernisten postulieren - es dieses gesunde Selbst gar nicht geben kann?

Jacques Lacan hat die Möglichkeit eines Begriffes von einem *integrierten* Selbst und mit ihm das breitere, aber nebulösere, Konzept des Selbst am energischsten destabilisiert. Auch bei ihm spielt die Spiegelmetapher eine zentrale

Rolle, allerdings in einem anderen Sinn als in Laschs Analyse (Frosh, 1991, S. 114). Nach Lacan scheint es nur so, als ob das Spiegelbild eine genaue Botschaft über die Natur des Ego sei. Tatsächlich zeigt es eine Integrität, wo es real nur eine Multiplizität von inkohärenten Trieben und Wünschen gibt. Der Begriff der "normalen, gesunden Beziehungen" der Narzißmus-Theoretiker bezeichnet möglicherweise eine bloße Ideologie in dem Sinn, daß er etwas als gegeben voraussetzt, was als sozial konstruiert verstanden werden muß. Die "normale, gesunde" Botschaft, die ein Kind im Spiegel empfängt, ist, daß das Ego Integrität und Ganzheit besitzt; aber diese Botschaft ist das Produkt eines spezifischen Modus kultureller Organisation und Wahrnehmung, der Autonomie und psychologische Unabhängigkeit der Individuen betont (Bowie, 1994, S. 28). Die Entfremdung vom wirklichen Selbst wird also nicht nur durch pathologische Formen des Elternverhaltens und der sozialen Organisation produziert. Vielmehr sind *alle Bilder des Selbst falsch*, weil das Selbst ein Trugbild ist. Unter einer gesellschaftsdiagnostischen Perspektive eröffnet diese Analyse ein völlig anderes Strategieszenario. Zum einen kann von dieser Position aus einer sozialen Ordnung nicht mehr vorgeworfen werden, sie entfremde ihre Mitglieder, da die Vertrautheit mit sich selbst bloße Imagination ist. Zum anderen entlastet diese Überlegung auch die Subjekte: Wenn es kein wahres Selbst gibt und geben kann, ist die Suche danach hinfällig.

Das Wissen um die tatsächlichen Grenzen des Körpers scheint logischerweise eine essentielle Voraussetzung zu sein für wahres Wissen über den Inhalt. Nach Lacans Auffassung ist solches Wissen niemals fundiert: Eine Reihe von imaginären Identifikationen liegt hinter der Erfahrung des Selbst als real und als verbunden mit anderen. Hinzu kommt, daß der Begriff einer reifen Beziehung ein Mythos ist. Es gibt zwar Unterschiede in der Qualität von Beziehungen, aber die werden nicht durch subjektives Wirken bestimmt, sondern durch die sie umgebenden Strukturen. Nach Lacan trägt das Ich-Ideal, das seinen Ursprung außerhalb des Subjektes hat, dazu bei, die Natur von Beziehungen zu bestimmen; seine Reduzierung auf das Ideal-Ich, faktisch auf den Begriff des Selbst oder "idealen Selbst", ist eine Manifestation dessen, wie das Symbolische auf der imaginären Ebene eingefangen werden kann. Das heißt, wir sehen durch unseren Narzißmus, wir verorten uns selbst, indem wir unser Ich in der Welt verteilen - wir schauen herum nach unserem Bild. Deshalb bleibt die Vorstellung einer reifen Beziehung, die nicht vom Narzißmus infiltriert ist, eine Phantasie: Jede Beziehung ist gebildet aus der Anfrage des Ich an das Objekt.

5.3.2 Postmoderne Gesellschaft und/als Psychose

Wenn der Kampf um Kohärenz, das Ringen um tiefe vertrauensvolle Beziehungen auf illusionären Imaginationen gegründet ist, dann sind Metaphern der Zersplitterung, der Auflösung vielleicht eher geeignet, die Erfahrungen des postmodernen Subjektes zu benennen. In der Lesart postmoderner Theoretiker läßt die Normalität der Entwurzelung und der Desorientierung in der gegenwärtigen Gesellschaft deshalb eher an die psychotische Fragmentierung denken. Die heute weit verbreitete Schwierigkeit, ein integriertes Selbst zu etablieren, der offensichtliche Zusammenbruch von Rationalität und persönlicher Autonomie - alle diese modernen Gefühle erinnern an den psychotischen Zustand der Fragmentierung und persönlichen Auflösung. Nach Lacan geht es eher darum, gesprochen zu werden, als zu sprechen. So wird das Subjekt in der Postmoderne oft als psychotisch bezeichnet, weil "es kein Zentrum hat, worum es die einzelnen Stimmen vereinen könnte, die den postmodernen Bürger sprechen" (Finlay, 1989, S. 46).

In der psychoanalytischen Theorie wäre dieses Gefühl des Außer-Kontrolle-Seins in gewissem Maße im Begriff des Unbewußten gefaßt: Aus uns spricht etwas, dessen wir uns nicht bewußt sind. Die Normalität des Selbst ist daher eine bloße Folge von provisorischen Organisationen, durch welche sich der zugrundeliegende Diskurs des Unbewußten bemerkbar macht. Im Unbewußten ist eine Vielzahl von unterschiedlichen Ideen, Erinnerungen und Wünschen aus verschiedenen Perioden mit völlig unterschiedlichen Qualitäten. Sie existieren nebeneinander, als ob es keine Zeitfolge, kein Richtig oder Falsch, keine Oberfläche oder Tiefe gäbe. So gelesen ist das Unbewußte in der Tat eine postmoderne Arena von Dissonanzen, erfahren als der wahre und normale Zustand des Menschen.

Die traditionelle Psychoanalyse steht allerdings auf seiten der Ordnung und taugt wenig für eine Zeitdiagnose unter postmodernen Theorieprämissen. Freud etwa verwendet die - quasi modernistische - Damm-Metapher zur Beschreibung der Beziehung von Bewußtsein und dem Unbewußtem. Die Ordnung wird gegen das überbordende Chaos verteidigt. Zudem behauptet die Psychoanalyse, daß die Erfahrung kontrollierbar ist und die unbewußten Wünsche genügend sublimiert werden können, so daß ihre bescheidene Befriedigung gewährleistet ist, ohne das soziale Leben zu zerstören. Auch die Verwendung der *Paranoia* als Metapher für die postmoderne Erfahrung der Fragmentierung und Desintegration ist *nur auf den ersten Blick* problemlos. Frosh (1991, S. 126ff.), auf den ich mich im folgenden stütze, verweist mit Recht darauf, daß Wahnvorstellungen in der Regel sehr gut organisiert sind. Insofern sind sie eher Ausdrucksformen eines verwirrten denn eines desintegrierten Geistes. Und oft sind sie gerade ein Verteidigungsmechanismus gegen die finale Fragmentierung.

Die postmodernen Theoretiker interessieren sich jedoch nicht für Notstrategien zur Erhaltung des Selbst, sondern für sein *Verschwinden*. Die Art von Psychose, mit der sie befaßt sind, hat das Selbst bereits in Stücke zerbrochen. Allerdings ergibt sich auch aus dieser Position eine Vielzahl von Problemen. So ist unklar, wie angesichts einer endemischen psychotischen Fragmentierung die Alltagsinteraktion der Individuen aufrechterhalten werden kann. Welche Art von sozialem Diskurs ist denkbar unter der Prämisse, daß wir alle verrückt sind? Es ist schwer vorstellbar, wie dann noch Beziehungen beginnen und wachsen können und woher überhaupt Möglichkeiten zum Widerstand kommen könnten. Denn wenn alle unsere Selbste zersprengt sind, ist eine alternative Seinsmöglichkeit nicht mehr vorstellbar. Die Frage ist also, was genau die psychotische Erfahrung bedeuten kann für eine postmoderne Gesellschaftsanalyse. Nach Frosh (a.a.O., S. 146ff.) sind zwei Sichtweisen denkbar:

a)   Zum einen könnte man Psychose sehen als eine *besonders sensible Antwort auf die realen Bedingungen unserer Zeit*. Psychotische Erfahrungen sind danach nicht identisch mit denen von 'normalen' postmodernen Subjekten; sie sind charakterisiert von Dissoziation und Verstörung. Aber sie haben eine Verbindung zu unserer sozialen Ordnung, die in der Tat Ähnlichkeiten aufweist. Levin (1987) z.B. nimmt die Schizophrenie als Kommentar zu

dem, was er den "Nihilismus" der gegenwärtigen Kultur nennt, ihre Konstruktion des Selbst als abgetrennt von anderen Selbsten und in Anlehnung
dazu als Trennung von Geist und Körper. Schizophrene Symptome drücken
diese kulturelle Trennung zwischen innen und außen, öffentlich und privat
aus; die psychotische Konfusion zwischen dem, was das Selbst und was der
andere ist, was mental und was Material ist, drückt das Leiden aus, das das
gesamte westliche Projekt der Moderne begleitet.

Die Innen-außen-Trennung und die Selbst-alter-Trennung fördern Paranoia;
aber da sie auch Intoleranz, Bigotterie, Haß, Konflikt und Aggression fördern, sollten paranoide Phantasien von optischer und akustischer Überwa-
chung, Gedankenkontrolle und Attacken von dämonischer Inbesitznahme
nicht gleich als Symptome privater Verrücktheit abgetan werden: man
könnte argumentieren, daß sie eine Bewußtheit manifestieren, die in Beziehung zu normalerweise verschlossener Realität steht, eine üblicherweise
verschlossene Soziopathie, die soziale Genese eines Leids, das nur in seinen
extremsten Zuständen vom diagnostizierten Schizophrenen repräsentiert
wird. (Levin, 1987, S. 526)

Diese Argumentation betont die soziale Dimension im schizophrenen Zusammenbruch und plaziert den psychotischen Prozeß und die Alltagsrealität
auf einem Kontinuum: in besonders eingestimmten oder prädisponierten
Menschen drücken sich die pathologischen Unterströmungen der westlichen
Kultur in der Form des Zusammenbruches aus. Schizophrene sind krank,
aber was sie krank macht, ist die Störung der Moderne. Die Schizophrenie
macht deutlich, wie verrückt das politische Leben ist, wie sehr es auf der
Unterdrückung realer Bedürfnisse basiert, wie aussschließlich es mit dem
Ausagieren von Machtphantasien beschäftigt ist. Die Exaktheit der Analogie
bleibt allerdings im Dunkeln. Der psychologische Prozeß wird so ungenau
beschrieben, daß man letztlich die Psychose als emblematisch für beinahe
jede Form sozialer Unterdrückung sehen kann. Es wird nicht deutlich, was
das *Psychotische* an der Psychose ist, was die besondere Qualität dieser
psychologischen Konfiguration ausmacht und wie sie mit dem aktuellen
Funktionieren der sozialen Welt verbunden ist.

b) Eine zweite Sichtweise versteht die Psychose als eine *Strategie der Opposition*, in der die Beschränkungen der Moderne attackiert werden durch den Widerstand des "zeitlosen Stromes der Subversion", wie er sich im psychotischen Individuum manifestiert. Die extreme Natur der psychotischen Erfahrung ist ein Indikator für die Extremität der modernen Repression. Die Psychose ist nicht der allgemeine Modus des Funktionierens unter der Bedingung der Moderne; aber ist bezeichnet das, was allen passiert, die die moderne Welt erkennen und sich ihr verweigern. Entsprechend fordern Deleuze und Guattari die Erschaffung des revolutionären Subjektes, dessen Name Schizophrenie ist. Viele ihrer Überlegungen haben eine verwirrende Ähnlichkeit mit der gegenwärtigen Situation, wie sie von manchen postmodernen Autoren beschrieben wird: eine Zelebration der Fragmentierung, der Erfahrungstrümmer ohne irgendeine repräsentationale Funktion. Auch dort gibt es die Opposition zum Bemühen der Psychoanalyse um Sinn. Die Begründung lautet, daß dies ein zwar verführerischer aber falscher, ideologiegeleiteter Versuch sei, narrative Kohärenz über die Realität unorganisierbarer Bedeutungspartikel zu stellen.

Einer solchen Zelebration der Psychose als Durchbruch zu neuen, kühneren Formen des Bewußtseins widerspricht Kovel vehement. "Das Zentrum der Schizophrenie ist Vernichtung. Die Person ist material präsent und bewußt, aber hört auf zu sein" (Kovel, 1987, S. 336). Zwischen dem Schizophrenen und dem kreativen Individuum gibt es eine radikale, unüberbrückbare Kluft. Während der Künstler aus seiner Vision herausspringen kann, hat der Schizophrene Subjektivität wie Intersubjektivität verloren. Der Schizophrene wird eher gesprochen, als daß er spricht.

> Der Schizophrene zeigt nicht Emanzipation sondern das Gegenteil, ist nicht unfrei sondern anti-frei. Die kritische Negativität - die Fähigkeit die gegebene Welt zu negieren und bei sich selbst zu bleiben - ist zerstört und transponiert in die Zone des Nichtseins, wo Selbst und Welt konfus sind, zusammengebrochen und in die autistische Konfiguration vermischt. (Kovel 1987, S. 343)

Unter dem Strich engt die Verwendung der Psychose als Metapher der Gesellschaftsanalyse eher ein als daß sie Unterstützung bietet. Während der gegenwärtige gesellschaftliche Prozeß von Ambiguitäten gekennzeichnet ist, ist der Begriff der Psychose auf die negative Seite all dessen beschränkt. Der Psychotiker kann nicht an den Befreiungen der Moderne teilhaben, weil sein Delirium nur die Elemente der Verfolgung wahrnimmt. Vielleicht - so Frosh - ist dies auch ein Problem postmoderner Theorie: unfähig ein Selbst zu konzipieren, das den Fragmentierungen der Moderne widerstehen könnte, verfällt sie entweder in ein Klagen über den Verlust stützender Strukturen oder ein Feiern der nihilistischen Explosion der Wünsche. Eine Analyse, die den psychotischen Prozeß als wahrsten Ausdruck der Bedingungen der Moderne nimmt, kann indes nur die eine Hälfte der Ambiguität moderner Erfahrung erfassen.

5.3.3 Ein postmodernes Selbst

Die postmoderne Theorie betont die Oberflächenzentriertheit der Moderne (Frosh, 1991, S. 179). Die Objekte repräsentieren nichts anderes als ihre Erscheinung, ohne Zusammenhang mit einem größeren Ganzen. Ein Ding gleicht sich dem anderen an, jede Grenze wird überschritten, alles kann zerlegt und anders zusammengesetzt werden. Wenn es kein essentielles "Innen" gibt, kein spezifisches Signifikat, das an einen bestimmten Signifikanten gebunden ist, dann ist kein Ding bedeutsamer oder realer als ein anderes. Auch das Selbst ist eine solche Ware, die nichts bezeichnet; genauer, es ist eine Fiktion, geschaffen als Schutz gegen die Erkenntnis der fragmentierten Qualität von Erfahrung. In der Psychoanalyse Lacans, wird dieser Mangel an Integration als Wahrheit des Subjektes betrachtet: Es ist angefüllt mit Wünschen, die alle auf dem Mangel basieren, und jagt nach einem Anschein von Ordnung, um die Konfusion von innerer und äußerer Realität zu überleben. Diesen Anschein bietet das Selbst als ein imaginäres Konstrukt, das der persönlichen Geschichte des Individuums einen narrativen Sinn verleiht.

Die Frage ist, welchen theoretischen Gewinn eine Beibehaltung des Begriffes des Selbst dann überhaupt noch bedeutet. Nach Frosh muß es darum gehen, einen Selbstbegriff zu entwickeln, der sich nicht in der Zelebration von Ohnmacht erschöpft. Zur Entwicklung eines Selbst, das nicht in diesem Maße entfremdet und gequält ist, ist es notwendig, Freiheitsgrade und Strategien der Selbstentwicklung aufzuzeigen, statt sich in einem Szenario des Terrors zu erschöpfen. Die Ausdifferenzierung eines solchen Selbstbegriffes - so gibt er zu - ist freilich nicht einfach. Und er gesteht auch den extremeren Theorie-Varianten eine wichtige Funktion dabei zu. Denn auch wenn sie zuweilen eher als Polemiken denn als seriöse Analysen erscheinen, so evozieren sie doch auch reale Erfahrungen und Wahrnehmungen von Menschen in der Moderne. Sie verweisen auf die Schwierigkeiten für die Entwicklung des Selbst unter den Bedingungen der Moderne und machen den Zustand der Psychose für uns vielleicht nicht verstehbar, aber so doch weniger befremdlich. Zudem verweisen sie darauf, daß viele Fälle von scheinbar "normaler" Entwicklung des Selbst tatsächlich einen pathologischen Konformismus darstellen, in dem die realen Bedürfnisse des Subjektes sozial akzeptabel verkleidet sind. Der pessimistische Grundzug dieser Analysen führt allerdings zu einer Position der ohnmächtigen Hilflosigkeit.

Aber nach der Überzeugung von Frosh ändert das nichts an der Notwendigkeit, sich der Aufgabe zu stellen, den Begriff eines Selbst zu entwickeln, der Möglichkeiten der Freiheit, der Wahl und der Entscheidung beinhaltet. Nach seiner Überzeugung ist dazu kein Rückfall in eine essentialistische Position nötig: *Das Selbst ist kein fester Besitz, sondern vielmehr ein Konstrukt*, das sich im Laufe der individuellen Entwicklung auf der Basis von internalen und externalen Erfahrungen ausbildet. Dies muß allerdings nicht bedeuten, daß es nicht real ist. Die Erreichung eines Selbst*gefühls* mag eher ein Ziel denn ein Anfang sein, aber die Lehre der Psychose scheint zu sein, daß es ohne dieses Ziel, diese fragile Konstruktion, keinen Kern menschlicher Subjektivität geben kann.

Das Selbst kann also als ein Konstrukt bezeichnet werden, das sich zusammensetzt aus Erfahrungsteilchen, aus Beziehungen zu anderen und aus Internalisierungen sozialer Prozesse. Seine Realisation ist einer der Hauptfortschritte der Moderne. Das Selbst ist sozial und nicht in einem essentialistischen Sinn ererbt - aber es ist dennoch ein wahrer Erfahrungsort und eine Symbolisierung. Nicht der Kampf darum, unter postmodernen Bedingungen ein Selbst zu sein, ist psychotisch, sondern die Verweigerung, Nichtaufnahme dieses Kampfes. *Der*

Kampf mag schwieriger geworden sein, aber er ist unabdingbar, um der Gefahr der Auflösung zu begegnen. In Anlehnung an die psychoanalytische Theoriebildung lassen sich zwei Arten von Lösungen unterscheiden:

a) *Regressive Lösungsstrategien* sind charakterisiert durch die Leugnung von Widersprüchen, der Sehnsucht nach einem Zustand der konfliktfreien Gnade, nach Reinheit und Eindeutigkeit. Solche rigiden Bewußtseinszustände lassen an den Faschismus oder anderer totalitäre Ideologien denken, die in Gegnerschaft zur Heterogenität und Widersprüchlichkeit der Moderne sind. Sie schützen die Menschen vor den Realitäten dieser Welt, indem sie diese leugnen und keine Opposition zulassen. Oberflächlich betrachtet mögen solche Selbste stark erscheinen, weil sie so sicher sind in der Bewertung und Ordnung von Ereignissen. Tatsächlich stellen sie verzweifelte Versuche dar, sich gegen die drohende Auflösung zu wehren.

b) *Progressive, "ödipale" Lösungsstrategien* der Krise sind charakterisiert durch eine besondere Art des Sich-Einlassens auf die Realität: die Anerkennung des Konfliktes zwischen Wunsch und Realität und zwischen unterschiedlichen Positionen und Möglichkeiten. Implizit ist darin die Anerkennung von Heterogenität enthalten. Ödipale Lösungen lassen sich auf den Konflikt ein und ermöglichen innere Veränderungen in seinem Verlauf. Der wichtigste Punkt ist, daß dies ein Zusammentreffen mit Andersheit ist: Während die regressiven Lösungen die Existenz von allem außerhalb ihrer Phantasiestruktur leugnen, basieren ödipale Strukturen auf der Annahme, daß das andere existiert und seine Beschränkungen und Möglichkeiten ausgelotet werden müssen.

Dieses Argument gibt auch einige Hinweise, wie das beschriebene Problem der Selbstkonstitution möglicherweise angegangen werden kann. Wichtig wäre es, sich der Verschiedenheit von Erfahrungen durch verschiedene gesellschaftlichen Teilgruppen (z.B. der Geschlechter oder auch ethnischer Gruppierungen) zu öffnen. Die Hoffnung auf die Möglichkeit zur Ausbildung eines stabilen Selbst ruht für Frosh in der Tatsache, daß die Moderne nicht monolithisch ist. Sie besteht aus Fragmenten, aus widersprüchlichen Elementen und Epochenlinien.

Und in dem Maße, wie sie geprägt ist von Prozessen der Entwurzelung und Wiederverwurzelung, sind Freiheitsgrade für die Integrationsarbeit des Selbst vorhanden. Fortschrittliche Lösungen der Identitätskrise erkennen dies und absorbieren die Realität der Widersprüche und Konflikte. Die Fragmente des Selbst, mit denen jeder von uns in dieser Welt konfrontiert ist, mögen nicht leicht zu versöhnen sein, aber sie können dennoch gerettet werden vor der potentiellen Auflösung, die ihnen droht.

5.3.4 Diskussion

Das fragile Selbst, das Selbst, welches sich angesichts der Zumutungen der Moderne verletzlich und bedroht zeigt, wird aus unterschiedlicher Perspektive präsentiert. Aber wiewohl die Positionen, von denen aus diese Analyse vorgetragen wird, sehr unterschiedlich sein mögen, sie konvergieren in dem Punkt einer großen Hoffnungslosigkeit. Es ist ein gesellschaftskritischer Impuls, der lähmend wirkt, weil er keine Perspektiven, keine Handlungsmöglichkeiten aufzeigen mag und kann. Der Trost von Frosh, wonach die Möglichkeiten für die Ausbildung eines stabilen Selbst aus den Verwerfungslinien der Moderne erwachsen, bleibt hier im Allgemeinen stecken. Die Unterschiede in den Positionen bestehen primär in der Begründung und Bewertung dieser Situation. Die postmodernen Theoretiker insistieren auf dem Illusionscharakter eines kohärenten Selbst und betonen, mit unterschiedlicher Nuancierung, die Nähe der postmodernen Subjektverfassung zu den Störungsbildern der Psychose.

Demgegenüber werden in modernen Analysen à la Lasch eher die anomischen, vereinzelnden Aspekte der Gesellschaftsentwicklung betont. Unklar ist in diesen Analysen, woraus sich eine Hoffnung im Sinne Froshs begründen ließe. Unklar ist ferner, wie Zukunft, Biographisierung, der Entwurf von Identitätsprojekten in einem solchen Szenario Platz haben können. Es zeigt sich eine große Kluft zwischen den strategischen Subjekten von Markus u.a. und den zerrissenen, beziehungslosen Individuen dieser Ansätze. Die Aporie einer integrativen, kohärenzstiftenden Kraft im Subjekt verwandelt sich hier in eine eher verzweifelte Hoffnung. Aus der Analyse selbst ist sie nicht mehr herzuleiten.

Sie gewinnt ihre Plausibilität letztlich aus der gleichen Grundüberlegung wie bei Markus u.a.: Das kohärente Selbst ist *nötig*, sei es als Trost gegen die Dissoziation, als Diskursort zur Organisation der Selbst-Narration oder als Bezeichnung des Akteurs in einer individuellen Biographie. Deutlich wird bei diesen verlustorientierten Analysen, daß die perspektivische Orientierung, die Verortung in der Zeit nicht mehr aufscheint. Das Subjekt ist Opfer einer Situation, aus der es sich nicht befreien kann. Woraus in einem solchen Szenario Zukunft erwachsen soll, ist schleierhaft. Frosh verweist darauf, daß die Lösungen, die vom Subjekt in dieser Situation entwickelt werden können, von höchst unterschiedlicher Qualität sein können. Im Dunkel bleibt allerdings, welches die Bedingungskriterien für die Wahl der einen oder anderen Identitätsstrategie sind.

6. SPÄTMODERNE IDENTITÄTSPROJEKTE ALS NARRATIVE KONSTRUKTIONEN VON IDENTITÄT: EIN MODELL

> *Die Moderne bedeutet für das Leben des Menschen einen riesigen Schritt weg vom Schicksal hin zur freien Entscheidung* ... Aufs Ganze gesehen gilt..., daß das Individuum unter den Bedingungen des modernen Pluralismus nicht nur auswählen kann, sondern daß es auswählen *muß*. Da es immer weniger Selbstverständlichkeiten gibt, kann der Einzelne nicht mehr auf fest etablierte Verhaltens- und Denkmuster zurückgreifen, sondern muß sich nolens volens für die eine oder andere Möglichkeit entscheiden. ... Sein Leben wird ebenso zu *einem Projekt* - genauer, zu einer Serie von Projekten - wie seine Weltanschauung und seine Identität. (Berger, 1994, S. 95)

In diesem Kapitel geht es darum, die Überlegungen zum Thema Zukunft und Identität zu integrieren mit dem Ziel, die theoretische Ausgangsbasis für eine empirische Studie zur Exploration der einzelnen Modellannahmen zu schaffen. Die Modellbildung bezieht sich insbesondere auf die Diskursstränge, die bisher schon im Zentrum meiner Darstellung standen, nämlich auf Überlegungen zu der Frage nach den identitätsstrategischen Konsequenzen einer gesellschaftlichen Situation, in der dem Subjekt nach wie vor zugemutet wird, sich kohärent zu erleben und zu erzählen, in dem aber die sozialen Modelle dafür immer weniger integrationsmächtig sind. Zwei Konzepte werden eingeführt bzw. zum erstenmal ausführlicher diskutiert. Das ist zum einen das Konzept einer *Identität als Projekt* (Harré, 1983). In diesem Konzept sind insbesondere ein prozessuales Verständnis von Identität und der Gedanke der Zukunftsorientierung dieses Prozesses gefaßt. Zum anderen diskutiere ich das Konzept der *narrativen Identität*, wie es in der narrativen Psychologie entwickelt worden ist (Sarbin, 1986; Ricoeur, 1989; Meuter, 1995). Die Grundüberlegung dieses Konzeptes ist, daß die Prozeßziele der Kohärenz und Kontinuität in der Identitätsbildung mit dem Mittel der Selbst-Narration erreicht werden. Narrative Identität kann verstanden werden als "die Einheit des Lebens einer Person, so wie sie erfahren und artikuliert wird in den Geschichten, die diese Erfahrung ausdrücken" (Widdershoven, 1993, S. 7). Erzählend organisiert das Subjekt die Vielgestaltigkeit seines

Erlebens in einen geschlossenen Verweisungszusammenhang. Die narrativen Strukturen sind indes keine Eigenschöpfung des Individuums, sondern im sozialen Kontext verankert und von ihm beeinflußt, so daß ihre Genese und ihre Veränderung in einem komplexen sozialen Prozeß stattfinden. Insofern präformieren sie die Art und Weise, in der eine Person sich erzählen kann, und damit auch ihr Verständnis von sich selbst. Aus dieser Sicht kann das Selbst auch als ein narratives Selbst verstanden werden.

6.1 Prozesse der Individualisierung in der Spätmoderne

Ausgangspunkt dieser Überlegungen ist der Prozeß der gesellschaftlichen Individualisierung in den westlichen Ländern. "Wir leben heute in einer Welt, in der die Menschen das Recht haben, ihr eigenes Lebensmuster selbständig zu wählen, ihrem eigenen Gewissen folgend zu entscheiden, welche Überzeugungen sie vertreten wollen, und die Form der Lebensführung in zahllosen Hinsichten zu bestimmen, über die ihre Vorfahren keine Kontrolle hatten" (Taylor, 1995, S. 8). Diese gesellschaftliche Situation ist das Ergebnis einer mehrhundertjährigen Entwicklung. Sie hat zu einem umfassenden Freisetzungsprozeß aus gesellschaftlich vorgegebenen Biographiemodellen geführt. Das bedeutet allerdings nicht, daß soziale Strukturen ihre Verbindlichkeit verlieren. Die Sozialstruktur löst sich nicht auf, sondern sie *verändert* sich: "Das Individuum wird zum Handlungszentrum, dem eine eigenständige Lebensorientierung sozial ermöglicht und sogar abverlangt wird" (Kohli, 1988, S. 36). Die Konsequenzen für den einzelnen sind dramatisch. Das Individuum steht nun unter dem Zwang "ständiger eigener Orientierungsleistungen zur Selbstvergewisserung und zur Bestimmung seines sozialen Orts, den ihm seine "Identität" nun nicht mehr fraglos gibt. Diese - seine Identität - aus dem Verhältnis seiner Besonderheit zur Allgemeinheit zu bestimmen, wird seine ständige Aufgabe" (Brose & Hildenbrand, 1988, S. 13).

Die Freisetzungsprozesse verlaufen keineswegs linear und flächendeckend. Die Geschichte der Moderne ist im Gegenteil von einem Wechsel von Prozessen der *Entwurzelung und Wiederverwurzelung* gekennzeichnet (Wagner, 1995). Zudem gibt es Ungleichzeitigkeiten, regionale und schichtspezifische Unterschiede der Geschwindigkeiten und v.a. auch immer wieder "neue Arten der sozialen Einbindung" (Beck, 1986, S. 206). Gleichwohl lassen sich sozialstrukturelle Veränderungen feststellen. Sie zeigen sich in der Erosion sozialer Milieus (z.b. Arbeiterschaft), in sozialstrukturellen Veränderungen (Mobilität, Wohlstand) wie auch in der Veränderung der Sozialbeziehungen auf verschiedenen gesellschaftlichen Aggregationsniveaus (z. B. Familie). All diese Indikatoren weisen in die gleiche Richtung einer "abnehmenden Orientierungsverbindlichkeit und Tragfähigkeit von Identitäts- und entsprechenden Lebensentwürfen. Was ein standesgemäßes, angemessenes und gutes Leben ist, ist undeutlicher und weniger anschaulich geworden. Für Flexibilität und Kreativität gibt es noch keinen Katechismus" (Brose & Hildenbrand, 1988, S. 17). Die Differenzierungsprozesse belasten nicht nur die Individuen, sie bringen auch gesellschaftlich gesehen erhebliche Schwierigkeiten mit sich. Denn individuelles Handeln ist nicht mehr in gleichem Maße erwartbar. Wenn die biographische Strukturierungsleistung in viel größerem Umfang als bisher in die Verantwortung des einzelnen fällt, muß mit wesentlich disparateren Ergebnissen gerechnet werden. Das Aufbrechen von Identitätsmustern führt zu einer Zunahme von gesellschaftlicher Komplexität. Auch die Risiken der Dissoziation, die bisher im Identitätsschema neutralisiert waren, nehmen zu (vgl. Luhmann, 1981, S. 203). Auf der individuellen Ebene wiederum führen die Differenzierungsprozesse zu einer potentiellen Überforderung des Individuums durch den ständigen Druck zu autonomen, eigenständigen Orientierungsleistungen.

Die Identitätsbildung wird durch diese Entwicklung erschwert, weil identitätssichernde Lebenswelten und Milieus ihre Verbindlichkeit verlieren. An ihre Stelle tritt ein komplexer Prozeß der Selbststeuerung und Selbstvergewisserung in Bezug auf lebensgeschichtlich relevante Vorgänge. Identität verändert ihre Qualität, sie wird zu einem permanenten reflexiven Prozeß. Biographisierungsprozesse und damit eine Situierung in der Zeit und v.a. auch in der Zukunft werden wichtiger, weil die Normalbiographie an Geltung verliert. Dies erhöht auch im Hinblick auf die Zeitdimension die Komplexität der Identitätsbildung. Alltägliche Situationen werden potentiell hochrelevant für die Identität (vgl. Voß, 1991). Die situative Disparatheit wird noch verstärkt durch die unterschiedlichen Zeitlogiken der einzelnen Lebenswelten. Sie sind nur noch schwer zu synchronisieren, weil es dafür keine verbindlichen Modelle mehr gibt. In dem Maße, wie der einzelne Disparates verbinden will, muß er es selbst tun, ohne daß er dafür normativen Rückhalt hätte. Hinzu kommt eine ungeheure temporale Innovationsverdichtung. "In einer dynamischen Zivilisation nimmt die Menge der Zivilisationselemente zu, die noch gegenwärtig sind, aber über die sich schon die Anmutungsqualität der Gestrigkeit oder Vorgestrigkeit gelegt hat. Anders ausgedrückt: In einer dynamischen Zivilisation nimmt die Ungleichzeitigkeit des Gleichzeitigen zu" (Lübbe, 1995, S. 56). Und zugleich steigt der Zeitdruck zur individuellen Bearbeitung der Ungleichzeitigkeit. Auch dies befördert den Prozeß der Individualisierung. Denn angesichts nicht mehr kanonisch festgelegter Wissensbestände wächst der Differenziertheitsgrad dessen, was Individuen sich an Wissensbeständen aneignen. Nicht nur die Kanonisierung von Modellen individueller Biographien findet ihr Ende, den individuellen Wissensbeständen widerfährt das gleiche. Damit wird es immer schwerer, die Gesellschaft in toto und über einen längeren Zeitraum auf das Neue zu verpflichten[4]. Ironischerweise gewinnen in einer solchen Situation wieder Modelle an Bedeutung, die eine hohe Geltungsstabilität bewiesen haben. Konsequenz ist die Wiederbelebung von gesellschaftlichen Diskursen über Themen wie z.B. Nation, Boden, Heimat. Wo der einzelne Schwierigkeiten hat, sich aktuell zu definieren, kann er sich seiner selbst vergewissern, indem er sich etablierter Narrationen bedient[5]. Der Rekurs auf traditionale Diskurse heißt allerdings nicht unbedingt, daß die Modelle gelebt werden, sondern lediglich, daß sie als gesellschaftliche Referenzpunkte dienen in einem Maße, wie das neuere, aber nur partiell rezipierte Entwicklungen nicht leisten können. In einer gesellschaftlichen Situation, geprägt vom *disembedding*, der "Herauslösung sozialer Beziehungen aus lokalen

---

4 Entsprechende Beobachtungen kann man im politischen Raum machen, wo es für die "großen Volksparteien" immer schwerer zu werden scheint, eine Programmatik zu entwickeln, die breite Interessen der Bevölkerung über einen längeren Zeitraum und nicht nur punktuell bündeln könnte.

5 Dies kann z. B. per Ahnenforschung geschehen. So könnte ich mir etwa das "Kraus-Familien-Weltbuch" bestellen, das, wie mir der Werbebrief verheißt, den internationalen Stammbaum der Kraus-Familien von Amerika bis Wales enthält.

Kontexten und ihrer Rekombination über unbeschränkte Raum/Zeit-Entfernungen" (Giddens, 1991a, S. 242), müssen die Individuen den Umgang mit Multiperspektivität lernen.

> Zusammensetzen und wieder trennen, die alltägliche Erzeugung von Flickwerk, ist an die Stelle des biographischen Lebensentwurfes getreten. Lebensstile anzunehmen, auszutauschen, neu zusammenzustellen, setzt eine enorme Integrationsleistung voraus, die unter ständigem Innovationsdruck hervorgebracht werden muß. Sie kann nur in einer Pluralität von Zeiten geleistet werden. (Nowotny, 1995, S. 99)

Solche gesellschaftlichen Voraussetzungen lassen "die Ausbildung von Identität" als im Kern abschließbare Erledigung einer epigenetischen Entwicklungsaufgabe nicht mehr zu. Identität wird vielmehr zu einer Metapher für ein Prozeßgeschehen. Das Individuum entwickelt Identitätsprojekte und versucht sodann, sich *im Verhältnis* zu ihnen zu realisieren. Das Projekt gibt also nicht mehr ein isoliertes Ziel vor, auf das ich mich zubewege. Es benennt bloß mehr eine Wegmarke, die einem - wie ein biographisch weithin sichtbares Zeichen - als Bezugspunkt dienen kann[6]. Die Erfahrung von Identität vermittelt sich dem Akteur in der Prozessualität, und dies auf zweifache Weise. Zum einen unter der Perspektive der Handlung, indem er sich zu einem Identitätsziel ins Verhältnis setzt und zum anderen unter der Perspektive der Anerkennung als in der sozialen Beziehung Wahrgenommener.

Der Entwurf in eine Zukunft hinein wird so zu einer gegenwartsentlastenden Strategie, nicht im Sinne einer Flucht, sondern im Sinne eines Fluchtpunktes, auf den hin sich die disparaten situativen Selbste orientieren. Kohli (1988, S. 40) spricht von der Emergenz als kulturellem Prinzip. Sie besteht in der Anregung oder gar Verpflichtung, sein Leben *teleologisch* zu ordnen, d.h. auf einen bestimmten biographischen Fluchtpunkt hin (das verwirklichte Selbst, die entfaltete Lebensstruktur); und (damit verwandt) in einer *narrativen* Erfahrungsstruk-

---

6 So kann etwa das Projekt "Partnerschaft" das Ziel Heirat benennen. Identitätsstrategisch geht es dann allerdings nicht mehr unbedingt darum, tatsächlich zu heiraten, sondern sich zu diesem Projektziel ins Verhältnis zu setzen und narrativ eine der vielen sozial möglichen Realisierungen von Verheiratetsein, 'so gut wie' verheiratet zu sein und nicht verheiratet zu sein, zu verhandeln.

tur, in der das eine aus dem anderen folgt, also einer Sequenz- bzw. Entfaltungslogik gehorcht. Er insistiert auf der gesellschaftlichen Institutionalisierung und deshalb Orientierungswirksamkeit dieses Prinzips, auch wenn es sich dabei, wie Bourdieu (1986) meint, um eine "Illusion" handeln mag.

Wenn wir diese These akzeptieren, dann stellt sich unter der Perspektive einer individualisierten Gesellschaft die Frage, wie die Individuen diese Aufgabe einlösen können, wie sie also Zerrissenheitserfahrungen in einer Entfaltungslogik erzählen können, wenn die konkreten Ausformungen dafür immer weniger verfügbar sind. Dies geschieht, so meine Überlegung, in der Narration einer Identität als Projekt. Dessen Entwurf und Realisierung gehorcht nicht mehr einem teleologischen Prinzip, das über einen ganzen biographischen Bogen wirksam wäre; das Projekt ist vielmehr ein Produkt individueller Identitätsstrategie mit einer "mittleren" Reichweite. Eine "Identität als Projekt" bannt den Horror der leeren Zukunft und "nordet" die Splitter des aktuellen Selbst zumindest temporär.

6.2 Identität als Projekt

Das Konzept des *Identitätsprojektes* (Harré, 1983; Tesch-Römer, 1990) kann zur Beschreibung dieser identitätsstrategischen Fluchtpunkte in der Zukunft dienen. Mit der Verwendung des Projektbegriffes wird eine Analyseeinheit bezeichnet, die nicht nur einzelne Facetten der Zukunftsvorstellungen umfaßt, sondern sich auf Zukunftsvorstellungen als komplexe Selbstentwürfe bezieht. Es geht also nicht um den einen oder anderen Teilaspekt, sondern um das Selbst in seiner Projektion, mindestens aber um wesentliche lebensweltliche Bereiche der Selbsterfahrung und -verwirklichung wie z.B. Arbeit, Familie, Freundeskreis. Guichard (1993) spricht vom Projekt als einer fundamentalen Kategorie des 20. Jahrhunderts, die in der Seinsphilosophie mit den Namen Heidegger und Sartre verbunden ist. In der zweiten Hälfte dieses Jahrhunderts ist der Begriff in eine Vielzahl von Bereichen des Alltagslebens eingesickert (ROPS, 1992). Der Begriff des Projekts bezeichnet zunächst eine Handlung, die in der Zukunft situiert ist. Insofern ist die Zukünftigkeit ein wesentliches Merkmal von Projekten.

Diese durch Handlung intendierte Zukunft gibt der Gegenwart und der Vergangenheit eine Bestimmung. Sie stellt ein immer wieder neues Lesen von Vergangenheit und Gegenwart dar (Boutinet, 1990, 1993; Leroy, 1993). Guichard unternimmt den Versuch, das Eriksonsche Modell der Identitätsbildung im Lichte dieses Projektbegriffes zu betrachten. Danach ist die Identitätsbildung im Endeffekt die Konstruktion von Bildern des Selbst in der Zukunft (Guichard, 1993, S. 62), eine Überlegung, die in großer Nähe zu den Überlegungen von Markus u.a. steht.

Voraussetzung für die Formulierung von Identitätsprojekten ist allerdings, daß die Akteure sich in einem gewissen Maß aus ihrer situativen Verstrickung befreien und über ein gewisses Maß an *Autonomie* verfügen können. Die Frage, wie real und umfassend diese Autonomie ist, ist Gegenstand eines komplexen Evaluationsprozesses. Projekt und kognitive Repräsentation stehen in einem engen Zusammenhang. Das Projekt wird entworfen vor dem Hintergrund der gedanklichen Vorstellungen über Zukunft, die wiederum durch die Projekte bestimmt sind. Das Projekt entwickelt sich in der Realisierung. Es ist wesentlich mehr als ein bloßes Ziel, das es zu erreichen gilt. Vielmehr wird dieses Ziel im Laufe der Realisierung ebenso wie die Ziel-Mittel-Beziehung zum Gegenstand kontinuierlicher Evaluationen mit Bezugnahme zu Zukunft, Gegenwart und Vergangenheit.

Ein Identitätsprojekt ist *weder Utopie noch ein bloßes "Lust haben"*. Solche Projekte setzen voraus, daß "das Individuum in gewissem Maße nicht nur über die einzusetzenden Mittel, sondern auch über die seiner Intention zugrundeliegenden Motive reflektiert hat" (Guichard, 1993, S. 18). Die Reflexion über die eigene Intention hat zwei Aspekte, zum einen den aktuellen Wert in der Gegenwart und zum anderen die Gültigkeit für die Zukunft. "Ist es wirklich das, was ich will?" einerseits und: "Werde ich das in der Zukunft auch noch gewollt haben?" andererseits. Insofern stellt jedes Projekt die Frage nach der Identität des Subjektes und nach dem Sinn menschlicher Existenz. Der Begriff des Identitätsprojektes verweist zum einen auf das Abwesende, Noch-nicht-Seiende und damit auf den Wunsch. Zum anderen basiert das Projekt auf der Individualisierung, denn indem sich die Singularität eines Projektes manifestiert, verweist es auf eine Konkordanz mit dem individuierten Subjekt. Wenn diese beiden Vorstellungen *nicht* korrespondieren, muß das Projekt notwendig seine operative Funktion verlieren (Boutinet, 1990, S. 94).

Identitätsprojekte sprechen nicht nur über die Zukunft, sondern auch über die Vergangenheit und Gegenwart. Das bedeutet, daß sich in einem Projekt nicht nur ein zukünftiges Selbst manifestiert, sondern wesentlich auch ein zukünftiges Selbst in seiner Beziehung zu der gegenwärtigen und vergangenen Erfahrung des Selbst. Weiterhin stellen Identitätsprojekte auch eine Situierung am Horizont der Möglichkeiten dar. Indem ich die eine Wahl treffe, verwerfe ich andere Wahlmöglichkeiten. Damit sagt die Wahl auch etwas über dieses andere Verworfene. Insofern sind Zukunftsprojekte auch *Kommentare über das Nicht-Gewünschte*, Nicht-Gewollte, Nicht-Sagbare, wie es Markus u.a. etwa in der Kategorie der "befürchteten" Possible Selves zu fassen suchen. Vieles von diesem Nicht-Gewünschten ist wohl auch deshalb nicht sagbar, weil es in einem präkognitiven Zustand vorliegt. Denkbar ist allerdings auch, daß sich solche Projektentscheidungen als Willkürakte vollziehen, die erst nachträglich über die narrative Präsentation von Notwendigkeitsszenarien plausibilisiert werden. Jeudy (1993) verweist auf die Funktionalität von solchen Notwendigkeitsnarrationen dafür, den permanenten Entscheidungszwang zu minimieren.

Eine weitere Funktion des Projektes besteht in der *Versöhnung von Widersprüchen* (Leroy 1993, S. 74): Die Widersprüche der Gegenwart werden durch die Verheißung einer kohärenten Zukunft lebbar. Dies zeigt sich etwa am Beispiel der "Success Stories" (vom Tellerwäscher zum Millionär), in denen als Ideologiediskurs die Möglichkeit von Projekten trotz einer möglichkeitsarmen Gegenwart betont wird. Was also aktuell unmöglich erscheint, wird reifiziert durch ein Insistieren auf dem *Prozeß* der Versöhnung, wobei das Ergebnis dieser Versöhnung im Projekt imaginiert ist. Insofern scheint im Projektbegriff ein Strategiepotential auf für die Bewältigung von situativen Erfahrungen der Inkohärenz.

Der Projektbegriff schlägt eine Brücke in den Bereich der mentalen und symbolischen Präsentation hinein. Denn das Wesen des Projektes ist zwar die Handlung, aber zu seiner Materialisierung braucht es die Sprache. In der Sprache, der Selbst-Narration des Subjekts (Gergen & Gergen, 1988), erscheint das Identitätsprojekt dann als eine operative Repräsentation einer möglichen Zukunft.

Dabei handelt es sich um zwei Vorstellungen, zum einen um das Projekt als Nicht-Seiendes und zum anderen um die Vorstellung des Selbst als dazu ins Verhältnis Gesetzten. Insofern dient das Identitätsprojekt als ein *diskursiver Referenzpunkt*. Indem das Projekt abgearbeitet wird, positioniert sich das Selbst ständig neu und evaluiert die Beziehung zwischen Selbstrepräsentation und kognitiver Repräsentation des Projektes. Diesen Prozeß der Abarbeitung kann man mit Camilleri (1990) als "Identitätsstrategie" bezeichnen, d.h. die Summe von Operationen, die in einer dynamischen Beziehung zu einem zukünftigen Selbst vom Individuum angewendet werden, mit dem Ziel, die Beziehung zu diesem zukünftigen Selbst so eng und gehaltvoll wie möglich zu gestalten. Die Operationen können psychischer Natur sein (z.B. Verdrängung) oder auch aus Handlungsvollzügen bestehen. Der Strategiebegriff geht hier also über die kognitive Ebene weit hinaus. Zudem ist zu betonen, daß diese Strategien nicht notwendig diskursiv begründet und repräsentiert werden. Sie können auch zur Anwendung kommen, ohne sprachlich für das Subjekt verfügbar zu sein.

In Anlehnung an Camilleris Überlegungen läßt sich eine Trias von Ich, sozialem Gegenüber (*alter*) und Projekt entwerfen, die durch den Kampf um Anerkennung ihre situative wie prospektive Dynamik erhält. Nach Camilleri vollzieht sich die Identitätsbildung in der Spannung zwischen Selbstbild und Fremdbild. In diesem Spannungsfeld geht es dem Subjekt wesentlich um die soziale Anerkennung. Dieses Ziel wird zum einen situativ evaluiert und verfolgt, zum anderen aber auch prospektiv, zukunftsbezogen. Denn das situative Ergebnis dieses Prozesses muß prospektiv gesichert, optimiert oder umgekehrt werden, je nachdem wie die situationsbezogene Evaluierung durch das Individuum ausfällt. Das Modell geht davon aus, "daß es Disparitäten zwischen ... dem öffentlich gezeigten Selbstbild und privaten Bestrebungen geben kann. Diese Widersprüche legen die Möglichkeit von Projekten nahe, deren Realisierung solche Disparitäten lindert und auflöst" (Harré, 1983, S. 44f.).

Die Erfahrung der Kohärenz über verschiedene Lebenswelten hinweg ist ein kognitiver Prozeß, der vermittelt ist durch Sprache und Handeln. Kohärenz in diesem Sinne ist also zum einen Produkt eines Diskursgeschehens und sie ist zum anderen eine Strukturierungsleistung, die das Selbst im alltäglichen Handeln erbringt und erfährt. Die Qualitäten von Kohärenz sind sehr unterschied-

167

lich, je nachdem welche Identitätsstrategien das Subjekt gewählt hat (vgl. Camilleri, 1990). Der Kohärenz*bedarf* hängt zum einen vom Subjekt ab und zum anderen von der gesellschaftlichen Epoche. In dem Maße wie Gesellschaft nicht mehr kohärenzstützende und -sichernde Biographien und Rollenmodelle bereitstellt, wird die Kohärenzlast für das Individuum größer.

Abbildung 3: Das Identitätsprojekt als Fluchtpunkt für die Identitätsstrategien im Kampf um Anerkennung

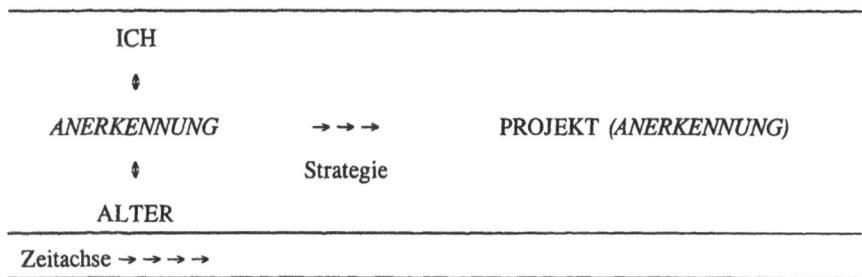

6.3 Narrative Identität

Die Konstruktion des Selbst geschieht in Geschichten. "Ein Selbst ohne eine Geschichte schrumpft auf die Dünnheit seines Personalpronomens zusammen" (Crites, 1986, S. 172). Was das Subjekt an Identitätsprojekten formuliert, wie es sie mit sich und anderen verhandelt, all dies findet in Narrationen statt. Diese Narrationen unterliegen Formgesetzen und sind Gegenstand sozialer Einbettung. "Das primäre Medium, in dem Identitäten erschaffen werden, ist nicht bloß linguistisch, sondern ein Text: Personen werden weitgehend Identitäten zugeschrieben entsprechend ihrer Einbettung in einen Diskurs - in ihren eigenen oder in den Diskurs anderer. Auf diese Weise versorgen kulturelle Texte ihre "Bewohner" mit den Ressourcen für die Ausbildung von Selbsten. Sie breiten eine Palette von Befähigungspotentialen aus und parallel dazu einen Satz von Begrenzungen, über die hinaus Selbste nicht leicht entwickelt werden können" (Shotter

& Gergen, 1989, S. IX). Identität ist so wesentlich eine relationales Geschehen. Sie entsteht als eine "Art unabgeschlossener Raum ... zwischen einer Reihe von Diskursen" (Hall, 1991, S. 10). Diese Vorstellung von Identität schließt den Begriff eines authentischen, wahren oder "realen" Selbst aus. Sie benennt vielmehr einen Platz, von dem aus das Individuum die vielfältigen und oft widersprüchlichen Facetten seines Selbst ausdrücken kann (Bhavnani & Phoenix, 1994, S. 9).

> Die Ausbildung der eigenen Identität kann nicht nur als blinde Übernahme sozialer Angebote verstanden, sondern muß immer auch als ein innovativer und individueller Vorgang aufgefaßt werden. Und genau aus diesem Grund kann man ... das narrative Modell von personaler Identität vor anderen Modellen favorisieren, insofern ... es erlaubt, die Aspekte der Individualität und Innovativität in den Begriff der personalen Identität mit einzubeziehen. (Meuter, 1995, S. 244)

Dieses Konzept einer formbaren, sozial vermittelten, *narrativen* Identität hebt sich ab von anderen, traditionelleren Darstellungen der persönlichen Identität. Sie hatten "... persönliche Identität als etwas betrachtet, was der Erreichung eines bestimmten Bewußtseinszustandes verwandt ist. Das reife Individuum ist danach eines, welches ein stabiles Selbstgefühl oder eine feste Identität 'gefunden', 'kristallisiert' oder 'realisiert' hat. Im allgemeinen wird dieser Zustand als höchst positiv bewertet und ist er einmal erreicht, können Varianz oder Inkonsistenz in jemandes Verhalten minimiert werden" (Gergen & Gergen, 1988, S. 36).

Demgegenüber betonen die Ansätze zur narrativen Identität die Offenheit und Unabgeschlossenheit des Sich-Erzählens. Kohärenz und Kontinuität müssen immer wieder von neuem erkämpft werden. "Manche, so scheint es, haben dabei mehr Erfolg als andere. Niemand ist völlig erfolgreich. Wir versuchen es weiter. Was wir tun, ist, uns und anderen wieder und wieder die Geschichte davon zu erzählen, was uns beschäftigt und wer wir sind" (Carr, 1986, S. 97). Der Begriff einer *narrativen Identität* (Ricoeur, 1991; Kerby, 1991; Meuter, 1995) beschränkt sich zudem nicht allein auf das Subjekt. Er "zeigt seine Fruchtbarkeit weiter darin, daß er nicht bloß aufs Individuum, sondern auch auf die Gemeinschaft anwendbar ist" (Ricoeur, 1991, S. 397).

6.3.1 Das Identitätsprojekt als Narration

Die Identitätsprojekte als wesentlicher Aspekt der identitätsstrategischen Bewegungen des Subjektes können als Selbst-Narrationen verstanden werden (Gergen & Gergen, 1988). Das Individuum vermittelt sich und anderen diese Projekte mit sprachlichen Mitteln. Narrativ setzt es sich in Beziehung zur realen Welt. Das Konzept eines narrativen Selbst ist insbesondere in der *narrativen Psychologie* entwickelt worden (Sarbin, 1986; Gergen & Gergen, 1988; Bruner, 1990). Die narrative Psychologie geht davon aus, daß wir uns nicht nur in der alltäglichen Interaktion in Geschichten, Erzählungen darstellen, sondern daß wir unser ganzes Leben und unsere Beziehung zur Welt als Narrationen gestalten (Mancuso, 1986). "Wir träumen narrativ, tagträumen narrativ, erinnern, antizipieren, hoffen, verzweifeln, glauben, zweifeln, planen, revidieren, kritisieren, konstruieren, klatschen, hassen und lieben in narrativer Form" (Hardy, 1968, S. 5). Narrationen sind in soziales Handeln eingebettet. Sie machen Ereignisse sozial sichtbar und dienen dazu, die Erwartung zukünftiger Ereignisse zu begründen. Insofern können individuelle Zukunftsprojekte als Narrationen über die Zukunft des Selbst betrachtet werden. In dem Maße, wie Ereignisse narrativ verhandelt und wahrgenommen werden,

> ..werden [sie] mit dem Sinn einer Geschichte aufgeladen. Ereignisse bekommen die Realität eines "Anfangs", "eines Höhepunktes", eines "Tiefpunktes", eines "Endes" usw. Die Menschen agieren die Ereignisse in einer Weise aus, daß sie und andere sie auf eben diese Weise einordnen. ... So leben wir also auf signifikante Weise durch Geschichten - sowohl durch das Erzählen als auch durch das Handeln des Selbst. (Gergen & Gergen, 1988, S. 18)

Die Geschichten, die wir erzählen, sind keine individuellen Besitztümer, sondern als Produkte des sozialen Austausches zu verstehen. Insofern sind Identitätsprojekte als Narrationen auch nicht die Kopfgeburten von einzelnen, sondern sie gründen im sozialen Austausch und verwenden Erzählformen und Erzählinhalte über individuelle Zukunft, die sozial vermittelt sind. Das heißt nicht, daß es in der Verwendung keine Spielräume und Möglichkeiten der Gestaltung gibt. Aber es heißt, daß diese Freiheitsgrade relational genutzt werden in Beziehung zu den sozial vermittelten Narrationen des Selbst. Gergen & Gergen

(1988), an deren Konzept ich mich im folgenden orientiere, betonen den relationalen Charakter einer narrativen Identität.

> Was als individuelle Charakterzüge, mentale Prozesse oder persönliche Charakteristika gedient hat, kann auf vielversprechende Weise als Grundlage relationaler Formen betrachtet werden. Die Form dieser Relationen ist die einer narrativen Sequenz. So werden wir ... feststellen, daß das individuelle Selbst nahezu in der Beziehungswelt verschwunden ist. (Gergen & Gergen, 1988, S. 18)

Die Art und Weise, in der das Individuum selbst-relevante Ereignisse auf der Zeitachse aufeinander bezieht, bezeichne ich als *Selbst-Narration* (Gergen & Gergen, 1984). Damit versucht das Individuum, kohärente Verbindungen zwischen einzelnen Lebensereignissen herzustellen (Kohli, 1981). Diese werden dadurch verstehbar, daß sie in einer Sequenz oder einem Entfaltungsprozeß lokalisiert werden. Situative Identitäten sind (Zwischen-)Ergebnisse in einer Lebensgeschichte. Selbst-Narrationen bleiben nicht stabil, sondern bilden und verändern sich in sozialen Aushandlungsprozessen. Man kann sie als ein linguistisches Werkzeug betrachten, das von Individuen in Beziehungen konstruiert und verwendet wird, um verschiedene Handlungen zu stützen, voranzutreiben oder zu behindern. Sie sind symbolische Systeme, die für Rechtfertigung, Kritik und/oder die Produktion von Kohärenz verwendet werden.

Wie eine Selbst-Narration sozial bewertet wird (z. B. als wahr, plausibel, unwahrscheinlich, ehrlich usw.), hängt wesentlich von ihrer Konstruktion ab, d. h. davon, ob sie die sozialen Konventionen über die Konstruktion "plausibler Geschichten" berücksichtigt. Wenn wir nicht unverständlich sein wollen, können wir die Regeln für "richtige Geschichten" nicht brechen. Wie wahr oder plausibel eine Narration wirkt, ist keine Frage der Objektivität. Wahrheit wird vielmehr ebenfalls narrativ konstruiert durch die Verwendung von Erzählkonventionen einer spezifischen Kultur oder Subkultur. Dies ist im übrigen eine Erkenntnis, die schon der klassischen Rhetorik zu verdanken ist (Göttert, 1994) und von dieser Tradition ausgehend in den letzten Jahren auf vielfältige Weise in den Sozialwissenschaften diskutiert worden ist (vgl. Simons, 1989). Danach ist Objektivität ein narratives Konstrukt. Auch die Beziehung der Ereignisse untereinander ist narrativ konstruiert. Sie ergibt sich aus der Definition eines Zielzustandes. Die wiederum ist eine Wertentscheidung und nicht objektiv. Zur Analyse dieser Erzählkonventionen liegen eine Vielzahl von Veröffentlichungen vor (Ricoeur, 1988, 1989, 1991; vgl. für die Literaturwissenschaften: Frye, 1957; und für die Sozialwissenschaften: Labov, 1981; Mandler, 1984). Als Quintessenz dieser Diskussion benennen Gergen & Gergen (1988) folgende notwendigen Charakteristika einer *wohlgeformten Narration* in der westlichen Kultur.

a) Ein *sinnstiftender Endpunkt.* Es bedarf eines Zieles, das typischerweise wertgesättigt und entweder wünschenswert oder unerwünscht ist. "Eine Narration erfordert einen evaluativen Rahmen, in dem guter oder schlechter Charakter zu einem unglücklichen oder glücklichen Ende führt" (MacIntyre, 1981, S. 456). Diese erste Regel führt sofort ein nicht-objektives Merkmal ein und zeigt damit auch auf, wie Variationen innerhalb der Narrationstypen zustandekommen. Denn mit der Bandbreite dieser Ziele ist auch eine Vielzahl von verschiedenen Geschichten innerhalb des gleichen Typus möglich. Was als angemessener Endpunkt akzeptiert wird, bestimmt sich aus den gemeinsam akzeptierten Werten der Interaktionspartner.

b) Die Einengung auf *relevante Ereignisse.* Mit dem Zielpunkt ist auch das Kriterium vorgegeben, nach dem entschieden werden kann, ob ein Ereignis wichtig oder unwichtig ist für die Realisierung eines Identitätsprojektes. Die Myriade von möglichen Ereignissen wird stark eingeschränkt durch die Definition eines Zielzustandes. Das *Identitätsprojekt* stellt also nicht nur selbst eine Wahl zwischen einer Vielzahl möglicher Projekte dar, sondern es schränkt auch die Sicht auf den Weg zu seiner Realisierung erheblich ein auf Ereignisse, die mehr oder weniger "zielführend" sind.

c) Die *narrative Ordnung der Ereignisse.* Die am meisten akzeptierte gesellschaftliche Konvention ist die der linearen temporalen Sequenz ("eins nach dem anderen"). Narrative Ordnungen können erheblich davon abweichen, allerdings auf der Basis des Wissens, daß diese Erwartung einer zeitlichen Linearität als gegeben vorausgesetzt werden kann.

d) Die *Herstellung von Kausalverbindungen.* Nach westlichen Standards ist die ideale Narration eine, in der die Ereignisse bis zum Zielzustand kausal verbunden sind. Jedes Ereignis sollte ein Produkt eines vorangegangenen sein. In dem Maße, wie Ereignisse innerhalb einer Narration in einer interdependenten Form verbunden werden, nähert sich die Darstellung einer wohlgeformten Narration. Entsprechendes gilt für die Realisierung von Teilschritten eines Identitätsprojektes. Ein Identitätsprojekt ist dann *wohlgeformt*, d.h. plausibel und realitätsnah, wenn der Übergang von einem Teilprojekt zum anderen einer kausalen Logik gehorcht, ihr zumindest nicht widerspricht. Wenn also ein Teilprojekt nicht zwingend aus einem anderen folgt, so darf es doch zumindest nicht in einem kausalen Widerspruch zu ihm stehen und muß in jedem Fall in die Kausallogik des Gesamtprojektes eingebunden sein.

e) *Grenzzeichen.* Die meisten ausgeformten Geschichten verwenden Anfangs- und Endzeichen. Sie "rahmen" die Narration durch verschiedene regelgeleitete Formulierungen, die das Betreten und Verlassen der "Erzählwelt" anzeigen (z. B. "das war so: ..").

In der alltäglichen Diskurswelt werden diese Kriterien einer wohlgeformten Narration in der Regel *nur unvollkommen* erfüllt. Je mehr sie allerdings erfüllt werden, desto größer ist die Glaubwürdigkeit einer Geschichte. Es ist zu betonen, daß diese Elemente selbst soziale Konstrukte sind und insofern auf gesellschaftliche Entwicklungen reagieren. Dies zeigt sich insbesondere am künstlerischen Umgang mit den Erzählkriterien. So zeichnen sich etwa postmoderne Erzählungen dadurch aus, daß sie Erzähllogiken durchbrechen, auf die genaue Benennung des Erzählzieles und seine Evaluation verzichten und die unendliche Kontingenz von Ereignissen betonen (vgl. McHale, 1987).

6.3.2 Variationen in der narrativen Form

Wenn verschiedene Erzählsequenzen in einer Kultur allgemein geteilt werden, dann beginnt ein Archiv möglicher Selbste zu entstehen. Vermutlich gibt es innerhalb einer Gesellschaft nur eine begrenzte Anzahl von Handlungstypen, von denen alle Geschichten abgeleitet werden. Zwar könnten die Subjekte sich sehr

173

wohl individuell erzählen, aber der Typus ihrer Narration würde einem begrenzten gesellschaftlichen Fundus entstammen[7]. Die Suche nach solchen Narrationstypen beschäftigt die Literaturwissenschaften seit langem. Allerdings sind die dort gefundenen Typen von Narrationen für die Narrationspsychologie wenig hilfreich, wenn sie auch durchaus als Startpunkt für eigene Überlegungen dienen können. Sie transportieren nämlich einen normativen Anspruch auf Wohlgeformtheit, den Alltagsnarrationen in den seltensten Fällen erfüllen können. Frye (1957) etwa unterscheidet vier Grundformen der Erzählung in unserem Jahrhundert: Komödie, Romanze, Satire und Tragödie. Campbell (1956) wiederum formuliert die These, daß es einen in einer unbewußten Psychodynamik begründeten *Monomythos* gibt, der als Muster für eine Vielzahl von Erzählungen dient. Sie handeln in der Regel vom Helden, der nach einer Reihe von Prüfungen zu einem tiefen Verständnis der menschlichen Existenz gelangt.

Für die Sozialpsychologie haben Gergen & Gergen (1988) diese Überlegungen erweitert. Sie verstehen die Entwicklung der Geschichte durch das Subjekt als linearen Verlauf, der durch kontinuierliche oder episodische Evaluationen in Bezug auf das Narrationsziel seine Richtung erhält. Auf einer sehr allgemeinen Ebene lassen sich *drei Formen der Selbst-Narration* unterscheiden. In der *Stabilitäts-Narration* bleibt das Individuum im wesentlichen durch den Gang der Ereignisse in seiner evaluativen Position unverändert. Im Kontrast dazu stehen als zweite Form die *progressiven* und als dritte Form die *regressiven* Narrationen, in denen sich die Position des Individuums auf der Evaluationsdimension über die Zeit verändert. Diese drei Typen spiegeln die Grundfrage jeder Identitätsentwicklung wider, nämlich sich zu ändern und dabei doch gleich zu bleiben, ein anderer zu werden und sich doch kohärent, identisch erzählen zu können. Theoretisch kann man sich unendliche viele Formen vorstellen. Diese werden jedoch in der Praxis kaum zu finden sein. Denn aus Gründen sozialer Nützlichkeit, ästhetischer Erwünschtheit und linguistischer Möglichkeit wird sich eine Kultur auf ein eingeschränktes Repertoire beschränken. Blickt man aus der Perspektive dieser drei Typen auf die Fryesche Typologie, so bezeichnet die Tra-

---

7 so, wie es den Typus des Kriminalromans gibt und eine Unzahl von sehr unterschiedlichen Konkretionen dieses Typus.

gödie die Geschichte des raschen Falles von jemandem aus einer hohen Position, also eine regressive Narration. In Komödie und Romanze dagegen folgt auf eine regressive Narration eine progressive. Mündet die progressive Narration in eine Stabilitätsgeschichte, so ergibt sich das klassische Ende vieler Märchen: "Und wenn sie nicht gestorben sind, ..." Auch die Jugendphase wird oft so erzählt, nämlich als stürmische Zeit, auf die eine Phase der Ruhe auf dem Erwachsenen-Plateau folgt. Ein rascher Wechsel von Progression und Regression führt zur romantischen Saga des Lebens als Kampf, als beständigem Auf und Ab. Dieser Typus der Narration findet sich oft in Gestalt der Biographien "großer" Männer und Frauen. Dort wird er noch unterlegt mit einem progressiven Grundstrom: Wiewohl das Leben der ProtagonistInnen ein Auf und Ab war, ist es "unter dem Strich" doch in ganz hohem Maße aufwärts gegangen.

Eine *weitere Quelle der Variation* ergibt sich unter der Perspektive der *Dynamik* einer Selbst-Narration. Sie hängt wesentlich von ihrer dramatischen Qualität ab. Wo nichts passiert, gibt es nichts zu erzählen. Für das, was passieren kann, gibt es ebenfalls Erzählkonventionen. Zu unterscheiden sind "drei grundlegende Arten von Schwierigkeiten", die einer Erzählung Dynamik verleihen: Komplikation, Hindernis und Gegenabsicht (Vale, 1988, S. 140f.). Ihre narrative Qualität ist unterschiedlich. Die *Komplikation* ist zufälliger Natur (z.B. ein verspäteter Zug). Sie eignet sich kaum für die Sinngebung in einem Erzählbogen. Gleiches gilt für das *Hindernis*, d.h. irgend etwas objektiv Vorhandenes (z.B. ein Berg). Man kann sich daran abarbeiten, mehr nicht. Dagegen ist die *Gegenabsicht* das narrative Mittel, welches die Erzählung dynamisiert. Sie kann in den konträren Absichten einer anderen Person bestehen (Widersacher). Aber es ist auch denkbar, daß in einer Selbst-Narration widersprüchliche Ziele verhandelt werden im Sinne des oben diskutierten faustischen Selbst mit den zwei Seelen in seiner Brust. Narrationstheoretisch spricht man auch von "Oppositionen" (Stanzel, 1991).

Die dramatische Qualität eines Ereignisses ist allerdings *keine Qualität des Ereignisses selbst*, sondern abhängig von seiner Position innerhalb einer Narration. Die Redewendungen: "Aus der Mücke einen Elephanten machen" oder: "So tun, als ob nichts gewesen wäre" verweisen pointiert auf die diskursive Konstruktionsarbeit, die notwendig - und möglich - ist, um die dramatische

Qualität einer Narration zu verstärken oder abzuschwächen. Nicht die Ereignisse selbst bewirken diese Qualität, sondern die Beziehung zwischen Ereignissen.

Die *dritte Möglichkeit zur Variation* besteht in der Manipulation der Temporalität, z.B. durch die Beschleunigung innerhalb der regressiven Narration: Es geht immer schneller bergab. Auch ein Wechsel der Richtung oder der evaluativen Beziehung zwischen Ereignissen ("kurz vor dem Ziel ...") führt zu einer dramatischen Entwicklung. Spannung und Gefahr entstehen ebenfalls nicht durch isolierte Ereignisse, sondern daraus, daß diese Ereignisse in eine Geschichte eingebettet sind. Sie sind deshalb die Ergebnisse antizipierter Narrationsverläufe.

6.4 Das narrative Selbst

Wenn die verfügbaren Formen einer Narration des Selbst gesellschaftlich bedingt und begrenzt sind, dann ist die Frage, was das für das individuelle Selbst bedeutet. Denn um verständlich zu sein, müssen die Geschichten des Selbst allgemein akzeptierte Regeln der narrativen Konstruktion verwenden. Diese narrativen Konstruktionen in breitem kulturellem Gebrauch bilden ein Set von "Ready Made"-Verständlichkeiten; im Endeffekt bieten sie eine Reihe von Möglichkeiten für die Konstruktion des Selbst. Die Zahl möglicher Geschichten ist nur theoretisch unendlich groß. Für jede Kultur ist davon auszugehen, daß in ihr einige Formen von Geschichten wesentlich häufiger verwendet werden als andere. "Der Gebrauch von Sprache bedingt Identitätskrisen und ihre Lösung" (Neubauer, 1994, S. 125). In dem Maße, wie Identitätsprozesse von der Sprache bedingt sind, sind auch ihre Bezugsdimensionen sprachlich vermittelt. So sind in unserer Gesellschaft etwa Selbst-Narrationen, die *ausschließlich* von Gleichheit, Konstanz und Zirkularität handeln, weitgehend suspekt. Auch ein fades Leben will dynamisch erzählt werden. Denn sozial höher bewertet werden Selbst-Narrationen mit einer hohen Dynamik von Auf- und Abstieg, Kampf und Sieg.

Dies würde bedeuten, daß ungeachtet der realen Biographie solche Narrationen öfter vorkommen müßten, eine These, die sich in einer Untersuchung von Gergen & Gergen für die Adoleszenz empirisch bestätigen ließ. Die Jugendlichen verwenden das Modell der Progression nach einer Krise und füllen es je nach individueller Biographie mit Fakten von höchst unterschiedlichem "Gewicht".

Im Endeffekt scheint die Krise der Adoleszenzperiode nicht einen einzigen objektiven Faktor zu reflektieren. Vielmehr scheinen die Teilnehmer diese gegebene narrative Form zu nutzen und die Fakten einzusetzen, mit denen sich diese Wahl begründen läßt. (Gergen & Gergen, 1988)

Dieses Auffüllen der Narrationsform mit biographischem Material ist, wie Cross & Markus (1991, S. 232) betonen, selbst ein anspruchsvoller Prozeß der Evaluation und der Rekalibrierung von Anspruchsniveaus. Das *narrative Glätten* (narrative smoothing) hat Prozeßcharakter und geschieht in einem andauernden sozialen Evaluationsprozeß (Spence, 1986).

6.4.1 Selbst-Narration und unterschiedliche Lebenswelten

Die Verwendung narrativer *Ready Mades* ist nur eine Facette eines komplexen Prozesses der Selbstevaluation, der zu der Realisierung einer Selbst-Narration führt. Eine weitere Facette ergibt sich aus der situativen Verwobenheit des Subjektes. Obwohl wir üblichwerweise so reden, als ob jedes Individuum eine einzige Lebensgeschichte hätte, gibt es doch real keine singuläre Geschichte zu erzählen. Die Individuen können höchst unterschiedliche Perspektiven einnehmen und Ereignisse so auswählen, daß sie die gewählte Narration stützen. Die Alltagserfahrung in einer Kultur konfrontiert einen typischerweise mit einer Vielzahl von narrativen Formen, von rudimentären bis zu hochkomplexen. Deshalb tritt das Individuum in Beziehung zu einem breiten Formenpotential. Zudem ist es in einer Vielzahl unterschiedlicher Lebenswelten verankert, für die es eigene Formen der Selbst-Narration gibt oder geben kann.

Zumindest sollte eine effektive Sozialisation die Person dazu befähigen, Lebensereignisse als Beständigkeiten, als Verbesserungen oder als Ver-

schlechterungen zu interpretieren. Und mit etwas mehr Training sollte das Individuum die Fähigkeit erwerben, das Leben als Tragödie, Komödie oder als romantische Saga zu sehen. (Gergen & Gergen, 1988, S. 33)

Es gibt also eine Vielzahl von Narrationen, mit denen man in eine soziale Beziehung eintreten kann. Und es gibt auch nicht nur eine einzige Zeitperspektive, auf die man sie zu beziehen hätte. Man kann Ereignisse sowohl über eine sehr weite Zeitspanne verknüpfen wie auch über sehr kurze. So kann jemand sein Leben sehen als Teil einer wachsenden historischen Bewegung, die vor Jahrhunderten begonnen hat (Progressionsnarration), und gleichzeitig einen Abend mit Freunden als Tragödie beschreiben.

6.4.2 Lebensweltliche Selbst-Narrationen und Kohärenz

Die Fähigkeit der Individuen, Ereignisse innerhalb unterschiedlicher temporaler Perspektiven zu verbinden, wird mit dem Begriff der *Narrationsnester* (nested narratives) gefaßt (vgl. Mandler, 1984). Narrationsnester sind Geschichten, die in andere Narrationen eingelagert sind, also Geschichten innerhalb von Geschichten. Eine Person kann sich z.B. als Teil einer historischen Entwicklung darstellen. In dieser Narration gibt es eine weitere von der eigenen Lebenszeit, in jener eine weitere von sich als Berufstätigem und darin noch eine situative usw. Der Begriff der Narrationsnester stellt eine Verbindung her zum Konzept des *embedding*. Das wird, wie erwähnt, einerseits im Konzept der sozialen Zeit verwendet (Lewis & Weigart, 1990); andererseits dient es zur Analyse der Einbettung von Subjekten in verschiedene gesellschaftliche Aggregationsniveaus (Wagner, 1995).

Das Konzept der Narrationsnester wirft die Frage nach ihrer *narrativen Kohärenz* untereinander auf. Sie kann nicht auf der individuellen Ebene beantwortet werden. In welchem Maße Kohärenz möglich ist, hängt zum einen davon ab, in welchem Umfang eine Gesellschaft über solche übergeordnete Narrationen verfügen kann und welche Einnistungsmodelle sie den Subjekten dafür zur Verfügung stellt. Auch wenn davon auszugehen ist, daß "die Mehrzahl der Überzeugungen, auf die sich ein Individuum oder ein Volk oder eine Epoche stützen, nie eine völlig logische Artikulation [besitzt]" (Ortega y Gasset, 1941, S. 34), so ist doch davon auszugehen, daß es Gesellschaften und Epochen gibt, die kohärentere Ideologieangebote machen (können) als andere und es den Individuen dadurch erleichtern, Selbst-Narrationen im Sinne von Narrationsnestern zu entwickeln. Bedrohlich wird diese Situation dann, wenn die gesellschaftlichen Sinnangebote nicht mehr tragen und ihr Zusammenbruch auch die daran gekoppelten Selbst-Narrationen zerstört.

Kompliziert wird die Entwicklung und Fortschreibung der Selbst-Narration, wenn die *Narrationsziele in Widerspruch* zueinander stehen. Eine erfolgreiche Aushandlung des sozialen Lebens verlangt, daß das Individuum in der Lage ist, sich als beständige, integrierte oder kohärente Identität zu vermitteln. Entsprechend leicht zugänglich ist die Stabilitätsnarration. Sie antwortet auf ein breites gesellschaftliches Bedürfnis nach Stabilität. Es ist für das Subjekt in unserer Gesellschaft unabdingbar, sich kohärent zu erzählen. Gleichzeitig jedoch besteht die gesellschaftliche Forderung, sich als dynamisch, veränderungswillig und -fähig zu erzählen. Die Fähigkeit, eine solche Narration anderen vermitteln zu können, hat einen hohen funktionalen Wert. Der Erfolg vieler Beziehungen hängt wesentlich von der Fähigkeit der Partner ab, zu demonstrieren, daß ihre unerwünschten Charakteristika über die Zeit abgenommen haben, auch wenn sie gleichgeblieben sind. Letztlich ist die allgemeine Orientierung an positiver Veränderung am besten ausgedrückt durch eine Narration, die eine Kontinuität als Aufwärtsorientierung demonstriert.

Man muß also in den meisten Beziehungen darauf vorbereitet sein, sich als grundsätzlich stabil und zugleich als in einem Zustand der positiven Veränderung befindlich darzustellen. Solche unterschiedlichen Ziele zu erreichen, ist primär eine Frage des Aushandelns der Bedeutung von Ereignissen in ihrer Beziehung zueinander. So kann mit genügend Übung und einigem Geschick ein und dasselbe Ereignis in eine Stabilitäts- und eine Progressionsnarration eingebunden werden. Die fünfte Eheschließung etwa kann als fade Repetition eines immergleichen Musters erzählt werden oder - mit etwas Können - als romantisches Festhalten an der Idee des immerwährenden Glückes zu zweit.

6.4.3 Die soziale Einbettung von Selbst-Narrationen

Die Selbst-Narration ist keine Geschichte eines singulären Subjektes. Sie ist nicht nur eingebettet in soziale Narrationen, sondern darüber hinaus eine soziale Konstruktion. Indem sich das Individuum auf ein Sprachsystem stützt zur Vermittlung und Verbindung von Ereignissen, ist es in einen sozialen Akt involviert. Narrative Darstellungen sind eingebettet in kontinuierliche Austauschprozesse. Sie dienen zur Vereinigung von Vergangenheit und Gegenwart und zur Bezeichnung zukünftiger Verläufe. Wer sich als verläßlich darstellt (Stabilitätsnarration) legt nahe, daß er das auch in Zukunft sein wird. Indem die Verhaltensimplikationen im sozialen Handeln realisiert werden, werden sie Gegenstand von sozialer Evaluation. In dem Maße, wie das Handeln und die Selbstnarration in Konflikt miteinander geraten, wird deren Validität in Frage gestellt und muß umgeformt werden. Ob eine gegebene Narration aufrechterhalten werden kann, hängt wesentlich von der Fähigkeit des Individuums ab, über die gegenseitige Bedeutung von Ereignissen mit anderen erfolgreich zu verhandeln. Dies ist besonders notwendig, wenn das Individuum in bezug auf allgemein anerkannte Normen falsch gehandelt hat. Allerdings finden diese Verhandlungen nicht unbedingt in der Öffentlichkeit statt. Vielmehr nimmt das Individuum diesen Schritt schon vorweg und berücksichtigt die allgemeine Verstehbarkeit seines Handelns noch *vor* der Realisierung. Möglicherweise ist der *größte Teil* des Verhandlungsprozesses antizipatorisch und findet vor einem imaginären Publikum statt, was wiederum die reale menschliche Interaktion entlastet.

Die Ereignisse, die in die Narration verwoben sind, sind nicht nur die Handlungen eines einzelnen Individuums, sondern ebenso die Handlungen von anderen (Gergen & Gergen, 1984). Auf diese Weise kommen die Handlungen anderer als integraler Teil des eigenen Handelns ins Spiel. Narrative Konstruktionen benötigen deshalb typischerweise handlungsstützende Rollenbesetzungen. Eine Selbst-Narration kann nur dann erfolgreich aufrechterhalten und fortgeschrieben werden, wenn die handlungsstützenden Rollenträger bereit sind, die Darstellungen der Vergangenheit, Gegenwart und Zukunft mitzutragen. Die Geschichte vom kooperativen, konfliktfähigen Chef etwa bedarf der Validierung durch seine

Mitarbeiter. Dieses Austarieren macht komplexe Aushandlungsprozesse zwischen den Beteiligten nötig.

Diese empfindliche Interdependenz der Narrationen legt die These nahe, daß ein fundamentaler Aspekt sozialen Lebens ein reziprokes Verhandeln von Bedeutung ist. Weil die narrativen Konstruktionen einer Person nur solange aufrechterhalten werden können, wie andere ihre stützende Rolle richtig spielen, und weil man andererseits von anderen benötigt wird für stützende Rollen in *ihren* Konstruktionen, bedroht jedes Abtrünnigwerden eines Teilnehmers die ganze Palette interdependenter Konstruktionen. In solchen Fällen ziehen die Partner wechselseitig ihre unterstützenden Rollen zurück, und das Ergebnis ist ein totaler Verfall der Narration, zu der sie beigetragen haben. Insofern ist die Stabilität unserer Identität als Selbst-Narration eine öffentliche Angelegenheit.

6.4.4 Narration und Macht

Zwar sind die Subjekte darauf angewiesen, daß sie in ihren Selbst-Narrationen von ihren KommunikationspartnerInnen unterstützt werden, aber dieser Unterstützungsprozeß wird nicht erst situativ organisiert. Insbesondere die Diskurstheorie verweist darauf, daß die gesellschaftlichen Machtverhältnisse in den je aktuellen Fundus von Selbst-Narrationen eingewoben sind (vgl. Potter & Wetherell, 1987; Jäger, 1993). Insofern sind Selbst-Narrationen nicht einfach Ergebnisse kommunikativer Prozesse. Indem sie sich auf das gesellschaftlich verfügbare Formenpotential stützen, schreiben sich die darin eingewobenen Machtbeziehungen auch ein in die Ausgestaltung individueller Selbst-Narrationen. Diese Überlegung führt zurück zu einer schon mehrfach angeschnittenen Frage, nämlich wie sich gesellschaftliche Veränderungsprozesse, die ja auch mit einer Veränderung von Machtstrukturen einhergehen (können), auf der Ebene der Selbst-Narrationen abbilden. Wo sind die Freiheitsgrade, die sozialen Verwerfungen, welche Spielräume eröffnen, wo ist das Feld für Experimente mit der Art, sich zu erzählen?

Eine ganze Reihe von Veröffentlichungen (z.B. McLaren, 1993; Hall, 1994), insbesondere auch von feministischen Autorinnen (Personal Narratives Group,

1989), weisen auf den Kampf hin, dessen es bedarf, um in dieses narrative Formenpotential einzudringen, es zu öffnen für Narrationsformen, die die soziale Differenz nicht leugnen und statt dessen in einem tatsächlich offenen Prozeß der Aushandlung gestaltet werden. Sie zeigen, daß es zwar möglich ist, "alte" Geschichten neu oder auch "um"-zuerzählen; sie zeigen aber auch, daß es hier in der Tat um gesellschaftliche Machtverhältnisse geht und nicht um eine bloße Weiterentwicklung von Diskursformen.

> Identität als ein dynamischer Aspekt sozialer Beziehungen ist geschmiedet und reproduziert durch die Dyade von Handlung und Struktur und eingeschrieben in ungleiche Machtbeziehungen. ... jedes Individuum ist sowohl in unterschiedlichen Identitäten situiert und optiert für eine Reihe dieser - oft konfligierenden - Identitäten je nach den sozialen, politischen, ökonomischen und ideologischen Eigenarten seiner Situation. (Bhavnani & Phoenix, 1994, S. 9)

Die Freiheitsgrade in der Neugestaltung und Weiterentwicklung von Selbst-Narrationen sind nicht einfach vorhanden, sondern müssen erkämpft werden. Die Veränderungen sind selbst Ergebnis gesellschaftlicher Macht, und wenn sich Subjekte dagegen anerzählen können, dann weil es ihnen gelingt, ihre Autonomie zumindest graduell und vorübergehend zu verteidigen und einzuschreiben in dieses Formenpotential. Das bedeutet Kampf und Auseinandersetzung. McLaren prägt dafür den Begriff der *border identity* in Anlehnung an den von Hicks eingeführten Begriff des *border writing*. Border writing betont

> ... die Differenzen in den Referenzkodes zwischen zwei oder mehr Kulturen und schildert deshalb eine Art von Realität ähnlich der von Grenzgängern, die in einer zweisprachigen, bikulturellen, zweikonzeptuellen Realität leben. Ich spreche von kulturellen, nicht physikalischen Grenzen. (Hicks, 1988, S. 49)

Border identity meint eine Identitätsbildung, die sich auf die soziale Differenz einläßt und sich mit narrativer Imagination einer offenen und (selbst-)kritischen Auseinandersetzung zwischen unseren eigenen Geschichten und denen aus anderen Kulturen stellt (McLaren, 1993, S. 220). Autonomie erwächst aus der Bereitschaft (und Fähigkeit), sich auf die Differenz einzulassen und Ambiguität zu ertragen. Gerade aus ambiguitätsbehafteten Situationen entstehen narrative Spannungen, die Freiheit möglich machen.

6.5 Identitätsprojekt und narrative Identität: Zusammenfassende Thesen

1. Identitätsbildung in der Spätmoderne ist *situativ* bestimmt. Da die Gesellschaft die Herstellung von Kohärenz ins Subjekt verlagert, muß es diese Aufgabe wahrnehmen, und das angesichts einer Vielzahl von Kontexten. Kohärenz bleibt als Aufgabe bestehen, aber sie wird nicht mehr gesellschaftlich abgesichert, sondern muß individuell realisiert werden. Da sich der (Selbst-)Erfahrungsgehalt als Basis für die Kohärenzproduktion permanent, rasch und auf vielen Ebenen ändert, wird die Kohärenzproduktion zu einer nicht abschließbaren Aufgabe.

2. Identitätsbildung ist ein *strategisches Geschehen*, das kohärenzorientiert Identitätszukünfte anpeilt, und das nicht, um sie zu erreichen, sondern um die Bewegungskoordination der in einer kohärenzorientierten Beziehung stehenden Teile des Selbst zu erleichtern.

3. Die individuellen Zukunftsdimensionen sind eingebettet in *soziale Zukunftsdimensionen*, und sie stehen in einer engen Beziehung zueinander. In dem Maße, wie sich soziale Zeit ändert, wird auch individuelle Zeit beeinflußt. Wie Zukunft im Subjekt repräsentiert ist, hängt wesentlich davon ab, wie sie in der Gesellschaft präsent ist. Der Zusammenhang ist allerdings kein linearer. In dem Maße, wie dieser Prozeß auf der Ebene der Gesellschaft nicht ohne Friktionen, Ungleichzeitigkeiten abläuft, ergeben sich Nischen, Spannungen, Freiheitsgrade, die sehr unterschiedliche Formen von Zukunftsentwürfen möglich (und nötig) machen.

4. Die Vermittlung zwischen Subjekt und Gesellschaft geschieht durch Handlung und durch Diskurs. Die sprachlich-semantische Organisation des Diskurses ist nicht zufällig. Sie greift vielmehr zu auf gesellschaftlich vermittelte Formen des Erzählens und ist damit selbst Bedeutungsträger. Das Selbst ist ein soziales Selbst, das sich wesentlich *narrativ* denkt und darstellt.

5. Die dynamisch-strategische Beziehung von Identität und Zukunft kann mit dem Begriff des *Projektes* bezeichnet werden. In ihm ist zum einen das Mo-

ment der Orientierungsleistung enthalten, zum anderen das des Wunsches, drittens schließlich der Aspekt der Beliebigkeit. Das Projekt verweist immer auch auf das Ausgeschlossene, das, was mit seiner Formulierung negiert, ignoriert und abgeschnitten wird. Es gehorcht keiner Entfaltungslogik, sondern im Gegenteil einem notbedingten Reduktionismus, der Unsicherheit und Diffusion abwehren soll.

6. Identisch erfährt sich das Subjekt nicht in Ergebnissen der Prozeßbildung, sondern in seinen *identitätsstrategischen Bewegungen*. Das Ergebnis, also die Ruhesituation, ist gekennzeichnet von der Erfahrung einer disparaten Vielfalt der Kontingenzen. Nur in der Erfahrung des Handelns und des Diskurses als *gerichteter Bewegung* erfährt es sich als kohärent, mit sich identisch.

7. Die Zukunftsnarrationen sind Projektnarrationen, d. h. Erzählungen über *Projekte*, weil sie sich sprachlich-kognitiv repräsentieren als Projekte. Die Identitätszukunft stellt sich dar und wird dargestellt in Form von relativ geschlossenen, komplexen Zielmarken. Diese Zielmarken sind persönlich bedingt, weil sie über die eigene Zukunft formuliert werden. Und sie sind gesellschaftlich bedingt, insofern sie (a) in einem kommunikativen Kontext formuliert werden, und (b) mehr noch, weil sie auf den gesellschaftlichen Narrationsfundus zugreifen.

8. Die Zukunftsprojekte sind Narrationen, d.h. ein narrativer Selbstentwurf in eine vielgestaltige *Diskurswelt* hinein. Die individuellen Zukunftsnarrationen sind an die gesellschaftlichen Narrationen angekoppelt. Was das Individuum projektiert und wie es diese Projektierung sprachlich verfaßt, weist immer über es hinaus in den sozialen Diskursraum. Es sind Verweise darin enthalten auf andere Diskursebenen wie auch auf die darin formulierten *gesellschaftlichen* Projekte bzw. deren Negationen.

7. IDENTITÄT ALS PROJEKTERZÄHLUNG: EINE EMPIRISCHE STUDIE

Die bisherige Analyse hat sich auf die Frage konzentriert, wie sich die Veränderung der gesellschaftlichen Kohärenzangebote an die einzelnen Individuen auf die zukunftsorientierten Identitätsstrategien der Subjekte auswirkt. Die Antwort bestand in einer Modellbildung mit den beiden Zentralbegriffen des Identitätsprojektes und der narrativen Identität. Ich möchte im weiteren in einer explorativen Studie die empirische Fruchtbarkeit dieser beiden Begriffe untersuchen. Die Frage ist also, ob ein Subjekt, verteilt auf eine Vielzahl von Lebenswelten, engagiert in eine Reihe von Identitätsprojekten, das sich narrativ entwerfen muß, in dieser Narration etwas deutlich macht, von seinem strategischen Bemühen, mit dieser Aufgabe umzugehen. Die Frage ist weiterhin, ob in der Art und Weise sich etwas von den Charakteristika des gesellschaftlichen Umfeldes zeigt, in das hinein sich das Individuum erzählt. Im Durchgang durch eine Reihe von theoretischen Diskussionen, die in der Regel kaum voneinander Notiz nehmen, habe ich dargelegt, daß die Bedeutung der Zukunftsbezogenheit in der Identitätsbildung eine zentrale Rolle spielt. Ich habe weiter auf die breite Übereinstimmung darüber verwiesen, daß Kohärenz und Kontinuität narrative Grundforderungen an jedes Subjekt in den westlichen Gesellschaften sind. Offen geblieben ist die Frage, wie in einem Narrationsmodell Erfahrungen der sozialen Entwurzelung aufscheinen können. Zwar gibt es narrationstheoretische Analysen von literarischen Erzählungen über adoleszente Identitätsbildung (z.B. Neubauer, 1994), aber dieses Material hat natürlich - abgesehen davon, daß es oft von Erwachsenen erzeugt worden ist - eine ganz andere Form als dies in *Alltagsnarrationen* zu erwarten ist. Die Frage ist also, zugespitzt, danach, wie Identitätsprojekte heute erzählt werden und ob sich daran etwas von den Individualisierungsprozessen zeigt, wie sie theoretisch postuliert werden. Wäre dies der Fall, dann könnte dies auch als Hinweis darauf gedeutet werden, daß ein narrationsanalytisches Vorgehen ein adäquater Ansatz zur Untersuchung subjektiver Identitätskonstruktion ist.

Für diese explorative Studie stütze ich mich entsprechend der narrations-

185

theoretischen Orientierung auf Überlegungen zu einer narrationsanalytische Methodik. Diese Methodik befindet sich derzeit allerdings erst in einer allmählichen Konsolidierungsphase. Riessman (1993) hat als erste eine primär methodenorientierte Veröffentlichung vorgelegt, die die Vielzahl von individuellen Vorgehensweisen zu ordnen versucht. Darüber hinaus gibt es insbesondere aus dem Bereich der *Diskursanalyse*, die sich nicht beschränkt auf narrative Texte, mittlerweile eine Reihe von methodenorientierten Veröffentlichungen, auf die ich mich zumindest partiell stützen kann (z.b. Parker, 1992; Jäger, 1993). Und natürlich stellen einzelne empirische Untersuchungen (z.b. Gergen & Gergen, 1988) hilfreiche Beispiele für ein solches Unternehmen dar. Die Untersuchung ist also in zweifacher Hinsicht explorativ. Sie analysiert die Auswirkungen von Prozessen der Individualisierung auf die Narration von Identitätsprojekten; und sie tut dies, indem sie eine Methodologie erprobt und gegebenenfalls weiterentwickelt.

Eine Untersuchung, die sowohl konzeptuell als auch methodisch einen explorativen Status hat, tut gut daran, eine Population zu wählen, über die empirisch wie theoretisch eine Vielzahl von Vorarbeiten vorhanden ist. Für die Identitätsbildung ist das die Altersgruppe der Adoleszenten, zu deren zentralem Entwicklungsthema nach Erikson die Identitätsbildung gehört. Ich kann davon ausgehen, daß, was immer das Ergebnis dieser Studie sein wird, es in einem weiten Feld psychologischer, soziologischer und pädagogischer Diskussion zu dieser Frage Resonanz finden kann (vgl. Kap. 1 und 2). Die stabile Basis habe ich also in diesem Fall weder in der Theorie noch in der Methode, sondern im elaborierten Kontext der Adoleszenzforschung.

7.1 Fragestellungen

a) Narration und Projekt

Wenn wir davon ausgehen, daß zukunftsbezogene Selbst-Narrationen Identitätsprojekte enthalten, dann ist zunächst einmal die Frage, welche Arten von Projekten in diesen Erzählungen genannt werden. Weiter ist die Frage, ob Projekt und Erzählung deckungsgleich sind. In dem Fall würde sich *eine* Narration auf *ein* Projekt beziehen. Möglich ist allerdings auch, daß in einer Narration verschiedene Projekte in einem mehr oder weniger expliziten Verweisungszusammenhang stehen ("Heirat, Karriere, Porsche"). Ist dies der Fall, dann ist zu untersuchen, wie sich dieser Verweisungszusammenhang narrativ organisiert, d.h. ob und wie in der Geschichte Kohärenz produziert wird. Wenn man davon ausgeht, daß sich mit der Individualisierung die Vielfalt von Zukunftsprojekten erheblich erweitert hat, stellt sich die Frage, ob sich dies in den Zukunftsprojekten zeigt und ob es möglicherweise narrative Formen einer Integration inhaltlich relativ unverbundener Projekte gibt. Wie also wird Kohärenz produziert angesichts einer Vielzahl von biographischen Zukunftspotentialen?

Fragen:
- Welche Projekte sind zu unterscheiden?
- Wie werden sie zu Narrationen organisiert?
- Wie gehen die Subjekte mit der Vielfalt an Möglichkeiten narrativ um?

b) Narration und Zukunft

Der zweite Fragenkomplex bezieht sich darauf, wie in diesen Entwürfen Zukunft repräsentiert wird. Dies wird wesentlich von der subjektiven Evaluation der Selbst-Narrationen abhängen, der Bewertung der Entwürfe durch das Subjekt. Denkbar wäre ein aufwärtsstrebender Typus, wie er für unsere Kultur typisch ist oder auch ein Typus des Lebens als Kampf. Auch die *Stabilitäts-narration* wäre denkbar als Erzählung von einer Zukunft, die so sein wird wie die Gegenwart. Hier spielt v.a. die Position des Subjektes in der Geschichte eine zentrale Rolle. Ist es selber der Träger, der Motor der Geschichte, oder aber gibt es Triebkräfte, die es eher zu einem Spielball in der Geschichte machen? Während etwa Hurrelmann vom *aktiv realitätsverarbeitenden Subjekt* spricht, das eine ausgesprochen aktive Rolle in der Gestaltung seiner Biographie hat, verweist die Forschung zu den Kontrollüberzeugungen auf die Bedeutung von individuellen Einstellungen zur subjektiven Gestaltbarkeit von Situationen. Narrationstheoretisch ergibt sich aus der Betonung von Prinzipien der Entfaltung (Emergenz, Teleologie, prästabilisierte Harmonie) oder des Zerfalls oft eine *Doppelstellung des Erzählers*: Es gibt in der Geschichte einen Akteur, der die

Geschichte durchlebt und es gibt gleichzeitig eine Figur, die, wie es in der Filmsprache heißt, gleichsam aus dem "Off" deutlich macht, daß, was immer der Akteur erlebt, einer Prozeßlogik gehorchen wird: z.b. gut ausgehen, schlecht ausgehen, zur Läuterung von irgend jemandem führen.

Fragen:

- Welche Konzepte von Zukunft lassen sich unterscheiden?
- Wie sind sie unter dem Aspekt der subjektiven Evaluation zu unterscheiden?
- Welchen "Ort" hat das Subjekt in der jeweiligen Narration bezogen auf die Handlungsträgerschaft?

c) *Narration als soziales Konstrukt*

In den westlichen Kulturen stehen die einzelnen in der Pflicht sich als gleichbleibend und doch dynamisch verändernd zu erzählen. Das Verhandeln dieser beiden Narrationsziele ist eine bedeutsame und komplexe Aufgabe. Da gleichzeitig aber Selbst-Narrationen situations- und lebensweltspezifisch sind, muß eine solche Versöhnung *nicht in einer einzigen* Narration stattfinden. Es können unterschiedliche nebeneinander existieren. Die Frage ist dann, in welchem Verhältnis sie untereinander stehen. Ergänzen sie sich, stehen sie unverbunden nebeneinander, ohne daß ein innerer Zusammenhang zu erkennen wäre, stehen sie in Polarität zueinander? Gibt es so etwas wie eine Metanarration, die in irgendeiner Form eine Integration der einzelnen Zukunftsnarrationen versucht? Wenn wir davon ausgehen, daß die persönlichen Zukünfte in der Form von Selbst-Projekten erzählt werden, ist die Frage, welche Arten von Selbst-Narrationen unterschieden werden können.

Fragen:

- Welche Typen von zukunftsbezogenen Selbstnarrationen sind zu unterscheiden?
- In welchem Verhältnis stehen diese Selbstnarrationen zueinander?

7.2 Design

TeilnehmerInnen

Die Untersuchungspopulation besteht aus 40 Frauen und Männern (20:20) im Alter von 18 Jahren, die sich zum Zeitpunkt der Untersuchung in der Ausbildung zur/zum Verwaltungsfachangestellten im Kommunalbereich in Bayern befinden, also nach der Ausbildung als Angestellte in Gemeindeverwaltungen arbeiten werden (vgl. Brunner, 1988). Eingangsvoraussetzung dafür ist mindestens der qualifizierende Hauptschulabschluß. Sehr viele der Auszubildenden haben die mittlere Reife. Drei Viertel der Auszubildenden sind in der Regel weiblich. Die Bewerbungszahlen der Mädchen sind regelmäßig wesentlich höher als die der Jungen. Die Konsequenz daraus dürfte für diese Studie sein, daß Unterschiede zwischen den Mädchen und den Jungen nicht nur geschlechtsspezifisch zu erklären sind. Vielmehr werden auch Effekte der Selektion eine Rolle spielen. Die TeilnehmerInnen sind entwicklungs- und berufsbezogen in sehr ähnlichen Situationen. Sie haben keine Kinder, sind nicht verheiratet, leben bei den Eltern und haben beruflich sehr ähnliche Erfahrungen. Natürlich unterscheiden sich familiale Verhältnisse und bisherige Biographien. Aber im Vergleich zu Erwachsenen, bei denen die Lebenssituationen viel weiter ausdifferenziert sind, ist diese Gruppe im Hinblick auf ihre aktuelle Situation doch relativ ähnlich. Hinzu kommt, daß sich alle für den öffentlichen Dienst als Arbeitgeber entschieden haben, so daß angesichts des sehr markanten, geradezu klischeehaften Bildes der Verwaltung in der Öffentlichkeit von ähnlich gelagerten Prozessen der Berufswahl ausgegangen werden kann.

Abgesehen von der Überlegung, für eine explorative Studie möglichst viele Faktoren konstant zu halten, um den Interpretationsrahmen vergleichsweise überschaubar zu gestalten, ging es mir auch darum, eine Gruppe zu untersuchen, deren Mitglieder nicht plakativ als fröhlich-hedonistische GewinnlerInnen der Postmoderne gelten können. Denn in den gegenwärtigen Diskussionen über die Realität gesellschaftlicher Individualisierung wird bisweilen mit dem "Schwabing-Argument" hantiert, wobei Schwabing steht für einen relativ reichen und allen modischen Diskursen und postmodernen Verirrungen aufgeschlossenen Stadtteil Münchens. Dort und in vergleichbaren Ecken der Republik sei alles möglich und der fröhliche Hedonismus die Regel, aber anderswo sei von Individualismus und Patchwork-Identität nichts zu spüren. Mein Ziel war es also, eine Gruppe zu untersuchen, die im Gegenteil *eher traditionsverhaftet* vermutet werden darf, wo also traditionelle Lebensmodelle auf keinen Fall in dem Maße entwertet sein dürften, wie in großstädtischen Ballungsräumen. Für diese Jugendlichen dürfte vielmehr ein Normalitätsmodell mit einer hohen Sicherheitsorientierung typisch sein.

Die Jugendlichen sind *altersbedingt* mit der *Fortschreibung von Identitätsprojekten* zwangsläufig *konfrontiert*. Sie befinden sich in einem Alter, in dem das Projekt Berufsfindung zwar nicht abgeschlossen ist, aber doch mit relativer Sicherheit auf den Weg gebracht ist. Sie müssen "nur noch" lernen, aber sich nicht mehr überlegen, was sie werden wollen, es sei denn sie wissen schon jetzt, daß sie nach der Ausbildung nicht in diesem Beruf bleiben wollen. Beruflich sind also zunächst die Weichen gestellt. Die Frage ist zu diesem Zeitpunkt, ob und wie andere Projekte (z.B. Partnerschaft) in den Blick genommen werden, ob das Projekt "Beruf" wiederaufgenommen wird (Umentscheidung) oder ob auch andere Optionen ins Blickfeld rücken. Es geht also darum, inwiefern das Normalmodell weiterprojektiert wird. Dazu ist dieser Zeitpunkt (18 Jahre) geeignet. Die Entscheidung schließlich für zwei gleich große Gruppen von Frauen und Männern hat die Kontrolle des Variable Geschlecht zum Ziel.

Instrument

Das Instrument besteht aus einem Fragebogen zur persönlichen Zukunft (vgl. Anhang). Es ist dreimal die Frage "Wer wirst du in fünf Jahren sein?" zu beantworten. Für diesen Fragebogen gibt es kein direktes Vorbild. Bezogen auf die *Gegenwart* gibt es ein ähnliches Instrument, das mich inspiriert hat, nämlich den bekannten und in vielen Varianten verwendeten "Wer bist Du"-Fragebogen von Kuhn & McPartland (1954) (vgl. Rodriguez-Tomé & Bariaud, 1987; Serrar, 1990; Viaux, 1991). Die Gestaltung des Instrumentes ging von dem Ziel aus, Antworten mit einer narrativen Qualität zu erhalten. Deshalb mußten unbedingt offene Fragen gestellt werden. Eine weitere Überlegung war, die TeilnehmerInnen zur Einnahme *unterschiedlicher Perspektiven* zu ermuntern. Sie sollten nicht nur eine Zukunft sondern verschiedene mögliche Zukünfte imaginieren können. Drittens schließlich sollte die Struktur des Fragebogens nicht schon gewisse Narrationstypen präjudizieren. Das wäre etwa zu befürchten bei 2 Antwortmöglichkeiten. Für diesen Fall hätte ich befürchtet, daß ein dialektisches Modell quasi automatisch produziert und zudem implizit das Nachdenken auf die zwei großen Projekte Familie und Beruf eingeengt wird. Deshalb sollten es mindestens drei Aufforderungen sein, sich zur eigenen Zukunft zu äußern.

Eine Alternative wäre das empirische Vorgehen von Markus & Nurius (1987) zur Erforschung der *Possible Selves* gewesen. Sie fragen nach den *befürchteten, erhofften und erwarteten* möglichen Selbsten. Für meine Fragestellung erschien mir dies zu einengend. Denn mit ihrer Fragentrias exteriorisieren sie gerade die evaluative Dimension der Narrationen und geben sie als Ordnungselement vor. Dieser Ordnungszwang, so meine Befürchtung, dürfte Ambiguitäten eher unterdrücken: mit der Vorgabe, sich darüber zu äußern, was man erwartet, befürchtet, erhofft, ist selbst schon wieder eine Abgrenzung der Projekte voneinander gefordert, die so womöglich gar nicht besteht. Zwar sollte sich in meinem Vorgehen die Tönung (Hoffnung, Furcht) bzw. auch die Realitätsorientierung (Erwartung) ausdrücken können, aber nicht schon präformierend gesetzt sein.

Narrationstypus

Der zu erwartende Narrationstypus ist dadurch charakterisiert, daß zum einen die Geschichten zukunftsorientiert zu erzählen sind und zum anderen, daß durch die Instruktion und Zeitvorgabe (30 Minuten) relativ kürzelhafte Texte zu erwarten sind. Sie können als *Kernnarrationen* (Bell, 1988) verstanden werden. Ihre narrative Qualität gewinnen sie wesentlich aus ihrer Herstellung, die auf Interaktion angelegt und - durch den Fragebogen - schon in einem hohen Maße gerahmt ist. Sprecher und Rezipient kreieren gemeinsam die Geschichte, der eine durch seine auf eine Kommunikationssituation bezogenen kürzelhafte Narration, der andere, indem er die narrative Qualität dieser Kürzel wahrnimmt und zumindest ansatzweise als formenreichere Narration "versteht". Insofern beziehen sich beide auf den Formenreichtum sozial verfügbarer Narrationsstrukturen und Narrationstopoi.

Der Konstruktionsprozeß von zukunftsorientierten Narrationen ist anders als bei vergangenheitsorientierten. Während man rückblickend in einem Zeitabschnitt narrativ eine Logik konstruiert, wird hier *prospektiv* eine Logik formuliert, die biographisch erst noch einzulösen wäre. Die Geschichte "Heirat" z.b. ist zukunftsbezogen imaginierbar, aber sie kann nicht erfahrungsbezogen konstruiert werden. Ungeachtet dieser Unterschiede läßt sich sagen, daß wir uns prospektiv wie retrospektiv in einem Modus des Sich-selbst-Erzählens befinden, der zwar auf einer unterschiedlichen Erfahrungsbasis beruht, aber doch in beiden Fällen damit zu tun hat, sich zu erzählen und erzählend anderen zu vermitteln.

Durchführung

Die Befragung fand in Form einer *Klassenzimmerbefragung*[8] statt (N=340) im Rahmen des Blockunterrichts, den die Auszubildenden in insgesamt sechs dreiwöchigen Lehrgängen durch die Bayerische Verwaltungsschule erhalten. Als Zeitvorgabe wurden 30 Minuten genannt. Diese Zeitvorgabe wurde gelegentlich um maximal 15 Minuten überschritten. Die Befragung war anonym. Die Durchführenden waren DiplompsychologInnen. Die Abwicklung verlief problemlos. Alle Durchführenden berichteten von großem Ernst und arbeitsamer Atmosphäre und waren beeindruckt davon, wie leicht und bereitwillig sich die TeilnehmerInnen auf diese Aufgabe einlassen konnten. Als bedrückend erwies sich bei der Auswertung, daß in manchen Bögen persönliche Problematiken deutlich wurden, auf die angesichts der Anonymisierung und des zeitlichen Abstandes nicht mehr reagiert werden konnte. Allerdings standen die Durchführenden auch nach der Befragung vor Ort zu Gesprächen und Diskussionen zur Verfügung, was von einzelnen TeilnehmerInnen auch genutzt wurde. Verweigerungen gab es keine. Aus dem Pool der Fragebogen wurden die hier diskutierten 40 Achtzehnjährigen per Zufallsauswahl ausgewählt.

Auswertung

Die Auswertungsstrategie orientiert sich an den methodischen Überlegungen, wie sie in der sozialwissenschaftlichen Diskurstheorie (Parker, 1992; Jäger,

---

8   vgl. Rodriguez-Tomé & Bariaud (1987, S. 82ff.)

1993; Widdicombe & Wooffitt, 1995) und Narrationstheorie (Gergen & Gergen, 1984; 1988; Riessman, 1993) formuliert worden sind. Die Auswertung findet in drei Stufen statt:

a) In einem ersten Schritt unterziehe ich die Narrationen einer *Stilanalyse* (vgl. Jäger, 1993, S. 193ff.). Sie soll die stilistischen Werkzeuge verdeutlichen, mit denen im Rahmen der vorliegenden Narrationen hantiert wird. Damit wird zum einen sichtbar, welche Stilmittel in einem solchen Text zu erwarten sind und zum anderen, wo die Intentionen der SchreiberInnen sich normenwidrig oder -konform zur Geltung bringen. Die Frage ist, ob die SchreiberIn von ihrem Text "geschrieben" wird, also hinter einem völlig normenkonformen Formenpotential unsichtbar wird, oder aber, ob sie diese Formen zu einer sehr eigenen narrativen Identität verbindet.

b) Der zweite Schritt diskutiert *inhaltsanalytisch* die *Identitätsprojekte*, die in den Narrationen genannt werden. Alternative Projekte thematisieren den Reflexions- und Entscheidungsprozeß des Individuums. Eine *inkrementelle* (Schimank, 1988, S. 67) und plausible Form des Identitätsprojektes ist die Erwartung des *Normalfalles*, d.h. einer Normalbiographie, wobei im einzelnen die Elemente dieses Normalität sehr subjektiv ausgewählt sein können. Aber gewisse Status wie Heirat, Beziehung, beruflicher Aufstieg (in welchem Maß auch immer) können auf einer allgemeinen Ebene durchaus auch als erwartbar angenommen werden. Eine Narration, die sich auf solche Identitätsprojekte beschränken würde und zudem *ohne explizite evaluative* Aussagen daherkäme, würde die Botschaft vermitteln, die eigene Biographie sei "Dutzendware". Insofern würde sie dann doch - implizit - wieder eine sehr markante Bewertung enthalten. Sie könnte als ein Kommentar gelesen werden zu der Frage "wie individuell, einmalig, autonom bin ich in dieser Welt?". Auch eine Beschränkung auf das Normalmodell ist also mehr als das. Denn Stil, rhetorische Mittel, inhaltliche Ordnung und Selektion transportieren notwendig evaluative Positionen des Sprechers/Schreibers, auch wenn er sich auf die bloße Benennung eines Normalmodells beschränkt. Die Qualität der zukunftsbezogenen Narrationen verdeutlicht sich zum einen über die benannten Identitätsprojekte und zum anderen über deren Evaluation. Erstere erschließen sich inhaltsanalytisch, letztere nur zum Teil; denn in vielen Fällen ist diese Bewertung nicht explizit vorgenommen, Hierzu ist es nötig, auch die verwendeten Stilmittel, die rhetorischen Figuren und die Anordnung des Textes zu analysieren.

c) In einem dritten Schritt schließlich konzentriere ich mich auf die *Narrationsanalyse* in einem engeren Sinn. Hier geht es darum, die Texte und Textteile in ihrem Charakter als *Geschichten* zu analysieren und zu typisieren. Ich frage in diesem Zusammenhang nach der Verbindung der drei Teilnarrationen zueinander, nach der Gesamtnarration, die sie zusammen konstituieren und insbesondere auch nach der Position der SprecherIn, wie sie sich in dieser Narration zeigt. Ich gehe davon aus, daß die im Fragebogen produzierten Antworten als Narrationen untersucht werden können. Unter dem Aspekt der von Gergen & Gergen vorgeschlagenen Merkmale einer *gelungenen Narration* läßt sich feststellen, daß zwei dieser Merkmale schon durch die Art der Aufgabenstellung definiert oder zumindest zur Diskussion gestellt worden sind. So sind etwa die *Grenzzeichen*, welche anzeigen, wann die narrative Welt betreten und verlassen wird, durch die gewählte Form der schriftlichen Befragung und der dort aufgedruckten Fragen samt Einführungstext vorgegeben. Das Merkmal des *bewerteten Endpunktes*, welcher der Geschichte ihren Sinn verleiht, ist zumindest implizit mit der Annahme vorgegeben, daß es *sinnvoll* ist, über die Frage: Ich in fünf Jahren, nachzudenken. Die Frage ist, wie mit dieser impliziten Annahme umgegangen wird. Die Merkmale der *Auswahl der Ereignisse*, der *Reihung* und der *Herstellung von Kausalverbindungen* sind ganz den TeilnehmerInnen überlassen. Zu betonen ist noch einmal, daß Plausibilität sozial konstruiert ist, also nicht einer inneren kausalen Logik der Projekte entspringt. Es ist zu erwarten, daß wir es angesichts der Befragungssituation (Klassenzimmer) und des beschränkten Raumes zum Schreiben mit "Mini-Erzählungen" zu tun haben, die eine komprimierte oder *Kern-Narration* (Bell, 1988) darstellen.

Die Analyse stellt keine Auswertung in einem statistischen Sinn dar. Es geht mir vielmehr darum, auf der Basis des vorliegenden Materials tentativ Typen zu bilden und zu beschreiben. Dies geschieht auf der Basis der beiden Grund-strategien der *Differenzierung*, d.h. der Analyse von Differenzen in ähnlichem Material und der *Kontrastierung*, d.h. der Gegenüberstellung von sehr unter-schiedlichem Material, um die Bandbreite der vorhandenen Phänomene zu er-kunden. Ich beziehe mich dabei nicht auf alle Fälle, sondern wähle unter der Maßgabe dieser Strategien aus dem Fallmaterial aus. Entsprechend dem Charak-ter einer explorativen Studie geht es mir zunächst einmal darum, der Frage-stellung angemessene Konstruktionsmerkmale der zu findenden Typen zu benen-nen und erste Vorschläge dazu zu machen.

7.3 Inhaltsanalyse

7.3.1 Gliederung, Stilmittel

In einem ersten Schritt untersuche ich die so produzierte Textsorte im Hinblick auf die Formen der Durchgliederung des Textes und die verwendeten Stilmittel. Denn die Qualität der Narration wird nicht allein durch die präsentierten Inhalte erzeugt, sondern auch durch die jeweils verwendeten Stilmittel. Auch hier ist davon auszugehen, daß es einen - wenn auch nicht absolut verpflichtenden - Kanon von Stilmitteln gibt, die in einer solchen Narration Verwendung finden können, um bezogen auf den Rezipienten Plausibilität und Glaubwürdigkeit zu erzeugen.

Gliederung

Das wichtigste Ergebnis bei der Analyse der Textgliederung ist, daß sich die TeilnehmerInnen in großer Mehrheit auf die Vorgabe der Produktion von drei Mini-Narrationen über ihre Identitätsprojekte einlassen konnten. Die Gliederung des von den TeilnehmerInnen zu erzeugenden Textes ist durch die dreifache Wiederholung der Frage und die graphische Zuordnung von leeren Zeilen vor-gegeben (vgl. Anhang). Wir haben es also mit einem Erzählraum zu tun, dessen Erzählperspektive durch ein Eingangsstatement eröffnet wird und der selbst noch durch die Fragewiederholung zäsiert ist. Dies ist ein Angebot zur Textgliederung, das unterschiedlich angenommen werden kann. Die angebotskonforme Lösung besteht in der Produktion von drei Statements entsprechend den drei Fragen. Eine weitere Möglichkeit besteht darin, den Erzählraum *nicht völlig* zu nutzen, also nur ein oder zwei Statemtens zu produzieren (das tun *Bert, Jo, Norbert, Olga, Stefan*). Eine dritte Möglichkeit schließlich ist die Produktion eines integralen Text, der die Zäsur ignoriert. Dies hat einer der Befragten gemacht (*David*). Sein Text zeigt deutlich den Aufforderungscharakter des Fragebogens: David verteilt einen kurzen Text so, daß das Papier gefüllt, jede Frage beantwortet erscheint, auch wenn er seine Antwort auf den Antwortraum einer Frage hätte beschränken können.

So haben wir letztlich *drei Gliederungsstrategien*: zum einen die - mehrheitlich übernommene - konforme Lösung entsprechend der Vorgabe; zum zweiten die Nutzung von weniger als drei Antworträumen und zum dritten die Nutzung der Antworträume, des Blattes also, aber ohne auch drei Identitätsprojekte hineinzuschreiben. Letzteres ist beinahe eine ästhetisierende Form der Subversion oder Verweigerung: David wahrt die Form, ohne sich der Aufgabe zu stellen. Mehrheitlich indes wurde der Vorgabe entsprochen. Das deutet darauf hin, daß die vorgegebene Gliederung einerseits mächtig ist: die TeilnehmerInnen haben versucht, ihr zu entsprechen; andererseits ist sie auch der Aufgabenstellung angemessen: Die meisten TeilnehmerInnen haben sich darauf eingelassen, sie *konnten* sich aber auch darauf einlassen.

Stilmittel

Die TeilnehmerInnen haben einen Stil gewählt, der ihnen hilft, drei Aufgaben zu erfüllen. Zum einen wird damit die Dynamik versus Abgeschlossenheit von Projekten bezeichnet; zum anderen werden evaluative Aussagen zu diesen Projekten gemacht. Drittens schließlich können die Stilmittel auch einen Kommentar zur Bewertung des Endpunktes transportieren, d.h. zur Frage, für wie sinnvoll der Sprecher die Aufgabenstellung insgesamt hält.

Der gewählte *Stil* ist charakteristisch für die durch die Aufgabenstellung provozierten *Kern-Narrationen*. Die TeilnehmerInnen verwenden in der Regel die Satzform der *Ellipse*, d.h. des verkürzten Satzes. Umgangssprachlich spricht man von *Stichwort-Sätzen*. Ellipsen reduzieren "bestimmte, meist semantisch schwache Satzteile, deren Inhalt *redundant* ist und durch andere Satzteile oder den Kontext übernommen wird" (Sowinski, 1991, S. 114). Verzichtbar ist hier in der Regel das Subjekt (*"ich"*) und Teile der Tempusform (*"werde sein"*). Beides ist durch den Fragekontext: Wer wirst du in fünf Jahren sein? impliziert.

Es finden sich *verschiedene Tempusformen*, die in unterschiedlicher Weise die Zukunft als zu vollendende oder als bereits vollendete darstellen.

Präsens (*"bin ledig"*): In unserem Fall handelt es sich um das *szenische Präsens*. Es faßt Zukunft als "... bewußtseinsnahe "Gegenwart" = das (dem Sprecher) Entgegen- und Zugewandte, mit dem er es zu tun hat" (Erben, 1972, S. 56). Diese bewußtseinsnahe Gegenwart ist sicher in hohem Maße der Realitätsschicht zuzurechnen. Zu fragen ist jeweils, ob es sich dabei um eine atemporale oder eine aktuale Bedeutung des Präsens handelt, d.h. ob damit ein infiniter Endzustand (*"ledig"*) oder eine Durchgangsstation (*"noch ledig"*) beschrieben ist. Ersteres würde ein Projekt bezeichnen, dessen Abschluß zu einem statischen Zustand führen, letzteres eine Dynamik anzeigen, die über den vorgegebenen Zeithorizont hinausführt.

Perfekt (*"ausgewandert"*): Es wird auch als *vollendete Gegenwart* bezeichnet und es drückt eine Vollendung oder einen Vollzug in der Gegenwart des Sprechers aus.

Futur, Futur II: In der Regel ist davon auszugehen, daß es sich bei dem verwendeten Perfekt und Präsens um ein verkürztes Futur bzw. Futur II handelt (*"ich werde ausgewandert sein"*). Das Futur II soll zum Ausdruck bringen, "daß sich ein Geschehen (meist vor einem andern Geschehen) in der Zukunft vollendet" (Duden-Grammatik, S. 103). "Die Leistung des Futur II wird ... in der verbindlichen Festlegung des Abschlusses einer künftigen Handlung oder eines künftigen Geschehens gesehen" (Sowinski, 1991, S. 183).

Insgesamt zeigt sich aus einer Analyse der verwendeten Zeitformen, daß sie in einem unterschiedlichen Maße die Atemporalität versus der Aktualität, d.h. die Abgeschlossenheit versus der Unabgeschlossenheit der formulierten Projekte, bezeichnen. Während es einerseits die Formulierung von Momentaufnahmen gibt (*"bin gerade .."*), werden andererseits Projekte formuliert, die definitiv abgeschlossen sind (*"verheiratet"*, *"tot"*).

Unsicherheit und Hoffnung als *subjektive Evaluation* der Projekte wird durch *Satzadverbien* oder *Modalwörter* wie "vielleicht" oder "hoffentlich" zum Ausdruck gebracht. Sie werden allgemein dann verwendet, wenn der Autor eine Aussage in ihrer Gültigkeit einschränken oder bekräftigen will. "Der wiederholte Gebrauch einschränkender Wörter dieser Art kann als charakteristisches Kennzeichen eines unsicheren, tastenden Stils angesehen werden, als Ausdruck eines vorsichtigen und unentschlossenen Schreibers, der sich nicht festlegen will" (Sowinski, 1991, S. 231). Dies ist hier sicherlich der Fall und entspricht auch der gestellten Aufgabe eines Zukunftsentwurfes. Gerade weil diese Art von Modalwörtern in dieser Textsorte erwartbar und normal ist, kann umgekehrt ihr Fehlen als Indiz für die Sicherheit/Entschlossenheit der Befragten gedeutet werden, daß ein Projekt so und nicht anders realisiert werden wird.

Zum Bereich der modalen Adverbien gehören auch die meisten *Verneinungswörter* wie: nein, nicht, keineswegs, keinesfalls, niemals. Im Material ist diese Negation v.a. in einer abgeschwächten Form als "hoffentlich nicht" zu finden. Zu beachten ist noch, daß es im Deutschen zwei Arten der Negation gibt, die *absolute* und die *konzessive* ("*nicht*" versus "*nicht jetzt, sondern später*"). Die konzessive Negation wird im Text verdeutlicht mit der Wendung "hoffentlich *noch* nicht". Negationen sind nicht nur Verneinungen. Auf Grund ihrer Bindung an bestimmte Bejahungen sind sie ein beliebtes Stilmittel, um *positive Aussagen* einzuleiten, Vergangenes und Gegenwärtiges abzugrenzen oder Fehlendes und Vorhandenes gegenüberzustellen. Sie haben also häufig einen Verweisungsdimension auf positive Projekte. Die Modalwörter samt Verneinungen finden in unserem Fall also in der Regel Verwendung, um die evaluative Dimension zu verdeutlichen und damit auch einen Kommentar zur Frage der Bewertung des jeweiligen Projektes abzugeben.

Die gewünschte *graduelle Veränderung von Eigenschaften* wird häufig durch gesteigerte Adjektive dargestellt ("*selbstsicherer*"). Das Adjektiv, zu dem nach Sowinski auch die adjektivisch verwendeten Partizipformen zu zählen sind ("*verheiratet*"), wird bei uns in der Regel *prädikativ* (gegenüber *adverbial*) verwendet. Die erste Steigerungsstufe, der Komparativ, kann einen Vergleich mit einer anderen Größe oder mit allen anderen einschließen. Bei uns handelt es sich in der Regel um den Vergleich mit dem Jetztzustand ("*selbstsicherer*").

Damit wird ein *Kontinuum* von der aktuellen Situation in die Zukunft formuliert. Das Gegenteil wäre eine *Kontrastierung*: Selbstsicher vs. unsicher. Wie radikal die Veränderung im Einzelfall konkret sein muß, ist vom Text her schlecht zu erschließen. Ich vermute, daß es hier einen Konflikt zwischen Selbstbild und erwünschtem Selbstbild gibt. Sich als jemanden zu sehen und zu beschreiben, der *unsicher* ist und *selbstsicher* werden möchte, fällt wohl schwerer, als das Ziel zu formulieren, sich vom Jetzt-Zustand *"selbstsicher"* zum künftigen Status *"selbstsicherer"* zu bewegen. Eine Steigerung kann auch durch Umschreibungen wie *"sehr"*, *"besonders"* bzw. auch, beim Komparativ, durch *"viel"*, *"bedeutend"* ausgedrückt werden. Abschwächende oder verstärkende Wirkungen werden durch Zusatz komparativischer Adverbialadjektive zum Adjektiv erzielt: *"weniger"*, *"stärker"*, *"mehr"*. Die Steigerungen beruhen oft auf Gefühlsurteilen. Die Beurteilung ihrer Angemessenheit bleibt also in der Regel der Einschätzung des Sprechers überlassen. Deswegen wird der Komparativ hier insbesondere zur Bewertung/Veränderung persönlicher Eigenschaften verwendet. Für die Veränderung sozialer Rollen oder Statusse (*"verheirateter"*) macht er keinen Sinn.

Der verwendete Stil ist geprägt durch einen reichen Gebrauch an Adjektiven. "Adjektive drücken die Stellungnahme des Sprechers zu Wesen und Dingen (Substantiven), zum Sein oder Geschehen (Verben), zu Eigenschaften (Adjektiven) oder Umständen (Adverbien) aus und bezeichnen den Eindruck, den diese auf den Sprecher machen. Sie besitzen somit eine charakterisierende, urteilende oder bloß registrierende Funktion und begegnen uns deshalb v.a. in den Texten, in denen es auf die Charakterisierung, Wertung oder Registrierung von Einzelheiten ankommt" (Sowinski, 1991, S. 222). Der prädikative Adjektivgebrauch, mit dem wir es hier zu tun haben, macht die mehr statische Stilwirkung der meisten Adjektive deutlich. Der adjektivische Stil, der sich durch die Häufung von Adjektiven auszeichnet, steht daher im Gegensatz zum dynamischen Verbalstil. In unseren Texten kommt es im wesentlichen auf den Aspekt der Stellungnahme des Sprechers an, also auf die evaluative Dimension. Und diese Stellungnahme bietet in der Tat *wenig Dynamik*. Sie ist wie ein Foto, das Bewegungen stillstellt. Die Frage ist, wie sehr es trotzdem Dynamik vermitteln kann. Das geschieht in den Texten wiederum durch modale Adverbien wie "gerade" und "noch nicht" oder "schon". Sie machen Entwicklungsbögen deutlich und positionieren den Sprecher darauf.

Unter dem Blickwinkel der Textsorte als Stilform betrachtet, haben wir es mit der Textsorte *Charakteristik* (einer Person, einer Situation) zu tun. Hierbei geht es um die Feststellung und Hervorhebung von Eigenschaften, wofür dem Adjektiv als Stilmittel eine besondere Bedeutung zukommt.

7.3.2 *Identitätsprojekte aus inhaltsanalytischer Sicht*

Aus inhaltsanalytischer Perspektive ist von der Lebenssituation der Befragten her zu erwarten, daß in irgendeiner Form zumindest auf zwei anstehende Projekte Bezug genommen wird: *Beruf* und *Familie/Partnerschaft*[9]. Da für die nächsten fünf Jahre das Ende der Ausbildung und die erste Situierung im Beruf zu erwarten ist, läge es nahe, sich in irgendeiner Form darauf zu beziehen. Außerdem fand die Befragung im Kontext der Ausbildung statt, was ebenfalls ein Eingehen auf entsprechende Zukunftsprojekte nahelegen dürfte. Zudem ist zu erwarten, daß zwar noch nicht unbedingt das konkrete Projekt einer festen Partnerschaft anvisiert wird, daß aber doch zumindest Überlegungen dazu angestellt werden. Diese Erwartung wird von den Texten in der Tat erfüllt. Von allen 40 Befragten beziehen sich lediglich 2 weder auf Beruf noch auf Familie. Die überwiegende Mehrzahl (18♀, 17♂) benennt beide Projekte.

Neben den Projekten Beruf und Partnerschaft werden v. a. *Selbst-Projekte* formuliert, d.h. die (befürchtete/erhoffte) Veränderung von persönlichen Eigenschaften auf der Basis einer aktuellen Selbstwahrnehmung. Das kann den Körper betreffen oder Verhaltensweisen, die von irgendwelchen Normen gefordert werden, aber bislang nicht gezeigt werden (*"ruhiger"*, *"sportlicher"*, *"sicherer"*, *"immer noch derselbe Typ"*). Auch *Einstellungen* werden hier genannt ("Hoffentlich ein Mensch und keine sture Maschine", "hoffentlich ein besserer

---

9 vgl. auch das empirische Vorgehen unter dieser Vorannahme im Rahmen des Identity Status Interview von Marcia u. a. (1993).

Christ"). Ein vierter Projekt-Typus sind *Negativ-Projekte*, d.h. "Projekte" wie: Tod, schwere Krankheit, politische Krisen, Umweltzerstörung. Ob es sich tatsächlich um Projekte im Sinne von Zukunftsmarken handelt werde ich unten betrachten. Der Projektstatus ist hier schillernd. Einige Formulierungen wirken eher wie die Beschwörung von Planungsrisiken und verweisen so auf das "andere" eines Projektes, die Vielfalt von Zukünften, die mit der Nennung eines einzigen oder einiger weniger Identitätsprojekte gebannt ist. Andere Formulierungen (*"Ich bin tot!"*) legen allerdings tatsächlich die Vermutung nahe, daß es sich hier um Projekte handelt und zwar um solche, die mit einer schweren persönlichen Problematik zu tun haben im Sinne einer *disturbed diffusion* (Marcia, 1989).

Dem gegenüber stehen *Utopie-Projekte*. Das sind solche, deren Verbindung mit der realen Situation nicht nachvollziehbar ist, die in der Irrealitätssphäre anzusiedeln sind (Heirat eines Scheichs, Lotto-Gewinn). Der Begriff der Utopie wird hier in einem sehr eingeschränkten Verständnis verwendet. Er bedeutet lediglich, daß aus der Sicht des Auswerters, d.h. hier: aus meiner Sicht, die faktische Realisierung dieses Projektes in den nächsten fünf Jahren nicht zu sehen ist. Das schließt aber keinesfalls aus, daß die jeweiligen Projekte in *hohen Maße identitätsrelevant* sein können, im Gegenteil. Denn, wie man in Ahnlehnung an Saint-Exupéry sagen könnte: Nicht das Wissen darüber, wie man segelt, treibt einen dazu, es zu tun, vielmehr ist es die Sehnsucht nach der Weite des Meeres. So gelesen rahmen Utopie-Projekte in einer diskursiven Schablone Wünsche, Träume, Sehnsüchte, die sich im bisherigen Leben noch nicht konkretisieren konnten, sich vielleicht auch nie konkretisieren werden, aber doch ein Suchen, Warten, Hoffen und damit eine Orientierung begründen. Möglicherweise zeigt sich gerade in ihnen das Unsagbare, Unplanbare, Unstrategische und damit die Seite von individueller Zukunft, die einer Projektlogik notorisch entgeht. In manchen Fällen ist eine Einordnung schwierig, etwa im Falle der *"Animateurin auf Fuerteventura"* (*Karin*). Dieses Ziel ist wohl durchaus erreichbar. Auf die Irrealitätssphäre verweisen indes die sehr spezifischen Vorstellungen zu diesem Projekt. Denn ich würde erwarten, daß Projekte, die aktuell ohne Verbindung zur Realität sind und völlige Neuorientierungen darstellen, zunächst realistischerweise vergleichsweise allgemein formuliert werden.

Werden sie es nicht, dann vermute ich, wie im vorliegenden Fall, eher ein Erlebnis dahinter (Cluburlaub in Fuerteventura), das Anlaß zum Träumen gab. Schließlich gibt noch eine besondere Art der Aussagen, die *Kommentare.* Sie beziehen sich kommentierend auf die Aufgabenstellung selbst, d.h. den Auftrag, sich über die eigene Zukunft zu äußern. Hier gibt es Anmerkungen über die Schwierigkeit oder auch Unmöglichkeit dieses Vorhabens (*"Wer weiß das heute schon?"*). Sie begründen auch eine Beschränkung bei der Formulierung alternativer Zukünfte (*"an mehr denke ich momentan eigentlich nicht"*). Die Kommentare sind keinesfalls nur als beiläufige Meinungsäußerungen über den Sinn bzw. Unsinn der Aufgabenstellung zu verstehen. Sie sind v.a. auch evaluative Aussagen grundsätzlicher Art zu der Frage, ob es Sinn macht, über die eigene Zukunft nachzudenken, sich in ein Verhältnis zu ihr zu setzen. Insofern zeigt sich in diesen Kommentaren so etwas wie eine Lebensphilosophie, eine Haltung gegenüber dem eigenen biographischen Bogen und seiner reflektiven Gestaltung.

Abgesehen von der inhaltlichen Aussage werden all diese Projekte natürlich in einer spezifischen Weise bewertet und in Relation zum aktuellen Zustand gesetzt. Dies geschieht insbesondere durch die oben diskutierten Stilmittel, z.B. den Komparativ (sicher*er*) und Modalwörter wie *"hoffentlich"* oder *"wahrscheinlich"*.

7.3.3 Geschlechtsspezifische Unterschiede bei der Nennung von Identitätsprojekten

Unter geschlechtsspezifischen Gesichtspunkten ist die Frage interessant, wie die Projekte Arbeit und Familie miteinander in Beziehung gesetzt werden. Denkbar ist, daß sie in *einer* Teilnarration verknüpft werden oder aber auf *verschiedene* Teilnarrationen verteilt sind. Im zweiten Fall scheinen sie geringer miteinander verzahnt zu sein, als wenn sie quasi "in einem Atemzug" genannt werden. Sind sie auf *zwei* Teilnarrationen verteilt, dann werden sie offensichtlich parallel, unverbunden betrachtet oder gar in Opposition zueinander gestellt. Wie zu erwarten, zeigt sich, daß das Modell der Verzahnung, also der Nennung beider Projekte in einer Teilnarration, bei Frauen häufiger vorkommt als bei Männern

(10♀:6♂). Dies ist sicherlich keine in einem statistischen Sinne valide Aussage, sondern kann allenfalls als Trend registriert werden. Damit würde die These zumindest in der Tendenz gestützt, daß Frauen häufiger als Männer in ihren Zukunftsoptionen Arbeit und Familie zusammendenken (müssen).

a) Das Projekt der raumbezogenen familialen Ablösung

Der markanteste Unterschied zwischen Frauen und Männern besteht aus inhalts-analytischer Sicht bei zwei Kategorien, nämlich dem eigenen Haus bzw. der eigenen Wohnung und bei einem längeren Auslandsaufenthalt. 9 Frauen gegen-über 1 Mann beziehen sich in irgendeiner Form darauf, in fünf Jahren ein eige-nes Haus oder eine eigene Wohnung zu haben. Dies könnte darauf hindeuten, daß die Doppelstrategie Beruf und Haushalt sich nicht oder nicht ausschließlich am Faktum einer Partnerschaft festmacht, sondern auch raumbezogen gedacht wird im Sinne eines dann zu konkretisierenden eigenen Ortes dafür. Der Prozeß der *De-Familialisierung* (Krüger, 1993, S. 84) verläuft bei weiblichen Jugend-lichen anscheinend mit einer stark ortsbezogenen Thematik. Die *neue* eigene Familie wäre dann nicht nur personal bestimmt, sondern v.a. auch räumlich durch den eigenen Ort. Der Befund paßt im übrigen zu empirischen Ergebnis-sen, wonach bei Mädchen der Wunsch nach einem Auszug von zuhause größer ist als bei Jungen. Bei letzteren wird von der Herkunftsfamilie wesentlich prob-lemloser ein "Hotelverhalten" akzeptiert als bei Mädchen.

b) Das Projekt der "Fremde"

9 Frauen gegenüber 2 Männern formulieren ein Auslandsprojekt, das über eine bloße Fernreise hinausgeht, also Auswandern oder längere Auslandsaufenthalte. Die Projekte werden zudem oft mit einer beruflichen Umorientierung gekoppelt. Das könnte etwas mit der geschlechtsspezifischen Selektion im Berufsbild des Verwaltungsfachgestellten (VFA) zu tun haben. Männer, die diesen Beruf er-greifen, wären danach vergleichsweise sicherheitsorientiert und wenig expe-rimentierfreudig; sie sehen ihre Entscheidung *für* die Verwaltung gerade als Entscheidung *gegen* so Exotisches wie Auswandern u.ä.. Für Frauen, zumindest die hier Befragten, ist Verwaltung in einem viel geringeren Maße eine Le-

bensentscheidung. Vieles ist noch möglich, nichts ist endgültig geregelt. Schon allein die Perspektive Partnerschaft und Kinder wird dafür sorgen, daß noch vieles durcheinandergewirbelt wird. Ausland als das "ganz andere" ist dann viel weniger irreal als im Fall der Männer. Der Unterschied wäre weniger ein geschlechtsspezifischer als ein selektionsbedingter. Denkbar ist auch, daß sich in diesem Projekt eine allgemeine geschlechtsspezifische Flexibilitätsversicherung artikuliert, d.h. die Bereitschaft zu den in der "normalen" Frauenbiographie zu findenden kinderbedingt wechselnden Arrangements von Arbeit und Familie wie auch zur allgemeinen Orientierung an der Berufsbiographie eines potentiellen Partners (z.b. berufsbedingte Umzüge): ich bin veränderungsbereit und -willig. Dem widerspricht allerdings hier die Verknüpfung des Auslandswunsches mit *eigenen* beruflichen Projekten.

Schließlich könnte man dieses Auslandsprojekt auch als den Wunsch nach Fremdheitserfahrung lesen. In diesem Wunsch kann sich vielerlei ausdrücken, zum einen vielleicht das Motiv des "Absterbens" des Kindes, ein Statuswechsel, der in archaischen Kulturen durch die zeitweise Distanzierung und Isolierung von der Familie, vom Dorf erreicht wird (van Gennep, 1909). Zum anderen vielleicht auch, daß man, um seine "eigene Narration" zu finden, sich anderen aussetzt im Sinne der bereits erwähnten *border identity* (McLaren, 1993). Die narrative Figur der Wanderschaft im Sinne der Lehr- und Wanderjahre kann hier als Form der Suche nach der Identität verstanden werden. So gesehen würde die "Wanderschaft" zum sozialen Ritus gehören, der den Übergang von der Jugend in den Status des Erwachsenseins kennzeichnet und sie wäre damit ein Aspekt der Statuspassage, der mit der Frage nach dem richtigen Leben und dem Sinn des Lebens gekoppelt ist. In den Wunsch nach Weggehen kann sich also vieles kleiden, z.B.

– Flexibilitätsdemonstration
– "Absterben" (als Kind): Symbol des Statuswechsels
– Erfahrungsraum durchwandern bevor er (im nächsten biographischen Abschnitt) geschlossen wird (Lehr- und Wanderjahre).

7.3.4 "Normale" Identitätsprojekte und ihre subjektive Bewertung

Eine inhaltsanalytische Überprüfung der Identitätsprojekte unter dem Blickwinkel ihrer "Normalität", ihrer Erwartbarkeit angesichts sozialer Konventionen und lebensphasischer Spezifika zeigt, daß solche "normalen" Projekte in beinahe allen Narrationen einen hohen Stellenwert haben. Die Frage des *Inkrementalismus* (Schimank, 1988), der vorsichtigen Fortschreibung der eigenen Biographie unter Rekurs auf normalbiographische Modelle ist in verschiedenen Studien aufgeworfen worden (Marcia, 1989; Kraus & Mitzscherlich, 1995; Guichard, Hillou & Huiteau, 1993). Die Diskussion kreist insbesondere um die Frage nach dem strategischen Nutzen einer solch "konservativen" Strategie in einer individualisierten Gesellschaft. Die Narrationen erzählen von plausiblen, naheliegenden Projekten. Ein wesentlicher Unterschied zeigt sich allerdings in der Regel am *Ende der Narration*, so, wie er sich in der Antwort auf die dritte Frage (Z3) zeigt. Hier findet sich oft eine Antwort, die gelesen werden kann als ein Kommentar zum inkrementellen Aspekt der formulierten Projekte.

RAINER[10]
Z-1   Ein Mensch, der hoffentlich seine
        Ausbildung mit Erfolg abgeschlossen
        hat.
Z-2   Hoffentlich ein besserer Christ als vor
        meiner Taufe letzten Jahres.
Z-3   Eventuell verheiratet, Wohnung und
        Kinder, wie dieses 0815-Schema.

ELLA
Z-1   ruhiger und ausgeglichener in jeder Hinsicht ob
        weggehen oder im Beruf
Z-2   – Ich werde häuslicher sein und einen festen
        Partner haben
Z-3   So richtig kann ich es mir nicht vorstellen,
        wie ich da sein werde, Ich lasse alles ruhig
        auf mich zukommen, man wird sehen was die
        Zukunft bringt

---

10   Alle Abschriften von Gesamttexten einer Narration beachten Orthographie, Interpunktion und
      zeilenweise Textanordnung des Originaltextes. Die Kürzel Z1, Z2, und Z3 für "Zukunft 1"
      usw. beziehen sich auf die drei Antworten zur eigenen Zukunft.

THEO

Z-1   Ich hoffe, daß ich in meinem Beruf ziemlich
      weit vorwärts komme und eine Familie ernähren
      kann.
Z-2   Allerdings könnte ich mir auch vorstellen,
      daß ich irgendwo festhocke und keine Stelle
      für mich frei wird.
Z-3   Ich könnte auch im Lotto gewinnen und mir
      einigen Luxus gönnen, den ich mir in meinem
      Beruf wahrscheinlich nicht leisten könnte.

Die vorgestellten Projekte sind alles andere als aufregend. Sie betonen den
Aspekt der Fortschreibung, Weiterführung bereits begonnener Entwicklungen.
Allerdings unterscheiden sich die Enden der Geschichten, so wie sie sich jeweils
in *Zukunft 3* (Z3) darstellen, sehr stark voneinander. So ist *Rainers* Antwort Z3
geradezu resignativ, obwohl er doch in Z2 ein Projekt formuliert, das wesentlich von seiner eigenen Dynamik abhängt (Christ sein). Im Kontrast dazu wirkt
der Begriff des "08/15-Schema" noch niederdrückender, als er es ohnehin wäre.

Ella dagegen formuliert eine situative Variante mit dem Vertrauen auf eine
prästabilisierte Harmonie. Ihre ganze Narration ist durchzogen von der Erwartung von Ruhe und Gleichgewicht. Und in dieser Haltung möchte sie auch die
Zukunft erwarten. Darin drückt sich ein Vertrauen aus, sie meistern zu können,
sie aber auch nicht planen zu können. Ja, der Versuch wäre schon Hektik und
gerade das Gegenteil von der Haltung, die es braucht, um sie zu meistern.

Theo schließlich fügt noch eine utopische Variante an. Seine Antwort Z3 verweist nicht auf das "richtige" Leben, die "richtige" Haltung der Zukunft gegenüber, sondern die Vielfalt der Möglichkeiten und Zufälle. Allerdings müssen
sich diese Optionen schon beinahe selber aufdrängen, um wirksam zu werden.
Es ist kein wendiges Spähen nach allen Seiten, als vielmehr eine eschatologische
Heilserwartung, was er da projiziert.

Es läßt sich also eine *resignative, eine situative und eine utopische Variante*
des Inkrementalismus unterscheiden. Die utopische Variante (*Theo*) benennt
einen Ort des Andersseins, der unverbunden ist mit dem Jetztzustand. Die situative Variante (*Ella*) dagegen weigert sich, über die Zukunft außerhalb konkreter
Projekte auch nur nachzudenken, geschweige dann zu phantasieren. Die resignative Variante (*Rainer*) schließlich hat die Konnotationen der Alltäglichkeit, der

Normalität in einem abwertenden Sinne, ohne einen Ausweg zu sehen. Unter dem Gesichtspunkt der Geschlechtsspezifität fällt auf, daß der utopische Inkrementalismus mit dem Utopieprojekt Ausland insbesondere *bei den Frauen* auftritt. 6 der 9 Frauen, die dieses Projekt formulieren, tun es mit Z3 *als abschließender Figur einer inkrementellen Planung.* Demgegenüber lesen sich die inkrementellen Projekte der Männer wesentlich resignativer.

7.3.5 Der Zukunftsbegriff in den Identitätsprojekten

Als nächstes wende ich mich dem Zukunftsbegriff zu, so wie er sich in den verschiedenen Darstellungen bezogen auf die einzelnen Projekte zeigt. Es geht also hier um die Frage, in welchem Zusammenhang das Identitätsprojekt mit der aktuellen Situation steht. Projektbezogen lassen sich sechs verschiedene Zukünfte unterscheiden:

a) *Zukunft als ein Danach/Davor*: Hier wird die Zukunft aus der gegenwärtigen Situationsdynamik heraus entwickelt. Sie ist dadurch markiert, daß in ihr ein aktuell zu realisierendes Projekt beendet sein wird:

– Ich bin mit meiner Lehre fertig (*Bianca*)
– In 5 Jahren bin ich seit 4 1/2 Jahren erwachsen (volljährig). Außerdem habe ich da bereits meine Lehre abgeschlossen und den Autoführerschein. (*Bert*)

Zukunft ist also das "Danach" dieses aktuellen Projektes und das "Davor" des nächsten. Sie ist nur insofern offen, als das daran anschließende Teilprojekt noch nicht benannt ist. Wir sehen ein auktoriales Subjekt, das strategisch mit einem *beschränktem Horizont* arbeitet, um in einem "mittleren" Zukunftshorizont handlungsfähig zu bleiben. In der Planungssprache spricht man von *Piecemeal Engineering*, der schrittweisen Weiterplanung auf der Basis des Bestehenden und ohne große Visionen: Immer der Reihe nach und eins nach dem anderen.

b) *Zukunft als Kontinuität*: Diese Identitätsprojekte beschreiben einen Stillstand, ein Einfrieren der gegebenen Situation.

- Ich denke, daß ich in 5 Jahren noch nicht viel anders bin.. (*Ulf*)
- .. und sonst wird sich bei mir bestimmt nichts ändern (*David*)

Dieser Typus verhandelt das Thema "gleichbleiben und sich doch verändern" und insistiert auf dem Aspekt des Gleichbleibens. Das klingt eher hohl, wie das sprichwörtliche Pfeifen im Wald. Gerade weil der *Schreiber* so darauf insistiert ("bestimmt nicht"), wächst beim *Leser* das Mißtrauen: Was ist es, das da so massiv gebannt, abgewehrt werden muß? Unter dem Gesichtspunkt der Strategie könnte man von einer Subjektimmunisierung durch eine Kontinuitätsbeschwörung sprechen: Ich bin ich und werde immer ich sein.

c) *Zukunft als konkrete Bedrohung*: Der Wunsch gleichzubleiben ist hier nicht mehr so allumfassend wie unter (b). Alles mögliche mag passieren, aber nur *das* bitte nicht! Es lauert eine Gefahr am Horizont. Das Identitätsprojekt besteht u.a. darin, dieser Gefahr zu begegegnen, diese potentielle Zukunft nicht eintreten zu lassen.

- hoffentlich ein Mensch und keine sture Maschine (*Viktor*)
- Ich will noch nicht schnell alt werden (*Ulf*)
- als Vater könnte ich mich überhaupt nicht vorstellen, ich glaube, ich werde für immer ledig bleiben (*Christoph*)

In der Darstellung bleibt der Grund für dieses "Bloß nicht"-Projekt unklar. Es handelt sich um eine ähnliche Zukunft wie die der Kontinuität. Das Abstraktionsniveau und der Horizont sind indes anders. Während die Kontinuitätsbeschwörung eher allgemein bleibt, wird die bedrohende Zukunft mit einem oder mehreren Negativ-Projekten sehr präzise benannt und umrissen. Darin zeigt sich, daß sie bereits imaginiert worden ist, während bei der Kontinuitätszukunft sich eher eine fehlende Bereitschaft zu Projektformulierungen zeigt. Ex negativo werden hier *Identitätsanker* benannt (Camilleri, 1990), die dem Subjekt seine Selbigkeit in der Veränderung garantieren sollen.

d) *Zukunft als Verlängerung*: Hier geht es um Projekte, die in der Logik des bisherigen Lebens liegen: Der *Angestelltenlehrgang 2* (Al 2) als typische Form einer möglichen Weiterqualifikation für Verwaltungsfachangestellte ist ein solches Projekt, das die Voraussetzung für einen beruflichen Aufstieg darstellt. Auch die Heirat und Familiengründung liegt in einer normalbiographischen Logik.

- schufte gerade bei der Bundeswehr (*Frank*)
- Ich werde meinen Freund Peter heiraten (*Olga*)
- vielleicht schon ein Kind (*Maria*)
- Ich weiß nicht, ob ich fünf Jahren schon verheiratet bin, lieber würde ich noch etwas länger warten (*Xenia*)

Die TeilnehmerInnen beziehen sich hier auf biographische Automatismen, die sich aus der Einbettung der Biographie in gesellschaftlich normierte Statusabfolgen ergeben. Die jeweiligen Unterschiede liegen in der Ausgestaltung der Auktorialität, der Handlungsträgerschaft. Manches widerfährt einem (*Frank*), anderes ist (in Maßen?) beeinflußbar (*Xenia*). Diese Zukunft läßt sich lesen als strategischer - spätmoderner - Blick auf den nächsten Planungsabschnitt, aber auch als dialektische Narration, die verschiedene Weggabelungen anbietet, wo im Sinne Eriksons ein für allemal Entscheidungen getroffen werden müssen. Dies betrifft v.a. solche gesellschaftliche Biographieangebote, die Oppositionen darstellen.

e) *Zukunft als neues (nachholendes) Projekt nach Reevaluation.* Die benannten Projekte schließen an die gegenwärtige Situation an und werden mit einem unterschiedlichen Grad an Hoffnung und Auktorialität formuliert. In der Regel beziehen sie sich auf die aktuelle Arbeitssituation. Die sich daraus ergebende berufliche Logik wird aktiv infragegestellt und durch eine neue Weichenstellung neu entwickelt.

- ich habe gerade die Berufsschule hinter mir und studiere Informationstechnik (*Ernst*)
- Vielleicht muß ich mich umschulen lassen um einen PR-Beruf ausüben zu können (*Leo*)
- Abitur nachgeholt, etwas Soziales studiert und dann in der Sozialarbeit tätig (*Lisa*)

f) *Zukunft als Bruch, als das "ganz andere"*. Diese Projekte scheinen ohne Anbindung an die bisherige Biographie und hängen in der Regel von Glück/Pech und/oder Zufall ab (, Lottogewinn, Unfall o.ä.). Im Falle des Auslandsaufenthaltes wird zu prüfen sein, welchen Stellenwert die Projekte im Rahmen der jeweiligen *Narrationstypen* haben.

- Vielleicht lebe ich nicht mehr, weil ich verunglückt bin oder mich aus Liebeskummer oder Unzufrieden umgebracht habe (*Maria*)
- Vielleicht wird alles ganz anders als ich es mir vorstelle (*Leo*)
- Ich könnte auch im Lotto gewinnen .. (*Theo*)
- Missionarin im Ausland (*Lisa*)
- Animateurin auf Fuerteventura (*Karin*)
- Ich werde alleine nach Amerika auswandern und die Spuren Marilyn Monroes nachvollziehen und einen Amerikaner heiraten, der viel Money hat. Der Party's gibt und Rob Lowe und Pierce Brosnan dabei sind (*Olga*)

Es zeigt sich, daß die Identitätsprojekte, kategorial betrachtet, noch wenig aussagen über eine *Identität als Projekt*. Bezieht man die Qualität der *Zukunftsbezogenheit* mit ein, so wird die *Tönung* deutlich, in die hinein die einzelnen Projekte plaziert werden. Die Zukunftsbezogenheit kann von sehr unterschiedlicher Qualität sein und entsprechend verschieden sind die Auswirkungen auf die Projekte selbst. Sie kann zum einen die Funktion haben, eine Entfaltungslogik zu begründen, in die hinein sich die Projekte plazieren, ohne daß das Subjekt viel dazutun müßte. Zukunft kann aber auch die Funktion haben, ein diffuses oder konkretes Bedrohungsszenario aufzubauen, das notwendig alle Identitätsprojekte einfärben muß. Diese Gefährdungen können namenlos sein; allein die Änderungszumutung: Du wirst nicht derselbe bleiben, genügt als Schreckensszenario; sie können aber auch einen Namen haben (Heirat, Vaterschaft). Wer "alles, bloß *das* nicht" will, muß alle Projekte peinlich daraufhin überprüfen, ob sie ihm nicht "gerade das" an den Hals schaffen. Schließlich kann Zukunft auch "das andere" sein, ein Ort, in dem biographische Umbauten und Reorganisationen stattfinden, wo auch Utopien möglich sind. Zukunft wäre hier ein Optionsraum, in den hinein sich das Subjekt konkret weiterplanen (Umschulung) oder aber zufallsheischend plazieren kann (Lottogewinn).

7.4 Narrationsanalyse: Identitätsprojekte als Narration

7.4.1 Analyse der Erzählfiguren

Von einer inhaltsanalytischen Perspektive, die sich wesentlich auf die Projekte und ihre Fortschreibung/Änderung bezogen hat, wechsle ich jetzt über zu einer narrationsbezogenen, die sich auf die Qualität der Texte als *Narrationen* konzentriert. Der Erzählraum besteht, wie beschrieben, aus neun Zeilen, untergliedert durch die dreimalige Frage nach dem zukünftigen Selbst (Anhang). Im folgenden untersuche ich, wie dieser Raum in seiner Gesamtheit genutzt worden ist. Zunächst einmal ist zu überprüfen, ob es sich bei den produzierten Texten um den Texttypus *Narration* handelt. Die Texte erfüllen nicht alle Kriterien für eine *wohlgeformte Narration* (Gergen & Gergen, 1988). Der wesentliche Punkt ist, daß sie keine Kausalitätsstrukturen entfalten. Anders als z. B. eine vergangenheitsbezogene Selbst-Narration darüber, "wie es gekommen ist, daß ich selbstbewußter geworden bin", gibt die zukunftsorientierte Narration nur das Ziel der Geschichte an: "selbstsicher", auf das hin das Individuum sich erzählen will, nicht jedoch, wie genau dies geschehen soll. Dies ist auch schlecht möglich, weil die Ausformulierung der Geschichte, ihr Durchleben ja noch aussteht. Was angegeben wird, sind Endzustände, also Ziele der Geschichte, z. B. Heirat. Diese angegebenen Endzustände stehen teilweise in Widerspruch, in Opposition zueinander, z. B. "heiraten vs. ledig bleiben", so daß für die zu entfaltende Narration auch die Polarität bestimmt ist. Eine solche Oppositionsstruktur findet sich nicht immer. Etliche Texte sind als Stabilitätsnarration konstruiert ohne komplizierendes Element. Hier erwarten die Erzählenden keine komplizierten Entwicklungen bei der Entfaltung der Handlung.

Die Identitätsprojekte werden mit einem *unterschiedlichen Grad an Dynamik* erzählt. Es gibt finale Projekte, deren Realisierung einen stabilen Zustand verheißt (*verheiratet*) und somit den aktuellen Zukunftshorizont beschreibt. Andere Ziele werden eher dynamisch präsentiert als Momentaufnahmen, in denen das Überschreiten des Horizontes nicht geplant, aber als Haltung doch antizipiert ist (*"in fünf Jahren bin ich gerade .. "*). Auch wenn also das Projekt in der Regel als Zustand angegeben wird, so handelt es sich doch um eine Zustandsbeschreibung, die als Kern-Narration auf eine dahinter liegende Geschichte verweist.

Die *drei Teilnarrationen* zu den drei Fragen können sowohl einzeln untersucht werden, als auch in ihrer Stellung zueinander. Es ist nämlich davon auszugehen, daß sie in einem *engen Verweisungszusammenhang* stehen. Die Anwort auf Frage 2 entsteht nicht unabhängig von der in Frage 1 gegebenen. Sie ist, im Gegenteil, gedankliche Fortführung, Kontrapunkt, Präzisierung oder Verstärkung von Antwort 1. Und die letzte Teilgeschichte bildet nicht lediglich eine nochmalige Fortsetzung, sondern auch den Abschluß der Gesamtnarration. Sie wird formuliert mit dem Wissen, daß mit ihr die Darstellung endet, sie also die Darstellungsfigur abschließt. Ich habe einige "klassische" Erzählmuster benannt: Die Stabilitätsnarration, die progresssive Narration, das Leben als Kampf, die dialektische Narration. Mir geht es v.a. um die Frage, ob und wie die Frage der *Perspektivbildung* verhandelt wird. Zeigt sich etwas vom Ende der Zukunft und einer postmodernen Weigerung weiterzuplanen oder vom spätmodernen, auktorialen Subjekt, das auf die Möglichkeit dazu insistiert, wenn auch unter der Bedingung einer verkürzten Planungsperspektive? Oder finden wir eine passagenorientierte moderne Narration: Adoleszenz als Ringen an der Weggabelung um die richtige Entscheidung für das weitere Leben? Zunächst einmal stelle ich drei Narrationstypen vor, die in großem Kontrast zueinander stehen.

a) Der Typus einer dialektischen Versöhnung

Georg habe ich ausgewählt, weil er auf den ersten Blick ein geradezu klassisches Beispiel für die dialektische Nutzung des Erzählraumes bietet. Auf die dreimalige Frage: "Wer wirst du in fünf Jahren sein?" antwortet Georg so:

GEORG
Z-1 Fünf Jahre älter, aber immer noch der
     selbe Typ
Z-2 sportlicher, sicher, also das Gegenteil
     wie jetzt
Z-3 In der Mitte der ersten beiden
     Antworten

Deutlich wird hier, daß die drei Teilnarrationen sich in der Tat gegenseitig kommentieren, kontrastieren und daß das letzte Statement eine abrundende Funktion hat. Mit der Zukunft 1 (Z1) projektiert Georg eine Kontinuität, die lediglich durch das Unabänderliche, das Alter durchbrochen wird. Zukunft 2 (Z2) entwirft die Gegenfigur, nämlich eine Veränderungsdynamik. Z3 schließlich prognostiziert einen Ort in der Mitte der beiden Antworten. Diese Versöhnungsfigur bleibt aber auf einer sehr allgemeinen Ebene, auch wenn sie mit der "Mitte" Genauigkeit suggeriert. Die dialektische Figur ist nicht durchgearbeitet, Denn in Z3 findet sich keine Versöhnung der Projekte, sondern eine abstrakte Prognose, ohne konkreten Bezug auf das, was da versöhnt werden soll. Georg weicht dieser Aufgabe aus, indem er sich auf eine abstrakte lebensphilosophische Position zurückzieht. Und da kann dann die Versöhnung auch als genaue "Mitte" angegeben werden, weil sie bar jeder Konkretion ist.

Die *Dynamik der Narration* entfaltet sich nicht nur antithetisch zwischen den Teilnarrationen, sondern auch innerhalb derselben. Dort arbeitet sich Georg an den Paradoxa jeder Entwicklung ab: Gleichbleiben und sich doch verändern. Fremd werden und sich doch in dieser Veränderung wiedererkennen. Die Frage des Gleichbleibens in der Veränderung steht in Z1 im Vordergrund: Georg wird älter, aber er bleibt gleich, ist immer noch derselbe Typ. In Z2 wiederum ist das Thema die Veränderung, in der man sich doch wiedererkennen kann. Die Spannung dieses Prozesses zeigt sich in den verwendeten Stilmitteln. Auf der *semantischen Ebene* betont er die Veränderung durch die Projektierung des *"Gegenteiles von jetzt"*; *stilistisch* hingegen prognostiziert er Kontinuität, das Sich-wieder-Erkennen, indem er den Komparativ verwendet: Er wird nicht sportlich (gegenüber *"unsportlich"*), sondern sportliche*r*. Damit verortet er sich auf einem Kontinuum, das aus der Gegenwart in die Zukunft reicht. Auf diese Weise schafft es Georg, eine *Aufwärtsnarration ("sportlicher")* mit einer *antithetischen (*"das Gegenteil wie jetzt"*)* zu verbinden.

Wie geht Georg mit der Projektierung seiner persönlichen Zukunft um, welche Strategie setzt er ein für das *Management von Ambiguität?* Man könnte sagen: Er geht "philosophisch" damit um. Er nimmt der Gesamtnarration zumindest vordergründig die Spannung, die Ambiguität dadurch, daß er die Zukunft nicht konkret mit Projekten füllt, sondern auf einer allgemeinen Ebene bleibt, auf der sein Resümee in Z3 dann geradezu weise und abgeklärt wirken kann. Damit bezeichnet er für die Zukunft einen Ort der Ruhe, den er jetzt noch nicht betreten hat. Denn das zeigen Z1 und Z2 deutlich: So wenig konkret sie auch sein mögen, sind sie doch voller Spannung und Paradoxa.

Georg formuliert das *Eriksonsche Modell*, allerdings in einer *hohlen Version*: Nach einer explorativen, krisenhaften Phase des Moratoriums, in der verschiedene Modelle des Selbst zu erproben sind und Normen erkundet werden, kann er erwarten, das Identity Achievement, die ausgebildete Identität zu erreichen, gekennzeichnet von einer hohen Integration und klaren Perspektive. Hohl ist dieses Modell hier deswegen, weil es wesentlich in der Versicherung bzw. Hoffnung auf eine prästabiliserte Harmonie besteht. Der Weg dahin oder auch nur der konkrete gegenwärtige Erkundungsraum für Alternativen ist nicht sichtbar. Man könnte sagen, daß es sich um eine Moratoriumsnarration handelt, die schon glaubt, um das Achievement zu wissen. Aber in dieses Wissen ist der Zweifel eingezogen, ob die Hoffnung, daß es sich "so schön richten" wird, daß sich also Identität als Mittelwert von alternativen Identitäten errechnen wird, nicht möglicherweise kontrafaktisch ist. Ich nenne diesen Narrationstypus eine *nostalgischen Moratoriumsnarration*.

b) Der Typus einer Strategienarration

Georg stelle ich *Paula* gegenüber. Ihre Narration unterscheidet sich in einer ganzen Reihe von Punkten.

PAULA

Z-1 In 5 Jahren möchte ich eine Stellung (Beruf) haben
die mir gefällt und mit der ich angemessen
Geld verdiene

Z-2 In 5 Jahren möchte ich eine eigene Wohnung
mit meinem Freund zusammen haben, mit dem
ich bis dahin gerne noch zusammen sein möchte

Z-3 In 5 Jahren will ich dann erst einmal meine
weitere Zukunft planen. z.B. wann ich Kinder
haben will und ob und wann ich heiraten will

Paula nützt den Erzählraum in ganz anderer Weise. Statt eines dialektischen Modells zeigt sich hier ein *Stufenmodell*. Paula nimmt die (von mir) vorgegebene Fünfjahresmarke als Evaluationszeitpunkt, von dem aus dann weiter geplant werden kann, ganz im Sinne eines *modernen Projektmanagements*: Planung → Ausführung → Evaluation → Planung → Ausführung usw.. Die einzelnen Projekte wirken sehr konkret. Diese Wirkung erzielt Paula dadurch, daß sie ihre Geschichten im Präsens geschrieben und als konkrete Wünsche formuliert hat (*"möchte haben"*). Ganz deutlich wird, daß nicht Schicksalsmächte am Wirken sind, sondern Paula selbst: Die Stellung muß nicht nur gut sein, sondern sie muß *ihr* gefallen, sie muß *angemessen* Geld verdienen. Sie *"möchte"* und sie *"will"*.

Wo sind in ihrem Programm die *Ambivalenzen*? Auf den ersten Blick sind keine zu erkennen. Die Projekte Arbeit (Z1) und Partnerschaft (Z2), das "klassische Spannungsfeld" werden fein säuberlich parallel und doch getrennt entwickelt. Das Zentralprojekt Zukunft hat einfach zwei Teilprojekte, die abgewickelt werden, anscheinend ohne viel miteinander zu tun zu haben. Und wenn sie abgeschlossen sind, dann wird das Zentralprojekt fortgeschrieben werden. Die mögliche Spannung zwischen familialem Programm und beruflicher Entwicklung wird nicht negiert, sondern in Teilpläne zerlegt. Als Strategien zum Umgang mit Ambivalenzen setzt Paula Klarheit der Ziele und Parallelisierung von Teilprojekten ein. Das Leben, die Zukunft sind nichts, was einen überwältigt. Sie wird gemacht und beeinflußt von mir selbst. Ambiguitäten sind beherrschbar, können aufgelöst werden in Teilziele und Teilprojekte. Mögliche Zielkonflikte betrachtet Paula nicht als Gegenstand von Tiefgründeleien, sondern als Planungsaufgabe, wobei es insbesondere auf die Abgrenzung sinnvoller Teilprojekte ankommt.

Paula befindet sich nicht mehr in einem Abwägungsprozeß, wie er für das Eriksonsche Moratorium typisch ist. Sie ist vielmehr dabei, ihre Entscheidungen umzusetzen. Die Hoffnung auf ein Gelingen des Prozesses liegt nicht mehr - wie bei Georg - außerhalb ihrer Person, in einer ewigen Prozeßlogik begründet, sondern in ihr selbst als einem *auktorialen Subjekt*. Ihre Zukunft ist zuvorderst ihr Werk. Sie ist strategisch zu besetzen. Eine getrennte Betrachtung der einzelnen Lebenswelten behindert nicht die Integration, sondern macht sie im Gegenteil erst möglich. Denn dadurch werden Projekte, die in Opposition zueinander stehen, beherrschbar. Die Perspektive ist kurz, die nächste Reevaluation programmiert. Zukunft bekommt auch nach erfolgten Weichenstellungen nicht die Qualität eines sich quasi eigengesetzlich entfaltenden Prozesses. Sie ist vielmehr immer und immer wieder neu anzuvisieren und planerisch zu besetzen. Paulas Narration bezeichne ich als eine *Projekt-Narration*. Sie hat die Hoffnung auf ein auktoriales Selbst nicht aufgegeben. Identität ist möglich, aber sie ist eine nicht abschließbare Aufgabe und sie bedarf eines lebensweltbezogenen *Projekt-Managements*. Das genußvolle Bei-sich-Sein gelingt nur mit dem Gestus der Herrschaft über die Zeit und der Parzellierung von Erfahrungswelten. Mythologisch betrachtet ist noch ein ferner Anklang an die Taten des Herkules spürbar: Eine adoleszente Statuspassage, gekennzeichnet vom Durchwandern gefahrvoller Situationen. Bei Herkules allerdings mündet die heroische Narration ein in eine Stabilitätsnarration. Für Paula ist diese Erlösung nicht in Sicht. Das *Plateau des Erwachsenendaseins* (Livson & Peskin, 1980) ist zerklüftet.

c) Der Typus einer situativen Orientierung

ULLA
Z-1   Vielleicht bin in verheiratet und kriege mein
       erstes Kind oder ich mich gerade erst
       verlobt oder ich bin solo und genieße mein
       Leben.
Z-2   ~~Vielleicht~~ Wahrscheinlich bin ich dann eine
       kleine graue Maus unter vielen, die morgens
       zur Arbeit geht u. abends nach Hause kommt.
       Mehr nicht!
Z-3   Vielleicht finde ich einen reichen Scheich und
       ~~jett~~ reise das ganze Jahr um die Welt oder ich
       werde ein ÖKO und versuche das Ozonloch zu
       "flicken". Wer weiß das heute schon?

Ulla dient mir als ein weiterer Kontrastierungsfall. Sie nutzt den Erzählraum auf eine dritte Weise. Weder verwendet sie ein dialektisches Modell in ihrer Narration, noch stellt sie eine geschlossene Projektlogik vor. Sie baut insbesondere zwei Argumente auf. Das eine ist: alles ist möglich. Das zweite ist mit dem letzten Satz bezeichnet: "Wer weiß das schon heute?" Zukunft ist für *Ulla* also weder *Paulas* Land, in das schon heute Planken gelegt werden können, noch das dasjenige *Georgs*, wo ewige Gesetze zu Homöostasen führen. Zukunft ist das

Nicht-sichtbare und selbst die eigene Person bietet *Ulla* keine Gewähr, wie diese Reise aussehen wird. Wertentscheidungen für Ökologie, für Kinder scheinen beliebig.

Die erste Teilgeschichte handelt mögliche Modelle der Partnerschaft ab. Ulla tut dies in Momentaufnahmen: Sie *"kriegt"* gerade ein Kind, sie hat sich *"gerade erst"* verlobt, sie *"genießt"* ihr Leben *"solo"*. Z2 verhandelt die berufliche Zukunft auf eine sehr skeptische Weise. Diese drückt sich aus durch die Verwendung des Bildes der "kleinen grauen Maus unter vielen" und wird noch verstärkt durch den Ausruf *"Mehr nicht!"* am Ende von Z2. Während in Z1 der Schnappschuß das Stilmittel ist, ist es hier die "Tretmühle", das immer gleiche. Die abschließende Narration schließlich öffnet das Spektrum noch einmal und nimmt Stellung zu der Frage, woher denn die Rettung aus der Tretmühle kommen könnte: Das könnte zum einen über die Partnerschaft sein. Der Prinz, der Aschenputtel vom Erbsenlesen befreit. Eine andere Rettungsmöglichkeit aus der Sinnlosigkeit wäre ein Projekt der Sinngebung (*Ozonloch flicken*). Die eigene Existenz mit dem Engagement für ein gesellschaftliches Projekt verbinden und so einzigartig machen. Wie skeptisch sie gegenüber der Tragfähigkeit solcher Projekte der Sinngebung ist, zeigt sich allerdings deutlich in der ironischen Wortwahl.

Die *Ambivalenzen* sind bei Ulla v.a. im privaten Bereich spürbar. Da ist alles möglich und wird nichts ausgeschlossen. Das hat etwas Beliebiges, in der scheinbaren Wurstigkeit hedonistisch Fröhliches. Entweder ist Ulla sich (noch) nicht über ihr Projekt im Klaren, oder aber sie hat Zweifel an ihrer Auktorialität. Der berufliche Bereich ist zwar mit mehr Sicherheit, aber mit großer Abwertung beschrieben: Während in Z1 und Z3 "vielleicht" verwendet wird, ist die Prognose in Z2 "wahrscheinlich". Bei Ulla wird deutlich, daß sie sich in *sehr disparaten Zukünften* bewegt. Die partnerschaftliche Zukunft ist - auch von ihren Wünschen her - völlig offen, die berufliche dagegen eine bloße unendliche Repetition des Seienden. Sie wird mit einer beträchtlichen Verzweiflung beschrieben. Diese Verzweiflung wird noch klarer, wenn man sich Z3 einmal wegdenkt, ihre Antwort also mit *"Mehr nicht!"* enden würde. Das ist gar nicht auszuhalten, soviel Spannung wird durch einen solchen Abschluß aufgebaut! Aufgelöst werden kann sie jedoch nur im Bereich der Utopie. *Georgs* prästabilisierte Harmonie ist hier nicht am Wirken. *Ulla* macht das dadurch deutlich, daß sie ihre Wünsche ironisiert: Der Scheich, der einen aller - materiellen - Sorgen enthebt oder das existentielle Projekt *"Ozonloch flicken"*, das dem Leben einen Sinn verleihen könnte. Wie man nach "Utopieland" kommt, das ist für Ulla nicht zu sehen.

Ullas Gesamtnarration wirkt wie eine *emotionale Achterbahn*. Ängste, Diffusion/Unentschiedenheit, utopische Heilserwartung sind nebeneinander vorhanden. Alles scheint möglich und was die Zukunft bringt, wird wesentlich situativ bestimmt sein, von einem situativen Entscheidungsprozeß abhängen. Mit vielen Möglichkeiten wird gespielt, von den befürchteten bis zu den utopischen. Vieles wird bedacht, geplant indes scheint nichts. Die "saubere" Abwicklung von Projekten ist weit, die Hoffnung auf die eigengesetzlich sich zeigende Sinnhaftigkeit des Lebens ebenfalls. Ullas Narration bezeichne ich als *situative Narration*, gekennzeichnet durch Zerrissenheit, situative Bezüge, Verweigerung einer Perspektivbildung. Bei ihr ist nichts von dem Vertrauen darauf spürbar, daß sie selbst es ist, die durch Strategiewahl und Systematik die Zukunft beherrschen könnte. Es ist auch kein Spiel mehr mit Optionen, wie es für das Moratorium charakteristisch ist. Sie signalisiert vielmehr, daß alles möglich ist - und auch das Gegenteil!

d) Situative Narration - Fall 2

Um den Typus einer situativen Narration noch etwas genauer zu untersuchen, habe ich Markus aus dem Fallmaterial ausgewählt.

MARKUS
Z-1   Markus, oh jetzt habe ich mich verraten,
       na ja was soll's. In 5 Jahren hoffe ich, daß
       ich daß bin, was ich mir vorstelle.
Z-2   kann auch sein. Sie wollen es wohl ganz genau
       wissen? Also ich gehe jetzt erstmal auf die FOS,
       mach mein Fachabi und dann sehen wir weiter.
       So weit vorausplanen bringt nichts. Macht das Leben langweilig.
Z-3   okay, ich könnt morgen auch die Treppe
       runterfliegen und mir den Hals brechen
       und Sie können mich ja dann mal in 5 Jahren
       wieder ausbuddeln und schauen wer ich dann sein werde.

218

Es fällt zunächst einmal auf, daß Markus die *Multidimensionalität* der Befragungssituation reflektiert und mit einzubeziehen versucht. Er denkt nicht nur über die Fragen nach, die auf dem vor ihm liegenden Papier stehen, sondern auch über den Kontext, in dem sie gestellt werden und den Frager (mich), der sie stellt. Dies werden andere TeilnehmerInnen auch getan haben, er aber bezieht sich aktiv darauf. Markus versucht also, nicht nur in einen vorgegebenen Erzählraum hinein zu antworten, sondern dessen Kontextuierung selbst mit zu bedenken. Und auf all das bezieht er sich in seiner Antwort. So durchbricht er selbst die faktische Anonymität der Befragung, äußert spielerisch Entsetzen über seinen "Fehler", konterkariert dieses Entsetzen aber gleich wieder durch ostentative Lockerheit (was soll's). Der "Fehler" wäre natürlich leicht zu reparieren gewesen durch Unkenntlichmachen des Namens im Fragebogen, aber darum geht es gar nicht. Es geht vielmehr darum, mit den vom Frager gesetzten Konventionen in der Situation spielerisch umzugehen und sich zu zeigen nicht in ihrer braven Einhaltung, sondern gerade im Ausloten derselben. Die Fortführung von Z1 könnte man dann als Projektnarration interpretieren, als einen Selbstentwurf. Aber er erschöpft sich in der Geste, ohne auch nur ein bißchen konkret zu werden.

Die zweite Teilgeschichte bringt zunächst einmal wieder ein Ausloten der diskursiven Möglichkeiten der Situation mit der direkten Ansprache des Fragers. Es folgt ein Modell, das wiederum dem *Projekt-Typus* entspricht, eine projektförmige Vorausplanung (*Fachoberschule*), die in einen gesellschaftlichen Aufstiegsdiskurs eingebettet ist. Die Weiterführung dieses Projektes macht Markus von einer Reevaluation abhängig, die dann stattfinden soll. Aber damit wird der planerische Gestus auch schon wieder aufgegeben. Planen *"macht das Leben langweilig"*. Markus entscheidet sich also offensiv für eine *situative Orientierung*. In der abschließenden Narration begründet Markus noch einmal, warum eine Vorausplanung sinnlos ist. Sie bringt nicht nur Langeweile ins Leben, sondern ignoriert auch die Unwägbarkeiten jedes Moments. Morgen schon könnte nach dem Sturz von der Treppe alle Planerei ein Ende haben. Auch diese Überlegung wird in einem ironischen Tonfall direkt an den Befrager adressiert. Stilistisch gebrochen wird die Todesvorstellung allerdings durch die *Lebendigkeit*, ja beinahe Sinnlichkeit der Darstellung. Ausrufe, wie *"okay"*, direkte Ansprache des Befragers, umgangssprachliche plastische Ausdrücke (*"runterfliegen, ausbuddeln"*) und Spiel mit dem Grauen (die Leiche nach fünf Jahren) erzeugen den Eindruck von ironischer Abwehr, Souveränität und sich nicht auf die Vorstellung einlassen können oder wollen. Das freundliche Angebot an den Frager (*"Sie können ja nachsehen"*) sendet die Botschaft von der Absurdität der Frage. Zukunft ist nicht planbar. Schon mit dem Betreten der nächsten Treppe kann der Beweis erfolgen. Eingenistet in diesen Diskurs sind zwar Projektdiskurse, aber sie werden fast versteckt im *ironischen Strom des Spiels mit der gegenwärtigen Situation*. So haben wir die Diskrepanz einer ausgeprägten situativen Lebendigkeit und Wendigkeit einerseits und einer Weigerung, sich mit diesen Qualitäten der eigenen Zukunft zuzuwenden.

Die Narration von *Markus* ähnelt sehr stark der von *Ulla*. Die situative Orientierung und die weitgehende Beliebigkeit der Projekte zeigen sich in ähnlicher Weise. Auch er arbeitet mit dem Stilmittel der Ironie. Hinzu kommt - mehr noch als bei Ulla - der situative Bezug, das Ausloten der aktuellen Situation, was die die Leere der Zukunft konterkariert durch die Lebendigkeit des Augenblickes.

7.4.2 Negativ-Projekte: Krankheit und Tod als indexikale Narrationsfiguren

Im Rahmen der inhaltsanalytischen Betrachtung der Texte habe ich die Kategorie der *Negativ-Projekte* benannt als Kurzformel für Äußerungen zu dem Themenkomplex Tod, Krankheit, Unfall. Markus hat das Negativ-Projekt seines eigenen Todes, der Endlichkeit seiner Existenz formuliert. Er tut dies in der Figur der Groteske indem er Geschmacksgrenzen bewußt überschreitet und sich um eine hyperreale Beschreibung bemüht. Das betont seine situative Orientierung und wehrt letztlich die implizite Zumutung der Aufgabenstellung ab, daß nämlich das Leben sinnhaft sei und deswegen die Frage nach Zukunft eine sinnvolle. Das Bild der Krankheit und des Todes wird in den Texten öfter verwendet, nicht immer jedoch als Argument gegen das Ansinnen, seine Zukunft zu entwerfen. Hier stellt sich die Frage der Indexikalität, d.h. der Eigenschaft von Aussagen, in verschiedenen Aussagekontexten Verschiedenes zu bedeuten.

Ergänzend zur Behandlung des Themas Krankheit/Tod im Text von *Markus* betrachte ich die beiden Texte von *Theresa* und *Vera*.

THERESA
Z-1   23 Jahre alt, Verwaltungsfachangestellte, ledig
Z-2   23 Jahre alt, eigene Wohnung, Kosmetikerin, glücklich
Z-3   Ich bin tot!

VERA
Z-1   zufrieden, Erfolg im Beruf, Kinder, Mann,
      schönes Haus, tolles Auto, gute Freunde
Z-2   unzufrieden, arbeitslos, keine Familie mehr,
      arm, von Sozialhilfe angewiesen, keine
      Freunde
Z-3   schwer krank, behindert, hilflos, auf
      Pflege angewiesen, körperlich u. geistig
      unzurechenbar, keine Familie

Theresa baut zunächst einmal eine Erzählung auf, die zwar an das dialektische Modell erinnert, aber sehr viel Disparates enthält. Sie beginnt die ersten beiden Teilerzählungen gleich. Man könnte dies als Vergewisserung in der Zeit betrachten. Was darauf jeweils folgt, sind zum einen Alternativmodelle im Sinne eines dialektischen Gegensatzes: Verwaltungsfachangestellte versus Kosmetikerin, aber schon die anderen Aspekte befinden sich nicht mehr in dieser Spannung. Eigene Wohnung ist kein Gegensatz von ledig, "glücklich" befindet sich auf einem ganz anderen Beschreibungsniveau. Mit scheint, daß es sich hier um eine *gescheiterte dialektische Figur* handelt. Das zu Sagende sprengt die Integrationskraft dieses Modells. Was *Markus* spielerisch inszeniert und präsentiert, wird *hier* als Figur des Disparaten deutlich, ohne daß die Erzählerin mehr einen sicheren Ort hätte. Markus hat ihn noch in der unmittelbaren Situation, im Spiel mit deren Möglichkeiten, im Kontakt mit dem Frager. Da kann er jonglieren mit Bezügen, mit ironischen Brechungen.

Die Abschlußnarration, in der Theresa die disparaten Elemente bündelt, hat denn auch überhaupt nichts mehr von der Groteske von *Markus*. Lakonisch und unverblümt schneidet sie den Diskurs ab und läßt einen mit einem Schock zurück. Stilistisch zeigt sich diese Schroffheit um so mehr, als Theresa der Reihung von Substantiven und Adjektiven in Z1 und Z2 einen vollständigen, im

Präsens formulierten Satz folgen läßt, der mit einem Ausrufezeichen endet. Das *"Ich bin"* gibt dem Satz einen definitiven Charakter. Sie spielt nicht mit dem Tod. Bei ihr wirkt er vielmehr wie eine Sicherheit bietende Erlösung. Aus dem modernen *"alles wird gut"* ist ein eher verzweifeltes *"alles wird ein Ende haben"* geworden. Theresas Diffusion ist wohl - in der Terminologie Marcias - eher eine *disturbed diffusion*. Da ist nichts von der strategischen Qualität einer kulturell adaptiven Diffusion zu spüren. Der Text vermittelt vielmehr eine tiefe Verunsicherung und Ratlosigkeit. Als Auswerter leide ich darunter, Monate nachdem dieser Text geschrieben wurde, angesichts der Anonymität und des zeitlichen Abstandes keine Möglichkeit zu haben, in irgendeiner Weise helfend darauf zu reagieren.

Veras Narration könnte man zunächst ebenfalls als *dialektische Erzählung* betrachten. Sie ist wesentlich konsistenter als die von Theresa. Die ersten beiden Teilerzählungen sind als Gegensätze aufgebaut, wobei die evaluative Dimension jeweils am Anfang steht: die Spannung ist also zwischen *"zufrieden"* versus *"unzufrieden"*. Die abschließende Geschichte bietet allerdings nicht die Erlösung im Tod, sondern eine *Risikobeschwörung*. Ja, Vera schwelgt geradezu in dem, was einem widerfahren könnte. Letztlich verweist sie damit darauf, daß der Versöhnungsversuch, der aus Z1 und Z2 zu erwarten wäre, von einer Unzahl von Risiken des Scheiterns bedroht ist. Betrachtet man die Gesamtnarration, so fällt auf, daß es von der Idylle der ersten Teilgeschichte aus abwärts geht. Es ist also eher eine Regressionsnarration. Und ihre Szenarien des Scheiterns und Leidens wirken beinahe *üppiger als ihr Glückszenario*. Das erinnert etwas an die Begeisterung, mit der Markus seinen möglichen Abgang von dieser Welt ausgemalt hat, allerdings ist die Darstellung weniger individuell, sondern eher klischeehaft, wenn auch von einer überbordenden Vielfalt.

Tod, Krankheit, Siechtum haben in den drei genannten Fällen einen durchaus unterschiedlichen Stellenwert in der Narration. Markus verwendet in seinem Spiel mit dem Entsetzen den Tod als Argumentationsfigur für die These der Vergeblichkeit von Projektentwürfen. Für Theresa ist es ein sicherer Ort, ein Projekt, das allein das schafft, was sonst nicht mehr zu schaffen ist: Tot sein als letzte Beschwörung der Einheit mir sich selbst. Vera schließlich rettet sich aus der nicht mehr zu schaffenden Integration der dialektischen Projekte in eine

Risikobeschwörung, die beinahe lustvoll wirkt und hat in dem Punkt eine Nähe zu Markus. Fast scheint es so, als hätte sie mehr Spaß an der Imagination des Scheiterns als an der Inszenierung des Gelingens der Projekte.

7.5 Narrationstypen als Kommentare gesellschaftlicher Modernisierung

Narrationen werden nicht frei kreiert, sondern stellen ein gesellschaftlich vermitteltes Formenpotential dar, in das sich auf eine sehr fundamentale Weise Ideologeme und Machtstrukturen eingeschrieben haben. Im folgenden betrachte ich die gefundenen Typen nun aus der Perspektive einer gesellschaftstheoretischen Diskussion, wie ich sie - unter Bezugnahme auf Wagner (1995) - oben skizziert habe. Es geht mir insbesondere darum, ausgehend von den Eingangsfragen dieser Studie Überlegungen dazu anzustellen, wie in diesen Narrationstypen Kohärenz verhandelt wird und wie die Auktorialität des Schreibers definiert wird. Weiter untersuche ich, wie narrationsanalytisch gesehen in diesen Geschichten Zukunft thematisiert wird. Damit führe ich die oben auf der Basis der inhaltsanalytischen Kategorisierung vorgenommene Typisierung von Zukunft weiter und gehe diese Frage bezogen auf die Gesamtnarration noch einmal an.

7.5.1 Narrationstypen als Epochendiskurse

Die drei Narrationstypen lassen sich lesen als Kommentare zur aktuellen gesellschaftlichen Situation aus der Perspektive ganz unterschiedlicher Epochendiskurse der Moderne.

Der *Typus der dialektischen Versöhnung* greift auf ein Narrationsmodell zurück, das sich zunächst einmal wie eine Heldensaga darstellt. Hin und hergerissen zwischen den Schicksalskräften muß der Held seinen Weg finden. Und wie in der Sage wissen wir: Er wird viele Abenteuer zu bestehen und am Ende zu sich gefunden haben. Diese Narration findet sich auch als Subtext in den Schriften von Erik Erikson wieder: Die Jugendlichen durchleben eine Phase voller Zerrissenheit; aber der Trost erwächst aus der Zukunft: Sie werden ihren Platz in der Gesellschaft finden. Über ein ganzes Leben betrachtet ist Jugend "nur" eine Phase. Gesellschaftstheoretisch betrachtet ist dies die Erzählung der *organisierten Moderne* in den westlichen Ländern der 50er und 60er Jahre: eine prosperierende, relativ stabile Gesellschaft mit einem hohen Wirtschaftswachstum, das in der Tat die Garantie einer prästabilisierten Harmonie bieten kann. Die Narration ist von einer *Doppelstellung des Erzählers* charakterisiert. Er ist zum einen "oberhalb" der Narration. So wie in einer filmischen Perspektive der Sicht von oben, sieht er den Akteur - sich - auf eine Situation zulaufen und weiß immer schon ein bißchen mehr, nämlich, daß er daraus wieder gestärkt, um eine Erfahrung reicher hervorkommen wird. Die Beschwörungsformel lautet: Alles wird gut. Kohärenz ist in diesem Modell nicht situativ erfahrbar, aber sie ist als durch den Erzähler garantiertes gesellschaftliches Wirkprinzip biographisch erwartbar. Dies bewirkt, daß man als Leser in eine gewisse Distanz zu den einzelnen Fährnissen dieser schweren Reise gerät. Man leidet nicht so sehr situativ mit dem Akteur, als vielmehr auf einer existentiellen Ebene angesichts der Komplexität und der eigenen Zeitlogik der Entwicklung.

In der *empirisch vorgefunden Form* dieser Narration als einer *nostalgischen Moratoriumsnarration* ist die Versicherung dieser Harmonie indes nur noch als Proklamation vorhanden. Wenn der Erzähler keine Sicherheit mehr in gesellschaftlich garantierten Narrationsmodellen hat, bleibt ihm nur noch die *hohle Proklamation der Versöhnung*, ohne daß sie konkret zu bestimmen wäre. Wo sollte auch das Vertrauen herkommen, wenn lebensweltliche Vielfalt und Kurzfristigkeit der gesellschaftlichen Perspektiven solche Hoffnungen auf die Wirkmächtigkeit von biographischen Versöhnungsmodellen unterlaufen. Der Fortgang der Geschichte kann einen nicht mehr sicherer darin machen, daß dies in der Tat der Fall sein wird. Dieser Zwiespalt zwischen der *Idee* einer auf Integration angelegten Moratoriumsnarration und der disparaten Alltagserfahrung der Akteure ist so einfach nicht zu lösen. Eine mögliche Strategie ist die von *Georg*: die Versöhnung abstrakt und abgehoben von den realen Projekten zu postulieren, auf der Narrationslogik zu ungunsten der Realerfahrung zu insistierens. Der Konflikt wird dadurch aber nicht beseitigt, denn dem Versöhnungsmodell fehlt jede Kraft, das situative Durcheinander zu relativieren. Eine andere Strategie könnte in dem Versuch bestehen, situative Beständigkeitserfahrungen aktiv zu organisieren: Der einzelne kann versuchen, den dünner werdenden Faden einer kohärenten Lebensgeschichte dadurch zu stärken, daß er sich situativ und lebensweltlich auf hoch kohärente Teilnarrationen konzentriert. So gesehen könnte die *Wahl eines Verwaltungsberufes* strategisch als Versuch verstanden werden, die brüchiger werdende Narrationslogik durch solche Realerfahrungen zu unterfüttern, die sie stützen. Denn indem man sich einen Beruf wählt, zu dessen Charakteristika klischeehaft Beständigkeit, Berechenbarkeit und Unkündbarkeit des Arbeitsverhältnisses gehören, immunisiert man sich zumindest in der Lebenswelt Arbeit gegen Erfahrungen der *Entwurzelung*.

Allerdings hinkt auch hier die Narrationslogik der Realerfahrung immer mehr hinterher: Denn die Verwaltung, ehedem ein Hort der Beständigkeit, ist selbst in einem dramatischen Umbruch begriffen (vgl. Metzen, 1994). Die gesellschaftlichen Nischen der Immunisierung von Biographien gegen Entwurzelung bieten immer weniger Sicherheit. Die Frage ist dann, wie lange man sich gegen reale Erfahrungen "an"-erzählen kann. Kann sich ein Jugendlicher so erzählen, daß er das Moratorium durchwandert und das Erwachsenenplateau ansteuert, wo dieses doch zunehmend zerklüftet wird? Vielleicht werden dann wieder andere Kontinuitätsnarrationen bedeutsam, die auf Nationalität, Rasse, Kulturgemeinschaft und Traditionspflege aufbauen. Wenn die Sinnstiftung und die Garantie biographischer Kontinuität nicht mehr in den aktuellen Lebensmodellen zu finden ist, dann findet sie sich vielleicht in *diesem* Fundus an Geschichten.

In der *spätmodernen Strategienarration* ist der Erzähler seiner Heilsgewißheit beraubt. Er sieht nicht weit und kann nicht mehr auf die Logik des Prozesses vertrauen, allenfalls auf sich selbst. Er selbst ist es, der den Erzählprozeß organisiert und organisieren muß. Er legt Planken durch den Sumpf, ohne zu wissen, ob sie da richtig liegen und in die richtige Richtung weisen. Filmisch gesprochen ist die Kamera nicht mehr allwissend, sondern auf Augenhöhe des Akteurs, als "subjektive Kamera". Das, was der Akteur sieht, verweist immer auch auf das, was er nicht sieht, d.h. die Beschränkung seines Gesichtsfeldes. Dies ist denn auch die existentielle Verunsicherung in diesem Projekt, die Beliebigkeit der Projektwahl, die Beschränktheit des Gesichtsfeldes. Erretten kann sich das Subjekt daraus nur in der Zelebration seiner Auktorialität: Ich bin es, der plant, wählt, handelt. Dieses Narrationsmodell *zelebriert das auktoriale Subjekt*. Es ist allein, kein teleologisches Prinzip rettet es aus seiner Verunsicherung, aber es hat die Kraft und die Möglichkeit sich zu entwerfen.

Brüchig wird das Modell in einer *krisenhaften Spätmoderne*, wenn Perspektivräume nicht mehr zu durchschreiten sind, wenn sie sich als trügerisch erweisen. Denn zum Planen gehört Planungssicherheit. Wenn alles von heute auf morgen ganz anders ein kann, wenn das Konzept von Ursache und Wirkung ich auflöst in eine Myriade von Kontingenzen, dann wird Planen zum Nachhecheln hinter einem rasanten Veränderungsprozeß. Etwas reflektiert und engagiert zu tun paßt zwar zur Narration des auktorialen Selbst, aber der heroische Akt verkommt zur Pose, wenn die Realerfahrung ihn nicht legitimiert. Er kann nur gelingen, wenn er eingebettet ist in gesellschaftliche Projekte und Narrationen. Wo die fehlen, wird diese Narration zu einem Sysiphus-Kampf gegen Zerrissenheitserfahrungen. In der vorgestellten Narration (*Paula*) ist von dieser Verzweiflung jedoch *nichts* zu bemerken. Sie vermittelt den Eindruck, daß es in der Tat möglich ist, sich auf diese Weise mit Emphase zu erzählen. Als These gefaßt könnte man Paulas Geschichte so interpretieren: trotz aller Individualisierungsprozesse behaupte ich, daß es ist möglich ist, sich als kohärent zu erzählen und als auktoriales Subjekt zu entwerfen.

Das *Problem* dieses Typus liegt in der *Zeitperspektive*. Der Akteur darf sich nicht mehr in einer Situation verlieren, weil es keine unsichtbare Logik gibt, die ihn darüber hinaustragen wird. Diese Perspektive muß er selbst produzieren. Entsprechend ist der Erzähler nicht mehr oberhalb des Geschehens, sondern auf Augenhöhe und der Blick reicht gerade bis zum nächsten Projekt. Damit wird der Erzähler auch zum Narrationsorganisator. Die Geschichte gehorcht keiner Logik mehr, die außerhalb des situativen Erlebens des Akteurs liegt, der Akteur ist vielmehr Produzent dieser Logik. Die dunklen Seiten eines in Angriff genommenen Projektes sind zum einen die Unzahl von möglichen, aber mit der Entscheidung verworfenen Projekte und zum anderen die Tatsache, daß mit jedem Projekt auch implizit sein Scheitern thematisiert wird. Wenn wir also fragen, wie die spätmoderne Narration mit der Irritation umgeht, daß Projekte scheitern können und daß schon allein die Wahl des einen statt des anderen Projektes sich als verheerend herausstellen könnte, so verweist uns dies auf

Narrationsstrategien zur Bannung dieser Bedrohung. Sie bestehen darin, auch diese Risiken strategisch zu behandeln als Planungsrisiken im Sinne eines *GAU* ("größter anzunehmender Unfall") oder eines *worst case scenario*. Das Scheitern einer Ehe ist nicht mehr die Geschichte eines existentiellen Dramas, sondern die Narration von einer umsichtigen Vorausplanung (*Ehevertrag*) zu Beginn des Projektes oder eines klugen Krisenmanagements zur Schadensbegrenzung (*gemeinsamer Rechtsanwalt mit Moderatorenausbildung*), damit das *"Trennungsprojekt"* erfolgreich abgewickelt werden kann. Ehescheidung läßt sich dann erzählen als Projekt, das schon bei der Projektentwicklung "Ehe" mitbedacht werden kann und im Falle seiner tatsächlichen Realisierung strategisch abgewickelt wird.

Der *situative Typus* schließlich kann als *postmoderne Narration* gelesen werden. In ihr ist die *Position des Narrationsorganisators nicht mehr besetzt*. In der Moratoriumsnarration entfaltet sich die Geschichte durch ein teleologisches Prinzip, das der Erzähler garantiert. Im spätmodernen Typus treibt der Handlungsträger die Narration voran und organisiert sie durch seine Projekte. Hier nun ist diese Stelle vakant. Die Kamera (der Leser des Textes) ist Beobachter, auch Kommunikationspartner. Der Akteur spielt mit ihr und für sie. Die Posen sind vielfältig: Held und Opfer, Täter und Zuschauer, alles ist möglich und nie erschöpfend. Die szenischen Übergänge sind allenfalls aus einer situativen Logik heraus verständlich, nicht jedoch übergreifend organisiert. Die Rettung des Handlungsträgers besteht hier in einer *inneren Distanzierung* und Immunisierung durch Ironie und Hedonismus. Projekte werden zwar benannt, aber in einer demonstrativen Beliebigkeit und Unverbundenheit nebeneinandergestellt. Dieser Typus wirkt *am lebendigsten*, weil er die Situation auskostet, dies aber um den Preis, sich nicht darüber erheben zu können. Das Vertrauen in die Logik seiner Geschichte, sei sie nun inhärent oder von ihm zu produzieren, ist dem Erzähler abhanden gekommen. Alles ist möglich, aber es gibt keinen sicheren Weg, der einen dort hinbringen könnte. Der Erzähler ist sehr aktiv in der Situation; er tut aber nichts, um den Handlungsfaden zu finden oder zu definieren.

Wie geht der Erzähler damit um, daß er dem *Projektierungszwang* nicht so einfach entkommt, daß schon rein biographisch Projekte wie Beruf, Familie zu definieren sind? Dies geschieht auf *dreierlei Weise.* Zum einen stehen sie in einer Weise unverbunden nebeneinander, daß der Eindruck vermittelt wird, das eine sei so gut und so wahrscheinlich wie das andere. Zum anderen wird von evaluativen Aussagen weitestgehend Abstand genommen, ja durch ironische Bemerkungen der Verzicht auf eine Evaluation noch verstärkt. Drittens schließlich wird in den Fällen, wo doch einmal ein gewolltes/geplantes Projekt thematisiert wird, diese Thematisierung im Gesamtdiskurs isoliert und von einem ironischen, situationsbezogenen Kontext gerahmt, so daß das Projekt beinahe wie ein Stilbruch, ein Zitat aus einer anderen Zeit wirkt.

Kohärenz ist nur noch *situativ erfahrbar,* hier aber sehr intensiv und körperlich im Auskosten der Situation. Zwar sind in diese Narration auch andere, z.B. Projektnarrationen, eingelagert, aber sie brechen ab und sind nicht bestimmend. Der Erzähler zuckt zurück, als ob er selbst nicht daran glauben könne. Es ist eher ein Spiel mit Formen als ein auktorialer Entwurf. Dieses Spiel erinnert an postmoderne Entwürfe in der Architektur, die die Architekturgeschichte als Baukasten verwenden und quer über Epochen, Baustile, Materialien hinweg kombinieren. *Ulla* und *Markus* stellen die Gegenthese auf zur Behauptung, eine Biographie sei organisierbar, die Erfahrung als auktorialer Organisator derselben lebbar. Ihre These ist, daß dies gerade nicht möglich ist angesichts der Vielfalt von Kontingenzen und der situativen Zerrissenheit. Indem sie Sinnlichkeit, Körperlichkeit und soziale Bezogenheit demonstrieren, verweisen sie auch auf die Kostenseite des spätmodernen Strategiemodells: Jedes Projekt bedeutet auch eine Entscheidung gegen viele andere mögliche Projekte und damit auch eine Entscheidung gegen mögliche situative Erfahrungen.

Abbildung 4: Epochendiskurs und Narrationstypus

Epoche	Narrationstypus	Stellung des Erzählers	Problemformen des Typus
Moderne	Moratorium, Scheideweg	Oberhalb der Narration	Hohlheit, Abgehobenheit
Spätmoderne	Projekt, herkuleisch	innerhalb, strategisch aktiv, Narrationsorganisator	Das "Ausgeschlossene", Unwägbare wird als Planungsrisiko konzeptualisiert
Postmoderne	situativ	unterhalb der Narration, situativ aktiv, Narrationsdesorganisator	Reihung, Einlagerung von Projektdiskursen

7.5.2 Das "Normal"-Modell als typenübergreifende Tönung einer narrativen Identität in der Spätmoderne

Wie sich bei einer Durchsicht der einzelnen Narrationen schnell zeigt sind diese idealtypischen Narrationen eher selten. Ich bin allerdings der Überzeugung, daß sich in ihnen der Fundus an Narrationsformen zeigt, über den Jugendliche heute verfügen können oder müssen, um ihre Identität zu erzählen. Ein vierter Typus soll hier noch unterschieden werden, weil er sich sehr häufig zeigt, der Typus eines inkrementellen "Normal"-Modells. Er wurde schon bei der inhaltsanalytischen Diskussion eingeführt. Ich denke allerdings, daß er auch narrationsanalytisch von Bedeutung ist.

CHRISTA
Z-1 In 5 Jahren werde ich einen ganz festen
    Freund haben, mit dem ich fast immer zu-
    sammen sein werde
Z-2 In 5 Jahren werde ich vielleicht schon
    verheiratet sein u. Kinder haben.
Z-3 in 5 Jahren werde ich mit meiner Ausbildung
    fertig sein u. werde Tag ein, Tag aus in
    die Verwaltungsgemeinschaft zum arbeiten
    gehen

Christa ist hier ein Beispiel von vielen. Die Normalität ihrer Erwartungen läßt sich inhaltsanalytisch zeigen. Aber ihre *Bewertung* dieser Normalität ("Tag ein Tag aus") bewirkt eine Tönung, die sich über die ganze Narration auswirkt. Der biographische Normalitätswunsch in Zeiten der Freisetzung des Subjektes ist auf den ersten Blick verblüffend. Diese Verblüffung zeigt sich auch in der Literatur. So berichten Guichard u.a. aus Frankreich von Jugendlichen, die sich "eine normale Schulausbildung, ein normales Gehalt und ein normales Leben wünschen. Das Wort "normal" kehrt in den Interviews wie ein Leitmotiv immer wieder. Weder verrückte Ideen, noch abwegige Wünsche" (Guichard, Hillou & Huiteau, 1993, S. 38). Von ostdeutschen Jugendlichen wird die Selbstbezeichnung *Stino* für stinknormal verwendet (Waldmann & Straus, 1992). Horx (1987, S. 64) bemerkt den Normalitätswunsch westdeutscher Jugendlicher und bewertet ihn als eine Art von Camouflage gegen den Individualitätsterror: unauffällig werden, wie alle sein, kurz: "ganz normal zu werden" (Horx, 1987, S. 64). Auch hier zeigt sich etwas von einer nostalgischen Hoffnung, in bislang gültigen Projekterzählungen eine Basis zu finden. Die Ambivalenz dieser Hoffnung drückt sich nicht selten in der Abschlußnarration aus. Wichtig sind dort die Kommentare der einzelnen, wie sie also selbst zu diesem Inkrementalismus Stellung nehmen.

Ich unterscheide hier drei Formen des Kommentars: die resignative Variante, ein Fügen ins Schicksal, das diese Tatsache selbst noch einmal reflektiert und resignativ kommentiert. Die utopische Variante bildet den Gegenpol dazu. Beide Varianten könnte man als Diskurs über die Frage der Hoffnung verstehen. Gibt es Hoffnung und woher soll sie kommen? Die utopische Variante betont hier die Schicksalsmacht des Glücks, die resignative die Vergeblichkeit der Hoffnung. Die dritte - situative - Variante schließlich glaubt an diese Macht nicht mehr, sondern an den Zufall, die Vielfältigkeit von Situationen und Interdependenzen. Glück kann entstehen, aber nicht aus der Hoffnung und nicht nach Plan, sondern aus dem Zufall und dem Chaos. Insofern findet sich eingelagert in die Abschlußgeschichte dieser Normalitätsnarration eine *Teilerzählung*, die die *evaluative Orientierung der oben dargestellten 3 Typen enthält*.

7.5.3 Ambiguitätsmanagement und Kohärenzproduktion

Als nächstes wende ich mich der Frage zu, wie das erzählende Subjekt mit Ambiguitäten umgeht. Die imaginierte Zukunft kann nicht davon abstrahieren, daß diese Imagination in einer gesellschaftlichen Situation stattfindet, die von einer Vielzahl von lebensweltlichen Zeitlogiken und Chancenstrukturen geprägt ist. In dieser Situation sich in die Zukunft zu entwerfen, erfordert Strategien des Umganges mit Ambiguitäten. Sie zeigen, auf welche Strategie der Kohärenzproduktion sich das Subjekt stützt. Damit ist noch nichts darüber gesagt, ob diese Strategien auch funktionieren, bzw. welcher Preis für ihren Einsatz möglicherweise zu bezahlen ist.

In der *Narration der organisierten Moderne* besteht das Ambiguitätsmanagement in der Haltung des *Wartens*. Damit ist ausdrücklich *nicht* das Subjekt in seiner situativen Verstrickung gemeint. Die ist im Gegenteil dramatisch und hoch dynamisch. Aber diese Dramatik enthält immer schon die Ahnung des ruhigen Hafens, den das adoleszente Lebensschiff erreichen wird. Aus der Sicht des Erzählers ist es also durchaus die Haltung des Erwartens, die typisch ist für dieses Subjekt. Aus seiner Heilsgewißheit erwächst so etwas wie eine innere Gelassenheit als Grundhaltung. Wie dramatisch und erschöpfend auch immer die aktuelle Situation sein mag, es gibt Hoffnung und sie ist unabhängig vom situativen Erleben. Die Kohärenzproduktion findet für dieses Subjekt nicht auf der Ebene situativer Erfahrungen statt. Kohärenz ist vielmehr erwartbar und erfahrbar durch die Situierung des Subjektes in einem situationsübergreifenden biographischen Lebensbogen, in der Entfaltung dieser Biographie. Alles wird gut. "Das wird schon wieder bis du verheiratet bist!" So tröstete man mich in meiner Kindheit über ein aufgeschlagenes Knie hinweg. Die Situation ist *nichts* aus der Sicht eines ganzen Lebens betrachtet.

Die *spätmoderne Projektnarration* versucht, die Ambiguitäten durch *Tun* zu meistern. Projekte bedeuten Auswahl, eine erste Form der Bannung von Ambiguitäten. Ambiguität kann in der Planungssprache übersetzt werden in einen Zielkonflikt. Der ist planungstechnisch zu lösen durch Hierarchisierung der Projekte und die Unterscheidung und Abgrenzung von Teilprojekten. Es ist also ein Gestus der Anstrengung, der Herrschaft, mit dem Ambiguitäten hier gebannt werden. Partner, Karriere, Haus, Kinder: Das Kuddelmuddel wird sortiert, hierarchisiert, in Teilprojekte gegliedert und zeitlich verortet. Das Leben wird ein Netzplan, Scheitern zum Planungsfehler. Das Subjekt versichert uns und sich selbst der Machbarkeit, der Lebbarkeit dieser auktorialen Rolle. Kohärenz wird in diesem Modell zur strategischen Leistung des Subjektes. Es hält die Fäden seines Zukunftsentwurfes in der Hand in der Hoffnung, daß es die richtigen Fäden hält und zur rechten Zeit am richtigen ziehen kann. Damit dies gelingt, muß es den Zweifel bannen, also Unverdautes, Ungeklärtes, Sperriges ausschließen oder so zurichten, daß es integrierbar ist. Die existentielle Verzweiflung am Sinn des Lebens verschwinden hinter der Anstrengung einer bewußten, integrierten Lebensführung. Nicht "alles wird gut", sondern "ich kann es schaffen" lautet die Devise.

Das Subjekt in der *postmodernen, situativen Narration* schließlich vertraut nicht mehr darauf, daß ihm diese strategische Planungsleistung gelingen wird. Wie ein Leben sich entwirft, wie das Subjekt von A nach B gelangt, das ist nicht mehr Resultat eines teleologischen Prinzips oder eines strategischen Subjekts, sondern abhängig von einer Vielzahl von Kontingenzen. Man kann sich nur *hineintasten* in dieses Ungewisse. Eine Logik ist darin nicht erkennbar, allenfalls kann man ex post eine hinein interpretieren. Hier mißtraut sich das Subjekt selbst, daß es nämlich dort Sinn sucht, wo keiner ist. Deshalb auch das Mittel der Ironie, um sich selbst in Schach zu halten gegenüber der Versuchung der Sinnkonstitution. Dies ist nicht frei von Verzweiflung, weil das Subjekt eine Figur der Sinnhaftigkeit zwar gelegentlich elaboriert, aber doch zugleich schon von der Vergeblichkeit dieses Tuns überzeugt ist. Seine Haltung ist gekennzeichnet vom Tasten, vom Erspüren, ja vom Aufgehen in der Situation. Hier und nur hier ist Kohärenz noch erfahrbar. Lebe JETZT!

Abbildung 5: Epochendiskurs und narrationstypisches Ambiguitätsmanagement

Epoche	Ambiguitätsmanagement	Stimmung	Kohärenz ist ...
Moderne	WARTEN, Abstraktion, Zeitlosigkeit	Abgeklärtheit, Hoffnung,	erwartbar, weil prozeßimmanent
Spätmoderne	TUN, Perspektivbeschränkung	Dynamik, Anstrengung	auf mittlere Reichweite subjektiv produzierbar
Postmoderne	TASTEN, gebrochene, ironische Utopie	Ironie, Spaß, Hedonismus, larvierte Verzweiflung	situativ erlebbar

7.5.4 Zukunft und Narration

Betrachten wir schließlich noch, wie Zukunft in diesen drei Narrationstypen erzählt wird. Aus der Sicht der *organisierten Moderne*, so wie sie bisher beschrieben wird, ergibt sich eine Konzeption von Zukunft als immer schon Gedachtem. Sie ist zwar nicht gefüllt, aber sie ist im Lebensbogen und seinem Durchwandern durch das Subjekt immer schon vorhanden und zwar in einem "guten", weil teleologisch abgesicherten Sinn. Was immer situativ geschehen mag, dieser Lebensbogen ist von seiner Grundanlage auf Homöostase und Integration ausgelegt. Eine solche Zukunft bietet ontologische Sicherheit. Auch wenn der Sinn des Lebens situativ nicht erfahrbar ist, es hat einen und er wird sich in der Entfaltung der Biographie manifestieren.

Das Subjekt der *Spätmoderne* muß sich diese Sicherheit der Sinnhaftigkeit des Seins selbst geben. Nur aus sich selbst kann es eine Perspektive entwerfen. Die Zukunft ist hier ein Raum, der strategisch, kontrolliert und in Kenntnis der eigenen Mittel besetzt werden muß. Hier hat sie das Janusgesicht von Chance und Risiko. Zukunft bietet hier keine Verheißung mehr, sie ist vielmehr die permanente Forderung: Gestalte mich, wähle, entscheide, plane!

Das *postmoderne Subjekt* vernimmt diese Botschaften nur noch als situatives Rauschen. Zukunft ist nicht planbar, gestaltbar, wählbar. Das gilt allenfalls für Situationen, für das gegenwärtige Erleben. Zukunft ist hier das Unwägbare, dem man am besten dadurch begegnen kann, wenn man situativ versiert ist. Wer Situationen ausreizt, intensiv erlebt, aktiv gestaltet wird, wird dies auch bei ihrer Veränderung können, so er sie erlebt.

Erläuterungen zu Abbildung 6

Nutzung des Erzählraumes

Dialektische Nutzung
Modernes Modell mit der Erlösung in Sicht. Das ist das Modell Eriksons. Sturm und Drang. Durcharbeiten von verschiedenen Entwürfen. Dann folgt die Aufhebung in einer Versöhnungsfigur, die all dies enthält, aber in einer neuen, eigenen Qualität vereint.

Projektförmige Nutzung
Das ist das spätmoderne Umbauprojekt. Es ist gekennzeichnet von einer relativ kurzen Perspektive, die klar durchgeplant wird und dann nach Reevaluation zu einer Weiterplanung führt. Die Versöhnung von konfligierenden Zukunftsprojekten ist nichts, was man sich erhoffen kann, sondern verdankt sich zuvorderst einer sauberen, planerischen Abstimmung. Integration, Kohärenz sind keine Leitprinzipien, auf die hin individuelles Leben immer wieder zuführt, sondern Leistungen des Subjektes, die sich seiner Aktivität und Prozeßkompetenz verdanken.

Disparate Nutzung
Das ist das postmodern dezentrierte Modell. Die Projekte stehen unverbunden nebeneinander. Ihre Verbindung kann nur noch erträumt werden. zwar finden sich Facetten, die durchaus nach strategischem Handeln aussehen. Das wird aber im nächsten Moment gleich wieder konterkariert durch ironische Abwehr. Die Zukunft verschwindet in der Gegenwart, allenfalls als ironisches Zitat ist sie noch verfügbar.

Ambiguitätsmanagement

Abstraktion, Zeitlosigkeit
Wesentliches Kennzeichen dieser Strategie ist Vertrauen auf Kohärenz, Kontinuität und Zusammenhang. Alles wird gut. Die Strategie basiert darauf, sich einen Platz außerhalb des situativen Geschehens zu definieren. Ich bin nicht primär der, dem gerade dies oder jenes wiederfährt, sondern ich bin derjenige, der dies aus einer Makroperspektive integrieren kann, sei es durch Bezug auf die Sinnhaftigkeit des Lebens oder aber auf die richtige Lebensführung.

Abbildung 6: Die Narrationstypen und ihre Beschreibungsmerkmale in der Zusammenschau

	Narrationstypus	Stellung des Erzählers	Problemformen des Typus	Ambiguitätsmanagement	Zukunftskonzept	Kohärenz ist ...	Stimmung
Moderne	Moratorium, Scheideweg, teleologisch	Oberhalb und innerhalb der Narration	Hohlheit	Abstraktion, Zeitlosigkeit	Homöostase	erwartbar, weil prozeß-immanent	Abgeklärtheit, Hoffnung, Hohlheit
Spätmoderne	Projekt, herkuleisch	innerhalb, strategisch aktiv, Narrationsorganisator	Planungsrisiken verweisen auf das "Ausgeschlossene"	Perspektivbeschränkung	Projektraum	auf mittlere Reichweite von Menschenhand produzierbar	Dynamik, Anstrengung
Postmoderne	situativ	"unterhalb", situativ aktiv, Narrationsdesorganisator	Einlagerungen von Projektdiskursen	gebrochene, ironische Utopie	terra incognita	situativ erlebbar	Ironie, Spaß, Hedonismus, larvierte Verzweiflung

Teilprojekte, Perspektivbeschränkung
Ihr wesentliches Kennzeichen ist das Austreiben von Unsicherheit. Auch sie hat Vertrauen, aber nur noch darin, daß Zukunft von ihr und durch sie zu meistern ist, nicht mehr darauf, daß dem Prozeß selbst eine "gute" Logik innewohnt. ICH werde alles gut machen. Die Hoffnung für das Meistern und Zusammenführen der Teilprojekte kann hier nur mehr aus dem Subjekt selbst kommen. Man meint, ihm die Anstrengung geradezu anzumerken, was es heißt in einem kontingenten Dschungel von Bezügen und Interdependenzen Projekte vorzulegen, die nicht konfligieren und Orientierung bieten.

Gebrochene, ironische Utopie
Über *einzelne* Zukünfte kann noch geredet werden, aber eine integrale Planung oder gar eine Versöhnung, das ist nicht mehr zu erkennen. Zukunft zerfasert in einzelne Zukünfte. Kohärenz, Kontinuität kann nur noch ironisch gedacht werden.

Zukunftskonzept

Homöostase
Aus einem Spiel der Kräfte, der Divergenzen und Oppositionen ergibt sich eine neue Figur, die all dies in sich aufhebt und zu einer neuen Qualität gelangt. Die Voraussetzung für diese Figur ist, daß die Spannung zwischen Elementen der gleichen Ebene aufgebaut wird. Das kann unter Bezug auf gesellschaftliche Diskurse geschehen oder durch Rekurs auf ein sehr allgemeines Niveau.

Projektraum
Zukunft ist ein linear zu besetzender Raum für Projekte. Indem man in die Zukunft hineinschreitet, muß man sich ihnen gegenüber verhalten. Es geht also nicht darum, sie zu erreichen, sondern sich zu ihnen zu verhalten. Sie dienen als Ziel in einem dynamischen Sinn nicht aber in einem fixen statischen: der Punkt der zu treffen ist. Zukunft ist zäsiert durch Prozesse der Evaluation und Weiterplanung.

Terra incognita
Zukunft ist nicht kohärent zu denken, allerfalls als Erlösung durch ironische Utopien. Es gibt Teilzukünfte, die nicht mehr integriert werden können, weil sie unterschiedlichen Zeitlogiken oder unterschiedlichen Erregungsniveaus unterliegen: Der Tod neben dem Angestelltenlehrgang. Das Subjekt hat also nicht nur Schwierigkeiten, die verschiedenen Logiken zusammenzuführen, sondern auch die Ebene der Zusammenführung zu bestimmen. Grandiosität und Existentielles neben der Alltäglichkeit.

7.6 Diskussion

The text is not autonomous of its context. (Riessman, 1993, S. 21).

Narrative Identitäten sind nicht etwas, was die einzelnen vor sich her tragen. Sie werden wieder und wieder erzählt und in diesem Prozeß geglättet, fortgeschrieben und umgeschrieben. Auch wenn man sie als *work in progress* betrachtet, so ist doch die Frage danach legitim, an welchem Narrationstypus sich die einzelnen abarbeiten. Bei manchen der Geschichten ist ein sehr pointierter Zugriff auf ein gesellschaftlich verfügbares Formenpotential zu bemerken. Die ErzählerInnen scheinen ihre Geschichten zu "bewohnen", mit ihnen zumindest aktuell im Reinen zu sein. Andere - und das sind viele - zeigen eine narrative Identität, die in einer recht *unvollkommenen* Form präsentiert wird. Aber auch hier kann man danach fragen, ob - bei aller "Unfertigkeit" - erkennbar ist, welche Geschichte erzählt werden soll. Generell scheint mir, ungeachtet aller Einsprengsel von Idealtypen, das Moment der Zurückhaltung, der Normalitätsbeschwörung weit deutlicher zu sein als alles andere. Es ist eher eine Scheu, eine Weigerung sich zu erzählen, als eine Präsentation von Halbfertigem. Denn *ein Glätten von Narrationen* (Spence, 1986) zu ihrer Vollendung würde doch voraussetzen, daß sie zunächst einmal Kanten, Brüche und Erratisches beinhalten. Wo aber sind diese Figuren? Die Normalitätsnarration ist vielmehr eine, die sich unklar darüber ist, wie sie sich in diesem Feld von Polaritäten überhaupt narrativ positionieren soll. Es liegt zwar ein Stichwortzettel vor, worum es in dieser Narration zu gehen hat (z.B. Beruf, Partnerschaft), aber das sind noch keine Geschichten. Dies ist natürlich eine sehr pointierte Darstellung der Fälle, denn in etlichen dieser an einem vorausgesetzten Normalmodell orientierten Erzählungen finden sich sehr wohl Fragmente der als idealtypisch unterschiedenen Erzählformen. Aber es ist ein tiefer Zweifel spürbar, ob solche Fragmente zu eigenen Geschichten werden können.

In meiner explorativen Studie ging es mir keinesfalls darum, die Narrationen einiger jungen Erwachsener zur Beschreibung von historischen Zeitabschnitten zu verwenden, einige Personen quasi als Kronzeugen für gesellschaftliche Epochen zu machen. Meine Überlegung setzt gerade von der anderen Seite an. Es sind die Epochen, die die Texte schreiben, die den einzelnen die Narrationstypen vorgeben und ermöglichen. Identitätsentwicklung als Organisationsprozeß einer narrativen Identität schöpft aus diesem Fundus. Man könnte sagen, daß sich die drei unterschiedenen Typen als Epochenproklamationen verstehen lassen, d.h. als Narrationsversuche, die sich möglichst deckungsgleich mit einem Epochendiskurs der Moderne zu erzählen versuchen. Andere - z.B. die Normalitätsnarration - zeigen Formen, die sich nicht so leicht zu gesellschaftlichen Veränderungsprozessen in Beziehung setzen lassen.

Zwar gibt es durchaus Spielräume in den Möglichkeiten sich selbst zu erzählen, aber sie sind begrenzt. Die einzelnen haben zum einen die Möglichkeit, eine *idealtypische Narration* zu versuchen, sich also in einen halbwegs strukturierten, sozialen Diskursraum hinein zu entwerfen. Das Problem dabei ist, daß die einzelnen Narrationen möglicherweise in Widerspruch zueinander stehen und daß sie möglicherweise auch in Widerspruch zu den Realerfahrungen der einzelnen sind oder geraten können. Auch wenn in einer Erzählung vieles kohärent zu vereinen ist, was als Einzelereignis betrachtet völlig disparat erscheint, so hat dies doch seine Grenzen. Zum einen müssen Narrationen - wie oben dargestellt - sozial validiert werden, d.h. im sozialen Kontext mit anderen Handlungsträgern abgestimmt werden. Und zum anderen müssen sie sich mit *Gegenmodellen* auseinandersetzen, die gerade auf die Stellen der Geschichte zielen, wo Kohärenz nur mühsam gelingt, wo Realerfahrung und narrative Abbildung auseinanderdriften. Diese Gegendiskurse entstehen - und verschwinden - mit den Verschiebungen von gesellschaftlicher Macht. Insofern müssen sich "gelingende Narrationen" immer befragen lassen, was der Preis für ihr Gelingen ist und wer ihn bezahlt. Und das ist dann nicht unbedingt der Erzähler.

Weiter besteht die grundsätzliche Möglichkeit, eine völlig eigene Form zu finden. Dies ist genau die Verheißung der Moderne: sich selbst zu finden, zu erfinden. Aber es ist mehrfach darauf hingewiesen worden: Hier handelt es sich nur um eine theoretische Möglichkeit. Denn Identität ist soziale Identität. Nicht der einzelne, sondern die Gesellschaft verhandelt und strukturiert die Formen, in denen sich der Prozeß der Identitätsbildung vollzieht. Narrationstypen entstehen im sozialen Austausch und müssen dort beglaubigt werden. Denn "... eine echte *Selbst*interpretation ist eine nahezu ebenso widersinnige Vorstellung wie die Idee einer Privatsprache. Eine interpretativ begründete Identität vermag nur in einem Interaktionsgeflecht zu entstehen und zu überdauern; es kann sich bloß um eine kollektive Leistung und ein gemeinsames Unternehmen handeln" (Bauman, 1994, S. 293f.). Interessanterweise erwecken gerade die idealtypischen Erzählungen den Eindruck einer höchst authentischen, individuellen Geschichte. Authentizität erzeugt sich auf der narrativen Ebene offensichtlich nicht in der Antinomie jenseits sozialer Narrationen, sondern, im Gegenteil, gerade im - wenn auch schwierigen - Versuch einer Verwurzelung, d.h. in der Anstrengung, sich in ein gesellschaftliches Formenrepertoire hineinzuerzählen. Da, wo das - noch (?) - nicht gelingt, wo die einzelnen noch darum ringen, eine narrative Identität zu entwickeln, gerade da stellt sich das Gefühl einer Diffusion ein.

Wenn man den Gedanken von Gergen & Gergen (1988) ernst nimmt, wonach narrative Identitäten keine monadischen Organisationsleistungen des Subjekts sind, sondern sich in der Interaktion mit anderen bilden und insbesondere auch andere zu ihrer Stützung benötigen, muß man davon ausgehen, daß die Normalitätsnarration mehr ist, als nur ein passageres Phänomen der Adoleszenz. Mir scheint, daß sich in diesem *Stichwortzettel des biographischen Normalmodells* eine postmoderne Strategie zeigt, die auf eine hilflose Weise das postuliert, was im Idealtypus der postmodernen Narration mit Verve vorgeführt wird: Das Projekt Zukunft ist nicht zu planen, allenfalls kann man die gewünschten, befürchteten, vermutlichen "Zutaten" benennen. Wie in vielen der derzeit laufenden Fernsehserien über Familien, Wohngemeinschaften bzw. familienähnliche kleine soziale Netze (z.B. die "Lindenstraße") sind die putativen Grundkonstanten gesetzt, die grundlegenden Oppositionen - zunächst! - festgelegt. Man kann also davon ausgehen, daß es in irgendeiner Folge einmal um z.B. Liebe, Kinder, Krankheit gehen wird. Aber *wie* dieses Thema dann aufgegriffen wird, wie es in dann in den aktuellen Erzählbogen paßt und wie es ausgeführt (Heirat vs. unerfüllte Liebe; schnelle Genesung oder langes Leiden usw.) ist situativ (vielleicht in der Nacht vor dem Drehtag) festzulegen. Die einzelne Serienfolge entsteht kurzfristig, oft auch unter Einbeziehung von Tagesereignissen. Und natürlich werden auch die realen Probleme mit der Realisierung einer solchen Serienfolge in diese Folgen mit einbezogen. Reale Unfälle von Schauspielern finden ihre Umsetzung im Skript der nächsten Folge oder haben - sofern notwendig - zur Folge, daß der Schauspieler aus der Serie "hinausgeschrieben" wird, neu hinzukommende "hineingeschrieben" werden. Die Frage, was in der Lindenstraße im Jahre 1997 passieren wird, ist heute, Ende 1995, einfach sinnlos. ErzählerInnen, d.h. die DrehbuchschreiberInnen und RegisseurInnen, können wechseln, SympathieträgerInnen ebenfalls. Was bleibt und Kontinuität garantiert ist ein soziales Bezugsfeld "Lindenstraße", das Erzählkonventionen entwickelt und Narrationslinien aufgebaut hat. So gesehen sagen die Normalnarrationen vielleicht auf leisere Weise das gleiche wie *Ulla* und *Markus*. Sie sind als narrative Identitäten funktional, weil sie von den sozialen Kontexten, so wie sie sind, gestützt werden. Man kann tentativ ein Themenspektrum benennen, um das die Fortsetzungsserie "Mein Leben" kreisen wird, aber mehr zu planen ist einfach vergeudete Energie.

Die Zukunft, um die es geht, verlangt eine neue Haltung. Sie findet nicht mehr statt angesichts von Versicherungen der Homöostasie und auch nicht mit dem Versprechen ihrer Planbarkeit. Sie ist da als leere, zukünftige Gegenwart, die erst im Moment ihrer Vergegenwärtigung beschrieben und beschritten werden kann. Dann kann sie zwar besetzt werden mit Versatzstücken aus anderen Normalitätsnarrationen, mit Simulacra aus dem Erzählmodell des "großen Lebensbogens". Was aber fehlt, ist gerade dieser große Bogen, die Möglichkeit der Sinngebung in einer konsistenten Biographie.

Bauman bringt noch einen anderen Aspekt ins Spiel, die Überlegung nämlich, daß in der Postmoderne Autorität nicht mehr faktisch gegeben ist. Sie muß immer wieder neu hergestellt werden und zwar von denen, die sich rückversichern wollen.

> Man darf wohl sagen, Vertrauen entsteht aus dem Bedürfnis nach Rückversicherung. Es sucht tatkräftig nach einem Halt, und die Sucher nach einer Rückversicherung greifen begierig jedes Angebot auf ... Unter den gegenwärtigen Bedingungen mag man das Herstellen von Autorität mit der Arbeitsweise einer Aktienbörse vergleichen: eine gewisse Kapitalmenge sucht ungestüm nach einer sicheren und profitablen Investitionsmöglichkeit, schreckt panisch vor allen unsicheren Anlagen zurück (wodurch diese noch unsicherer werden) und flüchtet sich zuhauf zu jenen, die noch einen guten Ruf genießen und vielversprechend sind. (Bauman, 1994, S. 293)

8. DIE BEDEUTUNG EINER NARRATIONSORIENTIERTEN IDENTITÄTSFORSCHUNG: ABSCHLIEẞENDE ÜBERLEGUNGEN

[Das narrative Modell] ist ein Modell des Menschen, das die Akte der Selbst-Erzählung nicht nur als Beschreibung dieses Selbst versteht, sondern, wichtiger, als fundamental für die Entstehung und Realität dieses Subjektes. (Kerby, 1991, S. 4)

Abschließend möchte ich einige Überlegungen zum Ertrag einer narrationsorientierten Identitätsforschung anstellen. Ich gliedere diese Diskussion in drei Abschnitte. Zunächst geht es um Überlegungen zur Narrationsanalyse als Methode. Dann beschäftige ich mich mit der Frage der Kohärenz der Narrationen. Ich schließe mit einigen Bemerkungen zur Frage der Auktorialität, der Handlungsträgerschaft des Subjekts.

8.1 Methodische Überlegungen

Der narrative Fokus erweist sich m.E. als fruchtbar, weil er den Prozeß der Identitätsbildung empirisch da sucht, wo er geschieht, nämlich in der sprachbezogenen Verhandlung des Subjektes mit sich und mit anderen in Auseinandersetzung mit einem gesellschaftlich verfügbaren Formenpotential. Ein weiterer Vorzug ist, daß er handlungsorientiert ist. Das auktoriale Subjekt einer Geschichte befindet sich *in* dieser Geschichte, die auf ein Ende angelegt ist. Es muß sich verhalten, und es kann dies nur sowohl in Beziehung auf dieses Ende, als auch in Fortführung des bisherigen Erzählbogens. Auch wenn es z.B. eine lockere Episodenstruktur für seine Narration wählt, dann gibt es damit einen Kommentar ab zur Sinnhaftigkeit von durchgängigen auf einen Endpunkt hin orientierten Geschichten, nämlich den, daß es sich so nicht erzählen kann/mag. Aus methodischer Sicht haben die vorliegenden Texten gezeigt, daß selbst sehr kurze Texte einen beträchtlichen Materialfundus bereitstellen. Ich ziehe daraus zwei Schlußfolgerungen. Zum einen ist eine Narrationserzeugung mit einem relativ eng gesteckten Rahmen, der aber sehr frei gefüllt werden kann, methodisch hilfreich, weil er die schiere Materialfülle, die bei Interviews entsteht, begrenzen hilft. Zum anderen wäre zu überprüfen, ob mit dem Konzept der Kern-Narrationen auch größere narrative Zusammenhänge zergliedert und interpretiert werden können. Damit würde dann ein Suchraster entstehen, das unter dem Aspekt der *Datenreduktion* (Huber, 1992) hilfreich wäre.

> Es gibt eine Reihe von Möglichkeiten, Psychologie "anders" zu machen, das asoziale Subjekt der orthodoxen Psychologie zu vermeiden und der Entfremdung von Beforschten und Forscher zu widerstehen. Eine ist, das Individuum als Fokus der Analyse zu vermeiden und stattdessen die kulturellen Praktiken und Diskurse zu betonen, die uns zu dem gemacht haben, was wir sind. An diesem Ansatz sind mehrere Aspekte bemerkenswert. Erstens haben diese Praktiken den Vorteil, "sichtbar" zu sein und weil wir sie und ihre Ziele "beobachten" können, müssen wir nicht in die "Tiefen" von Darstellungen eindringen, um eine darunterliegende Interpretation ihrer Entstehung durch verborgene psychische Mechanismen zu erstellen. Zweitens macht der Fokus auf kulturelle Praktiken und Diskurse und die Betonung der Frage nach ihrer Qualität diesen Ansatz notwendig sowohl sozial als auch empirisch. (Widdicombe, 1992, S. 496)

Die Verlagerung des Fokus auf die Ebene der Narration hat viele Vorteile. Sie ermöglicht, den ganzen Formenreichtum der sprachlichen Äußerungen zu analysieren. Die Fruchtbarkeit einer Narrationsanalyse besteht darin, daß der Schreiber als Autor ernst genommen und in den Mittelpunkt gestellt wird. Dadurch wird es möglich und sinnvoll danach zu fragen, wo der Schreiber den Erzähler in seiner Geschichte plaziert, mit welchem Generalwissen er ihn gegenüber dem Akteur ausstattet, auf welchen Sinn hin die Geschichte angelegt ist, wie also die evaluativen Dimensionen als Triebkräfte der Geschichte beschaffen sind. Für diese Analyse kann zurückgegriffen werden auf eine breite Diskussion zur Theorie der Narration, die insbesondere auch Stilanalyse und die Analyse der rhetorischen Mittel umfaßt.

Methodisch betrachtet ist die Narrationsanalyse in ihrer Übernahme in die Sozialwissenschaften erst am Anfang (vgl. Riessman, 1993). Verschiedene Aufgaben sind anzugehen. Die eine ist, den Austausch mit den Wissenschaftsbereichen zu verstärken, die sich schon seit langem mit den Qualitäten von Narrationen beschäftigen (z.B. den Literaturwissenschaften). Ich habe die Vermutung, daß dort schon eine Vielzahl von Überlegungen diskutiert wurde, mit denen sich die narrative Psychologie erst allmählich beschäftigt und die auch in methodischer Hinsicht weiterführen könnten.[11] Das zweite Problem halte ich für ein grundlegendes Problem qualitativer Forschung. Während in der quantitativen Forschung - polemisch gesprochen - viel Rechnen wenige Zahlen produziert, produziert in der qualitativen Forschung wenig bis viel Text noch viel, viel mehr Text. Die Frage der *data presentation* (Miles & Huberman, 1994), wie also Material und Ergebnisse qualitativer Studien so aufbereitet werden können, daß sie mit einem vertretbaren Aufwand *rezipierbar* sind, halte ich bislang für nicht gelöst. Schließlich ist auch die Frage der Validität zu stellen. Nach Riessman (1993, S. 65) muß es hier um Glaubwürdigkeit (*trustworthiness*), nicht um Wahrheit (*truth*) gehen. Aber auch dann sind noch keineswegs methodische Konventionen zu ihrer Sicherung allgemein anerkannt. Diese Aufgabe ist umso schwerer, als es keinen kanonischen Ansatz der Interpetation von Texten gibt. "Überzeugungskraft basiert letztlich auf der Rhetorik des Schreibens - auf literarischen Praktiken und der Reaktion des Lesers. Was in einem bestimmten historischen Moment die überzeugendste Interpretation eines narrativen Textes sein mag, ist es später vielleicht nicht mehr. Unsere Texte haben instabile Bedeutungen" (Riessman, 1993, S. 66). Umso wichtiger ist die Aufgabe, diese diskursive Plausibilitätskonstruktion zu reflektieren und methodisch zu konventionalisieren.

---

11 ein Beispiel von Interdisziplinarität, das Hoffnung macht: Bosma, Graafsma, Grotevant & de Levita, 1994

8.2 Kohärente Narrationen

Ein Mensch "bleibt für mich nicht konstant. Nach zehn Jahren der Freundschaft scheint mir ein Freund, selbst unabhängig von den Veränderungen des Alters fast ein anderer Mensch" (Merleau-Ponty, 1966, S. 378).

Kohärenz ist dann vorhanden, wenn es dem Subjekt möglich ist, sich in ein gesellschaftliches Formenpotential als Individuum hineinzuerzählen, auch wenn die gewählte Form auf gesellschaflicher Ebene eine von vielen gültigen sein mag. Im empirischen Material wirken diejenigen Narrationen auf mich am echtesten, sinnlichsten, lebendigsten, die in der Tendenz dieses schaffen. Individualität entsteht also nicht in der Anomie, sondern gerade in der Fähigkeit - oder Chuzpe -, sich verorten, verwurzeln zu können. Umgekehrt heißt das, daß die, denen dies nicht gelingt, vor einer großen Aufgabe stehen. Die ist nicht anomisch zu bewältigen. Dazu bedarf es einer Integrationsleistung, die auf dem sozialen Umfeld aufbauen muß (Ahbe, im Druck). Da allerdings ist wohl auch die Gefahr. Denn das Erzählen wird leichter in einem Feld der Differenz, auf das sich Oppositionen narrativ aufbauen und entwickeln lassen. Die helfen, sich zu erzählen, schaffen aber auch narrative Gehäuse, denen man dann nicht mehr entkommen kann, wenn die Differenz als Letztbegründung der Narration verwendet wird. Die Flexibilität eines lebensweltlichen, auf Veränderung angelegten Modells verschwindet, wenn jemand seine Identität z.B. auf sein Deutschsein gründet. Aus dieser Erzählung ist so leicht nicht mehr zu entkommen.

Border identities (McLaren, 1993) dagegen bestehen gerade in der Auseinandersetzung mit der Differenz, im Versuch, sich in der Spannung der Oppositionen zu erzählen und nicht auf ihnen zu beharren. Eine andere Strategie, sich narrativ Freiheitsgrade zu verschaffen, besteht im Nachdenken darüber, welchen Bezugsrahmen man für seine Selbst-Narrationen wählt (MacIntyre, 1987, S. 259). Wer bei "Adam und Eva" anfängt, muß mit dem "jüngsten Gericht" aufhören. Er steht in einem langen Erzählbogen, der in hohem Maße vorbestimmt ist. Wer sich dagegen mit einer situativen Orientierung erzählt, schafft sich die Möglichkeit der Um- und Neuerzählung. Auch das hat allerdings seinen Preis, nämlich möglicherweise den Verlust von Kontinuitätserfahrungen. Gleiches gilt für die lebensweltliche Integration. Wer sich narrativ auf mehrere größere Identitätsprojekte stützt, die "einfach parallel zueinander laufen, statt sich gegenseitig als Mittel zu dienen oder irgend einem größeren Ziel jenseits von ihnen" (Carr, 1986, S. 79), schafft sich möglicherweise narrativen Bewegungsraum. Diese Überlegung ist uns bereits mehrfach begegnet. Erst die "alltägliche Dissoziation" - hier: die Identitätsstrategie der geringen Integration und des losen Verbundes vieler Identitätsprojekte - macht die Kohärenzerfahrung möglich.

8.3 Die Frage der Handlungsträgerschaft

> The idea of the real self appeals ... because it gives a name to something we experience (or at least I do). (Hollway, 1989, S. 105)

Die Frage nach den Freiheitsgraden ist letztlich die nach der Auktorialität des Subjektes seiner Erzählung gegenüber. Wo befindet sich der Autor? Schreibt die Gesellschaft die Geschichten? Löst sich das Subjekt auf und benennt nur noch einen Ort, an dem sich Diskursströme kreuzen? Ist das Subjekt nur mehr "die Summe aller Diskurspositionen seit seiner Geburt?" (Henriques u. a., 1984, S. 204) Das Problem wird nicht leichter dadurch, daß die zur Verfügung stehenden sprachlichen Mittel es schwer machen, "Zwischen"-Räume für das Subjekt zu benennen, die das Soziale an seiner Konstitution markieren. Unsere ganzen konzeptuellen Anstrengungen, aus dem Selbst ein *soziales Selbst* zu machen, werden dadurch unterlaufen, daß unser linguistisches Werkzeug "uns wieder einwebt in eine isolierende Form des Individualismus ungeachtet unserer expliziten Versuche, dem entgegen zu wirken" (Widdicombe, 1992, S. 495). Aber die Anstrengung muß dennoch in diese Richtung gehen. Die Geschichte existiert nicht ohne den Autor. Ohne ihn wäre sie "eine Geschichte ohne Erzähler und deshalb ohne ein organisierendes Prinzip" (Carr, 1986, S. 84). Allerdings ist er eben nicht (mehr) der allmächtige Schöpfer-Autor, sondern eher in der Rolle eines *Mitautors* oder *Erzählers* zu sehen, der "über seine Geschichte nicht in dem Maße autonom verfügen [kann], wie es ein Autor kann" (Meuter, 1995, S. 259).

Aus narrationstheoretischer Sicht wäre es möglicherweise hilfreich, nicht so sehr auf das Subjekt als Schöpfer/Autor zu schauen, sondern auf das Subjekt als eine Reihe von verschiedenen Erzählern in einer Vielzahl lebensweltlicher Narrationen. Ricoeur (1991b, S. 80) beharrt auf der Wichtigkeit der Frage "Wer bin ich?". Hilfreicher in einer krisenhaften Spätmoderne wäre möglicherweise Foucaults[12] Vorschlag (1972):

> Frage mich nicht, wer ich bin und fordere nicht von mir, der gleiche zu bleiben: überlasse es unseren Bürokraten und unserer Polizei darauf zu achten, daß unsere Papiere in Ordnung sind.

---

12 zit. in Widdicombe, 1992, S. 496.

ANHANG: FRAGEBOGEN ZU IDENTITÄTSPROJEKTEN

Ihre Zukunft

Wir wollen einen Blick in die Zukunft werfen. Keiner kann in die Zukunft schauen, aber vorstellen tut man sie sich ab und zu schon. Viele Leute haben auch ganz unterschiedliche Pläne und Hoffnungen für ihre Zukunft.
Deshalb haben Sie hier die Möglichkeit, sich drei verschiedene Zukünfte vorzustellen. Es könnte so (?) kommen oder so (?) oder ganz anders (?). Es gibt also dreimal dieselbe Frage:

1. WER WIRST DU IN FÜNF JAHREN SEIN? Beschreibe Deine Person, so wie Du sie Dir in fünf Jahren vorstellst!

_____

_____

_____

Vielleicht wird's ja ganz anders?

2. WER WIRST DU IN FÜNF JAHREN SEIN? Beschreibe Deine Person, so wie Du sie Dir in fünf Jahren vorstellst!

_____

_____

_____

Gibt's noch eine dritte Möglichkeit wie es werden könnte?

3. WER WIRST DU IN FÜNF JAHREN SEIN? Beschreibe Deine Person, so wie Du sie Dir in fünf Jahren vorstellst!

_____

_____

_____

LITERATUR

Ahbe, Th. (im Druck). Ressourcen - Transformation - Identität. In H. Keupp & R. Höfer (Hg.), Identitätsarbeit heute: Klassische und aktuelle Perspektiven der Identitätsforschung. Frankfurt/M.: Suhrkamp.

Aldridge-Morris, R. (1989). Multiple personality. An exercise in deception. Hove, GB: Lawrence Erlbaum.

Allport, G. (1955). Basic considerations for a psychology of personality. New Haven: Yale University Press.

Alpers, S. (1983). The art of describing: Dutch art in the seventeenth century. Chicago: University of Chicago Press.

Asch, S. E. (1956). Studies of independence and conformity: a minority of one against a unanimous majority. Psychological Monographs, 70 (9, whole no. 416).

Assagioli, R. (1975). Psychosynthesis: a manual of principles and techniques. London: Turnstone Press.

Atabay, I. (1994). Ist dies mein Land? Identitätsentwicklung türkischer Migrantenkinder und Jugendlicher in der Bundesrepublik. Pfaffenweiler: Centaurus.

Baillie, J. (1993). Problems in personal identity. New York: Paragon.

Baldwin, J. M. (1911). The individual and society. Boston: Badger.

Banaji, M. & Prentice, D. (1994). The self in social contexts. Annual Review of Psychology, 45, 297-332.

Barnes, J. (1995). Letters from London. 1990 - 1995. London: Picador.

Barrett, M. & McIntosh, M. (1982). The anti-social family. London: Verso.

Bartlett, F. C. (1932). Remembering. Cambridge: Cambridge University Press.

Bauman, Z. (1994). Tod, Unsterblichkeit und andere Lebensstrategien. Frankfurt/M.: Fischer.

Bauman, Z. (1995). Identitätsprobleme in der Postmoderne. Vortrag auf dem 3. Kongreß der Neuen Gesellschaft für Psychologie am 2. März 1995 in München.

Beahrs, J. O. (1982). Unity and multiplicity: Multilevel consciousness of self in hypnosis, psychiatric disorder and mental health. New York: Brunner/Mazel.

Beck, U. (1986). Die Risikogesellschaft - Auf dem Weg in eine andere Moderne. Frankfurt/M.: Suhrkamp.

Beck-Gernsheim, E. (1994). Auf dem Weg in die postfamiliale Familie - Von der Notgemeinschaft zur Wahlverwandtschaft. In U. Beck & E. Beck-Gernsheim (Hg.), Riskante Freiheiten. Individualisierung in modernen Gesellschaften (S. 115-138). Frankfurt/M.: Suhrkamp.

Bell, S. E. (1988). Becoming a political woman: The reconstruction and interpretation of experience through stories. In A. D. Todd & S. Fisher (Hg.), Gender and discourse: The power of talk (S. 97-123). Norwood, NJ: Ablex.

Bem, D. J. & Allen, A. (1974). On predicting some of the people some of the time: The search for cross-situational consistencies in behavior. Psychological Review, 81, 506-520.

Bendit, R. (1993). Jugend in Europa - Europäische Jugend? Lebenslagen und Orientierungen Jugendlicher im Europa der Gemeinschaft. In R. Bendit, G. Mauger & C. v. Wolffersdorff

(Hg.), Jugend und Gesellschaft. Deutsch-französische Forschungsperspektiven (S. 291-310). Baden-Baden: Nomos.

Bendit, R., Mauger, G. & Wolffersdorf, C. v. (Hg.). (1993). Jugend und Gesellschaft. Deutsch-französische Forschungsperspektiven. Baden-Baden: Nomos.

Benjamin, J. (1990). Die Fesseln der Liebe. Psychoanalyse, Feminismus und das Problem der Macht. Frankfurt/M.: Stroemfeld/Roter Stern.

Berger, P. L. (1994). Sehnsucht nach Sinn. Glauben in einer Zeit der Leichtgläubigkeit. Frankfurt/M: Suhrkamp.

Bergius, R. (1957). Formen des Zukunftserlebens. München: Barth.

Berne, E. (1961). Transactional analysis in psychotherapy. New York: Grove Press.

Bhavnani, K. K. & Phoenix, A. (1994). Shifting identities shifting racisms: an introduction. In K-K. Bhavnani & A. Phoenix (Hg.), Shifting identities shifting racisms: A feminism and psychology reader. London: Sage.

Binet, A. (1892). Les altérations de la personalité. Paris: Alcan.

Block, J. (1981). Some enduring and consequential structures of personality. In A. I. Rubin et al. (Hg.), Further explorations in personality. New York: Wiley.

Bosma, H. (in Druck). Identity and identity processes: What are we talking about? In A. Oosterwegel & R. A. Wicklund (Hg.), The self in European and North American culture: Development and processes (S. 1-13). Amsterdam: Kluwer.

Bosma, H., Graafsma, T. L. G., Grotevant, H., D. & de Levita, D. J. (Hg.). (1994). Identity and development. An interdisciplinary approach. Thousand Oaks: Sage.

Bosma, H. & Jackson, S. (Hg.). (1990). Coping and Self-Concept in Adolescence. Berlin: Springer.

Bourdieu, P. (1986). L'illusion biographique. Actes de la Recherche en Sciences Sociales, 62/63, 69-72.

Bourne, E. (1978). The state of research on ego identity: A review and appraisal. Part I. Journal of Youth and Adolescence, 7 (3), 223-251.

Boutinet, J.P. (1990). Anthropologie du projet. Paris: Presses Universitaires de France.

Boutinet, J.P. (1992). Les conduites à projet, avatars d'une préoccupation. In ROPS (Hg.), Le projet. Un défi nécessaire face à une société sans projet (S. 91-106). Paris: L'Harmattan.

Boutinet, J.P. (1993). Psychologie des conduits à projet. Paris: Presses Universitaires de France.

Bowie, M. (1994). Lacan. Göttingen: Steidl.

Breakwell, G. (1986). Coping with threatened identities. London: Methuen.

Brewer, W. B. (1986). What is autobiographical memory? In D. C. Rubin (Hg.), Autobiographical memory (S. 25-49). Cambridge: Cambridge University Press.

Brose, H.G. & Hildenbrand, B. (1988). Biographisierung von Erleben und Handeln. In H.G. Brose & B. Hildenbrand (Hg.), Vom Ende des Individuums zur Individualität ohne Ende (S. 11-30). Opladen: Leske + Budrich.

Brown, E. (1979). Theories of adult personality development and socialization - towards an understanding of midlife transition in women. In J. O. Raynor & E. Entin (Hg.), Motivation, career striving and aging. Washington, DC: Hemisphere.

Bruder, K.J. (1993). Subjektivität und Postmoderne. Der Diskurs der Psychologie. Frankfurt/M.: Suhrkamp.

Bruner, J. (1990). Acts of meaning. Cambridge, MA: Harvard University Press.

Brunner, G. (1988). Berufsausbildung zum Verwaltungsfachangestellten. München: Jehle.

Bryson, N. (1983). Vision and painting: The logic of the gaze. New Haven: Yale University Press.

Buci-Glucksmann, C. (1984). La raison baroque: de Baudelaire à Benjamin. Paris: Éditions Galilée.

Buci-Glucksmann, C. (1986). La folie du voir. Paris: Éditions Galilée.

Bukatman, S. (1993). Terminal identity. The virtual subject in postmodern science fiction. Durham: Duke University Press.

Camilleri, C. (1988). Changements culturels, problèmes de socialisation et construction de l'identité. Annales de Vaucresson, 28, 35-48.

Camilleri, C. (1990 a). Positionnement identitaire chez l'adolescent maghrébin en France. In N. Kridis (Hg.), Adolescence et identité (S. 201-211). Marseille: Editions "Homme et Perspective".

Camilleri, C. (1990 b). Identité et gestion de la disparité culturelle: essai d'une typologie. In C. Camilleri, J. Kastersztein, E. M. Lipiansky, H. Malewska-Peyre, I. Taboada-Leonetti, A. Vasquez (Hg.), Stratégies identitaires. Paris: Presses Universitaires de France.

Camilleri, C. (1991). La construction identitaire: essai d'une vision d'ensemble. Les Cahiers Internationaux de Psychologie Sociale, 1991 (1/2), 77-90.

Campbell, A., Converse, P. E. & Rodgers, W. L. (1976). The quality of American life: Perceptions, evaluations, and satisfactions. New York: Russell Sage.

Campbell, J. (1956). The hero with a thousand faces. New York: Meridian.

Carr, D. (1986). Time, narrative, and history. Bloomington; IND: Indiana University Press.

Cavalli, A. & Galland, O. (Hg.). (1993). L'allongement de la jeunesse. Poitiers: Actes Sud.

Chodoff, P. (1987). More on multiple personality disorder. American Journal of Psychiatry, 144, 124.

Coleman, J. & Hendry, L. (1990). The nature of adolescence. London: Routledge.

Comar, P. (1992). La perspective en jeu. Les dessous de l'image. Paris: Gallimard.

Connor, S. (1989). Postmodern culture. An introduction to theories of the contemporary. Oxford: Blackwell.

Conzen, P. (1990). Erik H. Erikson und die Folgen. Heidelberg: Asanger.

Cooley, C. H. (1902). Human nature and the social order. New York: Scribner.

Cote, J. E. & Levine, C. (1988). A critical examination of the ego identity status paradigm. Developmental Review, 8, 147-184.

Crites, S. (1986). Storytime: Recollecting the past and projecting the future. In T. R. Sarbin (Hg.), Narrative psychology. The storied nature of human conduct (S. 152-173). New York: Praeger.

Cross, S. & Markus, H. (1991). Possible selves across the life-span. Human Development, 34, 230-255.

De Volder, M. (1979). Time orientation: a review. Psychologica Belgica, 19, 61-79.

Decker, H. H. (1986). The lure of nonmaterialism in materialist Europe: investigations of dissociative phenomena 1880 - 1915. In J. M. Quen (Hg.), Split minds/split brain. New York: New York University Press.

Dion, K. K. (1985). Socialization in adulthood. In G. Lindzey & E. Aronson (Hg.), Handbook of social psychology (Bd. 2). New York: Random House.

du Bois-Reymond, M. & Oechsle, M. (Hg.). (1990). Neue Jugendbiographie? Zum Strukturwandel der Jugendphase. Opladen: Leske + Budrich.

Edgerton, S. Y. (1975). The Renaissance discovery of linear perspective. New York: Harper & Row.

Ellenberger, H. F. (1985). Die Entdeckung des Unbewußten. Geschichte und Entwicklung der dynamischen Psychiatrie von den Anfängen bis zu Janet, Freud, Adler und Jung. Zürich: Diogenes.

Elster, J. (1987). Introduction. In J. Elster (Hg.), The multiple self (S. 1-34). Cambridge UK: Cambridge University Press.

Enzensberger, H. M. (1991). Mittelmaß und Wahn. Frankfurt/M.: Suhrkamp.

Erben, U. (1972). Deutsche Grammatik: ein Abriss. München: Hueber.

Erikson, E. H. (1965). Kindheit und Gesellschaft. Stuttgart: Klett.

Erikson, E. H. (1970). Jugend und Krise. Die Psychodynamik im sozialen Wandel. Stuttgart: Klett.

Erikson, E. H. (1973). Identität und Lebenszyklus. Frankfurt/M.: Suhrkamp.

Erwin, E. (1988). Psychoanalysis and self-deception. In B. P. McLaughlin & A. O. Rorty (Hg.), Perspectives on self-deception (S. 228-245). Berkeley: University of California Press.

Fahy, T. A. (1988). The diagnosis of multiple personality disorder: A critical review. British Journal of Psychiatry, 153, 597-606.

Fend, H. (1991). Identitätsentwicklung in der Adoleszenz. Lebensentwürfe, Selbstfindung und Weltaneignung in beruflichen, familiären und politisch-weltanschaulichen Bereichen. Entwicklungspsychologie der Moderne, Band II. Bern: Huber.

Filipp, S. H. (1980). Entwicklung von Selbstkonzepten. Zeitschrift für Entwicklungspsychologie und Pädagogische Psychologie, 12, 105-125.

Fine, C. (1988). The work of Antoine Despine: the first Scientific report on the diagnosis and treatment of a child with multiple personality disorder. American Journal of Clinical Hypnosis, 31 (1), 33-39.

Finlay, M. (1989). Post-modernising psychoanalysis/psychoanalysing post-modernity. Free Associations, 16, 43-80.

Fischer, D. G. & Elnitsky, S. (1990). A factor analytic study of two scales measuring dissociation. American Journal of Clinical Hypnosis, 32 (3), 201-207.

Foucault, M. (1972). The archeology of knowledge. London: Tavistock.

Fraisse, P. (1985). Psychologie der Zeit. München: Ernst Reinhardt.

Frank, L. K. (1939). Time perspectives. Journal of Social Philosophy, 4, 293-312.

Frey, H. P. & Haußer, K. (Hg.). (1987). Identität. Entwicklungen psychologischer und soziologischer Forschung. Stuttgart: Enke.

Frosh, S. (1991). Identity cisis. Modernity, psychoanalysis and the self. London: Macmillan.

Frye, N. (1957). Anatomy of criticism. Princeton, NJ: Princeton University Press.

Gecas, V. (1982). The self-concept. Annual Review of Sociology, 8, 1-33.

Gergen, K. J. (1968). Personal consistency and the presentation of the self. In C. Gordon & K. J. Gergen (Hg.), The self in social interaction (Bd. 1). New York: Wiley.

Gergen, K. J. (1991). The saturated self. Dilemmas of identity in contemporary life. New York: Basic Books.

Gergen, K. J. (1993). Refiguring self and psychology. Aldershot: Dartmouth.

Gergen, K. J. & Gergen, M. M. (Hg.). (1984). Historical social psychology. Hillsdale, NJ: Lawrence Erlbaum.

Gergen, K. J. & Gergen, M. M. (1988). Narrative and the self as relationship. In L. Berkowitz (Hg.), Addvances in experimental social psychology (S. 17-56). New York: Academic Press.

Giddens, A. (1991 a). Modernity and Self-identity. Self and society in the late modern age. Cambridge, UK: Polity Press.

Giddens, A. (1991 b). Konsequenzen der Moderne. Frankfurt/M.: Suhrkamp.

Gillett, G. R. (1986). Multiple personality and the concept of a person. New Ideas in Psychology, 4, 173-184.

Glover, J. (1988). I: The philosophy and psychology of personal identity. London: Penguin.

Gmür, W. & Straus, F. (1994). Die Netzwerkperspektive in der Jugendforschung - Beispiel einer Netzwerkanalyse. Zeitschrift für Sozialisationsforschung und Erziehungssoziologie, 14 (3), 228-245.

Gneist, J. (1995). Wenn Haß und Liebe sich umarmen. Das Borderline-Syndrom. Ein Psychodrama unserer Zeit. München: Piper.

Göttert, K. H. (1994). Einführung in die Rhetorik. München: Wilhelm Fink Verlag.

Graumann, C. F. (1983). On multiple identities. International Social Science Journal, 35, 309-321.

Greene, A. L. (1986). Future time perspective in adolescence: the present of things future revisited. Journal of Youth and Adolescence, 15, 99-113.

Greenwald, A. G. & Banaji, M. R. (1989). The self as memory system: Powerful, but ordinary. Journal of Personality and Social Psychology, 57, 41-54.

Greenwald, A. G. & Pratkanis. (1984). The self. In R. S. Wyer & T. K. Srull (Hg.), Handbook of social cognition (S. 129-178). Hillsdale, NJ: Erlbaum.

Guichard, J. (1993). L'école et les représentations d'avenir des adolescents. Paris: Presses Universitaires de France.

Guichard, J., Hillou, N. & Huiteau, M. (1993). Les choix d'orientation des collègiens. Sciences Humaines, 1993 (Hors série No. 2), 38-39.

Gurvitch, G. (1969). La vocation actuelle de la sociologie. Tome II. Antécédents et perspectives. Paris: Presses Universitaires de France.

Guyau, J. M. (1993) [1890]. Die Entstehung des Zeitbegriffs. Cuxhaven: Junghans-Verlag.

Hall, S. (1991). Ethnicity: identity and difference. Radical America, 23, 9-20.

Hall, S. (1992). The question of cultural identity. In S. Hall (Hg.), Modernity and its futures (S. 273-316). Cambridge, UK: Polity Press.

Hall, S. (1994). Rassismus und kulturelle Identität. Ausgewählte Schriften 2. Hamburg: Argument-Verlag.

Hamburg, D. A. & Adams, J. E. (1967). A perspective on coping behavior. Archives of General Psychiatry, 17, 277-284.

Hardy, B. (1968). Towards a poetics of fiction: An approach through narrative. Novel, 2, 5-14.

Harré, R. (1983). Identity projects. In G. M. Breakwell (Hg.), Threatened identities (S. 31-51). Chichester: Wiley.

Harré, R. (1988). The social context of self-deception. In B. P. McLaughlin & A. O. Rorty (Hg.), Perspectives on self-deception (S. 364-379). Berkeley: University of California Press.

Harvey, D. (1989). The condition of postmodernity. Oxford UK: Blackwell.

Haußer, K. (1995). Identitätspsychologie. Berlin: Springer.

Heckhausen, H. (1963). Hoffnung und Furcht in der Leistungsmotivation. Meisenheim a.G.: Hain.

Hendry, L. B. (1994). Back to basics? Family styles and adolescents' socialisation. Paper presented at the 4th Biennial conference of the European Association for Research on Adolescence. Stockholm, May 28 - June 1, 1994.

Henriques, J., Hollway, W., Urwin, C., Venn, C. & Walkerdine, V. (1984). Changing the subject: Psychology, social relations and subjectivity. London: Methuen.

Hicks, E. D. (1988). Deterritorialization and border writing. In R. Merrill (Hg.), Ethics/-Aesthetics: Post-modern positions (S. 47-58). Washington: Maisonneuve Press.

Higgins, E. T., King, G. A. & Marvin, G. H. (1982). Individual construct accessibility and subjective impression and recall. Journal of Personality and Social Psychology, 43, 35-47.

Hilgard, E. R. (1986). Divided consciousness: multiple controls in human thought and action. New York: Wiley-Interscience.

Hitzler, R. & Honer, A. (1994). Bastelexistenz. Über subjektive Konsequenzen der Individualisierung. In U. Beck & E. Beck-Gernsheim (Hg.), Riskante Freiheiten. Individualisierung in modernen Gesellschaften (S. 307-315). Frankfurt/M.: Suhrkamp.

Hoff, E.H. (Hg.). (1990). Die doppelte Sozialisation Erwachsener. Zum Verhältnis von beruflichem und privatem Lebensstrang. München: DJI-Verlag.

Hollway, W. (1989). Subjectivity and method in psychology: Gender, meaning and science. London: Sage.

Hoornaert, J. (1973). Time perspective. Theoretical and methodolical considerations. Psychologica Belgica, 13 (3), 265-294.

Horx, M. (1987). Die wilden Achtziger. Eine Zeitgeist-Reise durch die Bundesrepublik. München: Goldmann.

Howard, J. A. (1991 a). Introduction: The self-society dynamic. In J. A. Howard & P. L. Callero (Hg.), The self-society dynamic. Cognition, emotion, and action (S. 1-18). Cambridge: Cambridge University Press.

Howard, J. A. (1991 b). From changing selves toward changing society. In J. A. Howard & P. L. Callero (Hg.), The self-society dynamic. Cognition, emotion, and action (S. 209-238). Cambridge: Cambridge University Press.

Howard, Judith A. & Callero, P. L. (Hg.). (1991). The self-society dynamic. Cognition, emotion, and action. Cambridge: Cambridge University Press.

Huber, G. L. (Hg.). (1992). Qualitative Analyse. Computereinsatz in der Sozialforschung. München: Oldenbourg.

Humphrey, N. & Dennett, D. C. (1991). Speaking for ourselves: An assessment of Multiple Personality Disorder. In D. Kolak & R. Martin (Hg.), Self and identity. Contemporary philosophical issues (S. 144-161). New York: Macmillan.

Hurrelmann, K. (1983). Das Modell des produktiv realitätsverarbeitenden Subjekts in der Sozialisationsforschung. Anmerkungen zu neueren theoretischen und methodologischen Konzeptionen. Zeitschrift für Sozialisationsforschung und Erziehungssoziologie, 3 (1), 91-103.

Jackson, S. & Rodriguez-Thomé, H. (Hg.). (1993). Adolescence and its social worlds. Hove: Lawrence Erlbaum.

Jäger, S. (1993). Kritische Diskursanalyse. Duisburg: Duisburger Institut für Sprach- und Sozialforschung (DISS).

James, W. (1890). Principles of psychology. New York, Holt: re-edition (1950). New York, Dover.

Jameson, F. (1991). Postmodernism or the cultural logic of late capitalism. London: Verso.

Jay, M. (1992). Scopic regimes of modernity. In S. Lash & J. Friedman (Hg.), Modernity and identity (S. 178-195). Oxford, UK: Blackwell.

Jencks, C. (1984). The language of post-modern architecture. London: Academy Editions.

Jeudy, H.P. (1993). Éloge de l'arbitraire. Paris: Presses Universitaires de France.

Kantor, D. & Lehr, W. (1975). Inside the family. San Francisco: Jossey-Bass.

Kastenbaum, R. (1961). The dimensions of future time perspective. An experimental analysis. The Journal of General Psychology, 65, 203-218.

Keller, H. (1932). Psychologie des Zukunftsbewußtseins. Zeitschrift für Psychologie, 124, 211-290.

Kellner, D. (1992). Popular culture and the construction of postmodern identities. In S. Lash & J. Friedman (Hg.), Modernity & identity (S. 141-177). Oxford UK: Blackwell.

Kerby, A. P. (1991). Narrative and the self. Bloomington: Indiana University Press.

Kernberg, O. (1974). Further contributions to the treatment of narcissistic personalities. In A. Morrison (Hg.), Essential papers on narcissism. New York: New York University Press.

Kernberg, O. F. (1983). Borderline-Störungen und pathologischer Narzißmus. Frankfurt/M.: Suhrkamp.

Keupp, H. (1988 a). Auf dem Weg zur Patchwork-Identität? Verhaltenstherapie und psychosoziale Praxis, 20 (4), 425-438.

Keupp, H. (1988 b). Riskante Chancen. Heidelberg: Asanger.

Keupp, H. (1992). Das Subjekt und die Psychologie in der Krise der Moderne: Die Chancen postmoderner Provokationen. Psychologie & Gesellschaftskritik, 16 (3-4), 17-41.

Keupp, H. (Hg.). (1993 a). Zugänge zum Subjekt. Frankfurt/M.: Suhrkamp.

Keupp, H. (1993 b). Grundzüge einer reflexiven Sozialpsychologie. In H. Keupp (Hg.), Suhrkamp:.

Keupp, H. (1993 c). Identitäten in der Psychologie. Journal für Psychologie, 1 (2), 4-14.

Keupp, H. (1993 d). Zur Einführung. Für eine reflexive Sozialpsychologie. In H. Keupp (Hg.), Frankfurt/M.: Suhrkamp.

Keupp, H. (1993 e). Postmoderne Welt des fröhlichen Durcheinanders? Psychologie heute, 20 (6), 50-57.

Keupp, H. (1994 a). Ambivalenzen postmoderner Identität. In U. Beck & E. Beck-Gernsheim (Hg.), Riskante Freiheiten. Individualisierung in modernen Gesellschaften (S. 336-350). Frankfurt/M.: Suhrkamp.

Keupp, H. (1994 b). Psychologisches Handeln in der Risikogesellschaft. München: Quintessenz.

Keupp, H. (1994 c). Zerstört Individualisierung die Solidarität? Für eine kommunitäre Individualität. Vortrag auf dem 9. Treffen des Gemeindepsychologischen Gesprächskreises vom 12. bis 15. Mai 1994 in Thurnau. München: Universität München.

Keupp, H. & Höfer, R. (Hg.). (im Druck). Identitätsarbeit heute: Klassische und aktuelle Perspektiven der Identitätsforschung. Frankfurt/M.: Suhrkamp.

Kihlstrom, J. F. & Cantor, N. (1984). Mental representations of the self. In L. Berkowitz (Hg.), Advances in Experimental Social Psychology (Bd. 17). New York: Academic Press.

Kluft, R. P. (1982). Varieties of hypnotic intervention in the treatment of multiple personality. American Journal of Clinical Hypnosis, 24 (4), 230-240.

Kluft, R.P. (Hg.). (1985). Childhood antecedents of multiple personality. Washington D.C.: American Psychiatric Press.

Kluft, R. P. (1985 a). Using hypnotic inquiry protocols to monitor treatment progress and stability in multiple personality disorder. American Journal of Clinical Hypnosis, 28 (2), 63-75.

Kluft, R. P. (1988). Editorial: A new voice for a new frontier. Dissociation, 1 (1), 2-3.

Knapp, R. H. & Garbutt, J. T. (1958). Time imagery and the achievement motive. Journal of Personality, 26, 426-434.

Kohlenberg, R. J. (1973). Behavioristic approach to multiple personality: A case study. Behavior Therapy, 4, 137-140.

Kohli, M. (1981). Biography: Account, text, and method. In D. Bertaux (Hg.), Biography and society. Beverly Hills, CA: Sage.

Kohli, M. (1988). Normalbiographie und Individualität: Zur institutionellen Dynamik des gegenwärtigen Lebenslaufregimes. In H.G. Brose & B. Hildenbrand (Hg.), Vom Ende des Individuums zur Individualität ohne Ende (S. 33-53). Opladen: Leske + Budrich.

Kohut, H. (1981). Die Heilung des Selbst. Frankfurt/M.: Suhrkamp.

Kohut, H. & Wolf, E. (1978). The disorders of the self and their treatment: an outline. In A. Morrison (Hg.), Essential papers of narcissism. New York: New York University Press.

Kovel, J. (1987). Schizophrenic being and technocratic society. In D. Levin (Hg.), Pathologies of the modern self. New York: New York University Press.

Krappmann, L. (1992). Die Suche nach Identität und die Adoleszenzkrise. Neuere Überlegungen in der Weiterarbeit an Eriksons Modell der Identitätsbildung. In G. Biermann (Hg.), Handbuch der Kinderpsychotherapie (Bd. V), (S. 102-125). München: Ernst Reinhardt.

Kraus, W. & Mitzscherlich, B. (1995). Identitätsdiffusion als kulturelle Anpassungsleistung. Psychologie in Erziehung und Unterricht, 42 (1), 65-72.

Kroger, J. (1989). Identity in adolescence. The balance between self and others. London:

Routledge.

Kroger, J. (1992). The role of historical context in the identity formation process of late adolescence. Youth & Society, 24 (4), 363-376.

Kroger, J. (Hg.). (1993). Discussions on ego identity. Hillsdale, NJ: Lawrence Erlbaum.

Krüger, H. (1993). Die "Verlängerung" des Jugendalters - kein geschlechtsneutrales Phänomen. In R. Bendit, G. Mauger & C. v. Wolffersdorff (Hg.), Jugend und Gesellschaft. Deutsch-französische Forschungsperspektiven (S. 78-90). Baden-Baden: Nomos.

Kuhn, M. H. & McPartland, T. S. (1954). An empirical investigation in self-attitudes. American Sociological Review, 19, 68-76.

Kuiper, N. A. & Rogers, T. B. (1979). Encoding of personal information: Self-other differences. Journal of Personality and Social Psychology, 37, 499-514.

Kvale, S. (Hg.). (1992). Psychology and postmodernism. London: Sage.

Labov, W. (Hg.). (1972). The transformation of experience in narrative syntax. In W. Labov (Hg.), Language in the inner city: Studies in the Black English vernacular (S. 354-396). Philadelphia: University of Pennsylvania Press.

Labov, W. (1981). Speech actions and reactions in personal narrative. In D. Tannen (Hg.), Analyzing discourse: Text and talk (S. 219-247). Washington, DC: Georgetown University Press.

Lasch, C. (1979). The culture of narcissism. London: Abacus.

Lasch, C. (1984). The minimal self. London: Picador.

Lavelle, L. (1945). Du temps et de l'éternité. Paris: Aubier.

Lazarus, R. S. & Folkman, S. (1984). Coping and adaptation. In W. D. Gentry (Hg.), The handbook of behavioral medicine. New York: Guilford.

Lerner, R. M. (1985). Adolescent maturational changes and psychosocial development: a dynamic interactional perspective. Journal of Youth and Adolescence, 14, 355-372.

Leroy, J.F. (1993). La notion de "projet". Les Cahiers Internationaux de Psychologie Sociale, 17, 72-103.

Levin, D. (1987). Clinical stories: a modern self in the fury of being. In D. Levin (Hg.), Pathologies of the modern self. New York: New York University Press.

Lévi-Strauss, C. (1977). Avant-propos. In C. Levi-Strauss (Hg.), L'identité (S. 9-12). Paris: Presses Universitaires de France.

Lewin, K. (1931). Die psychologische Situation bei Lohn und Strafe. Leipzig: Hirzel.

Lewin, K. (1982) [1951]. Feldtheorie. Kurt-Lewin-Werkausgabe, Bd. 4. Bern: Huber.

Lewis, J. D. & Weigart, A. J. (1990). The structures and meanings of social-time. In J. Hassard (Hg.), The sociology of time (S. 77-101). London: Macmillan.

Lifton, R. J. (1988). Ärzte im Dritten Reich. Stuttgart: Klett-Cotta.

Lindblom, C. (1959). The science of "muddling through". Public Administration Review, 13, 79-88.

Little, B. R. (1989). Personal project analysis: Trivial pursuits, magnificent obsessions, and the search for coherence. In D. M. Buss & N. Cantor (Hg.), Personality psychology: Recent trends and emerging directions (S. 15-31). Berlin: Springer.

Livson, N. & Peskin, H. (1980). Perspectives on adolescence from longitudinal research. In J. Adelson (Hg.), Handbook of adolescent psychology (S. 47-98). New York: Wiley.

Lohauß, P. (1995). Moderne Identität. Theorien und Konzepte. Opladen: Leske + Budrich.

Loo, H. van der & Reijen, W. van der. (1992). Modernisierung. Projekt und Paradox. München: DTV.

Loock, U. (1989). Michelangelo Pistolettos "Oggetti in meno" heute. In M. Pistoletto (Hg.), Oggetti in meno. 1965 - 1966. Katalog zur Ausstellung in der Wiener Secession vom 25.1. bis 25.2.1990 (S. 9-18). Bern: Kunsthalle Bern.

Luckmann, T. (1983). Remarks on personal identity: inner, social and historical time. In A. Jacobson-Widding (Hg.), Identity: personal and socio-cultural. Uppsala: Uppsala University Press.

Ludwig, A. M. (1983). The psychobiological function of dissociation. American Journal of Clinical Hypnosis, 26 (2), 93-99.

Lübbe, H. (1995). Schrumpft die Zeit? Zivilisationsdynamik und Zeitumgangsmoral: Verkürzter Aufenthalt in der Gegenwart. In K. Weis (Hg.), Was ist die Zeit? Faktum, Band 6 (S. 53-79). München: Technische Universität.

Luhmann, N. (1981). Identitätsgebrauch in selbstsubstitutiven Ordnungen, besonders Gesellschaften. In N. Luhmann (Hg.), Soziologische Aufklärung III (S. 198-227). Opladen: Westdeutscher Verlag.

Lyman, S. M. & Scott, M. B. (1970). A sociology of the absurd. New York: Appleton--Century-Crofts.

Lyotard, Jean-F. (1986). Das postmoderne Wissen. Graz: Edition Passagen.

MacIntyre, A. (1987). Verlust der Tugend: Zur moralischen Krise der Gegenwart. Frankfurt/M.: Campus.

Maffesoli, M. (1988). Le temps des tribus. Le déclin de l'individualisme dans les sociétés de masse. Paris: Meridiens Klincksieck.

Mancuso, J. C. (1986). The acquisition and use of narrative grammar structure. In T. R. Sarbin (Hg.), Narrative psychology. The storied nature of human conduct (S. 91-110). New York: Praeger.

Mandler, J. M. (1984). Stories, scripts and scenes: Aspects of schema theory. Hillsdale, NJ: Erlbaum.

Marcia, J. (1966). Development and validation of ego-identity status. Journal of Personality and Social Psychology, 3 (5), 551-558.

Marcia, J. E. (1976). Identity six years after: A follow-up study. Journal of Youth and Adolescence, 5 (2), 145-160.

Marcia, J. E. (1980). Identity in adolescence. In J. Adelson (Hg.), Handbook of adolescent psychology (S. 159-187). New York: Wiley.

Marcia, J. E. (1989). Identity diffusion differentiated. In M. A. Luszcz & T. Nettelbeck (Hg.), Psychological development across the life-span (S. 289-295). North-Holland: Elsevier.

Marcia, J. E. (1993). The status of the statuses: Resarch review. In J. E. Marcia, A. S. Waterman, D. R. Matteson, S. L. Archer & J. L. Orlofsky (Hg.), Ego identity. A handbook for psychosocial research (S. 22-41). New York: Springer.

Marcia, J. E., Waterman, A. S., Matteson, D. M., Archer, S. L. & Orlofsky, J. (1993). Ego Identity. A handbook for psychosocial research. New York: Springer.

Marks, S. (1977). Multiple roles and role strain: Some notes on human energy, time, and commitment. American Sociological Review, 42, 921-936.

Markus, H. & Nurius, P. (1987). Possible selves: The interface between motivation and the self-concept. In K. Yardley & T. Honess (Hg.), Self and identity. Psychosocial perspectives (S. 157-172). Chichester: Wiley.

Markus, H. R. (1977). Self-schemata and processing information about the self. Journal of Personality and Social Psychology, 35, 63-78.

Markus, H. R. & Kunda, Z. (1986). Stability and malleability of the self-concept. Journal of Personality and Social Psychology, 51 (4), 858-866.

Markus, H. R. & Nurius, P. (1986). Possible selves. American Psychologist, 41, 954-969.

Markus, H. R., Smith, J. (1981). The influence of self-schemata on the perception of others. In N. Cantor & J. F. Kihlstrom (Hg.), Personality, cognition, and social interaction (S. 233-262). Hillsdale, NJ: Erlbaum.

Markus, H. R., Smith, J. & Moreland, R. L. (1985). Role of the self-concept in the perception of others. Journal of Personality and Social Psychology, 49, 1494-1512.

Markus, H. R. & Wurf, E. (1987). The dynamic self-concept: A social psychological perspective. Annual Review of Psychology, 38, 299-327.

Markus, H. R. & Zajonc, R. B. (1985). The cognitive perspective in social psychology. In G. Lindzey & E. Aronson (Hg.), The Handbook of Social Psychology (Bd. 1), (S. 299-327). New York: Random House.

Markus, H. & Sentis, K. (1982). The self in social-information processing. In J. Suls (Hg.), Psychological perspectives on the self (Bd. 1). Hillsdale, NJ: Erlbaum.

Marlatt, G. A. & Gordon, J. R. (1985). Relapse prevention. New York: Guilford Press.

Martindale, C. (1980). Subselves. The internal representation of situational and personal dispositions. In L. Wheeler (Hg.), Review of Personality and Social Psychology (Bd. 1), (S. 193-218). Beverly Hills: Sage.

Maslow, A. H. (1954). Motivation and personality. New York: Harper.

McGuire, W. J. & McGuire, C. V. (1981). The spontaneous self-concept as affected by personal distinctiveness. In M. D. Lynch, A. Norem-Hebeisen & K. Gergen (Hg.), Self-concept: Advances in theory and research (S. 147-171). Cambridge, MA: Ballinger.

McHale, B. (1987). Postmodernist fiction. New York: Methuen.

McLaren, P. (1993). Border disputes: Multicultural narrative, identity formation, and critical pedagogy in postmodern America. In D. McLaughlin & W. G. Tierney (Hg.), Naming silenced lives. Personal narratives and processes of educationale change (S. 201-235). New York: Routledge.

McLaughlin, B. & Rorty, A. O. (Hg.). (1988). Perspectives on self-deception. Berkeley: University of California Press.

Mead, G. H. (1934). Mind, self, and society. Chicago: Chicago University Press.

Meeus, W. (1992). Toward a psychosocial analysis of adolescent identity: an evaluation of the Epigenetic Theory (Erikson) and the Identity Status Model (Marcia). In W. Meeus, M. de Goede, W. Kox & K. Hurrelmann (Hg.), Adolescence, careers, and culture (S. 55-75). Berlin: de Gruyter.

Melges, F. T. (1982). Time and the inner future: a temporal approach to psychiatric disorders. New York: Wiley.

Melges, F. T. (1990). Identity and temporal perspective. In R. A. Block (Hg.), Cognitive models of psychological time (S. 255-267). Hillsdale NJ: Lawrence Erlbaum.

Merleau-Ponty, M. (1966). Phänomenologie der Wahrnehmung. Berlin: de Gruyter.

Metz, C. (1982). The imaginary signifier: Psychoanalysis and cinema. Bloomington: Indiana University Press.

Metzen, H. (1994). Schlankheitskur für den Staat. Lean Management in der öffentlichen Verwaltung. Frankfurt/M.: Campus.

Meuter, N. (1995). Narrative Identität. Das Problem der personalen Identität im Anschluß an Ernst Tugendhat, Niklas Luhmann und Paul Ricoeur. Stuttgart: M & P Verlag.

Miles, M. B. & Huberman, A. M. (1994). Qualitative data analysis. An expanded sourcebook. Thousand Oaks: Sage.

Mitzscherlich, B. (im Druck). Subjektive Dimensionen von Heimat. Eine qualitative Untersuchung von Problemen der Beheimatung. Pfaffenweiler: Centaurus.

Modick, K. (1993). Im Bauch des Wals. Paul Austers Erstlingsroman von 1982. Süddeutsche Zeitung, 1993 (130), 16.

Monteil, J. M. (1993). Soi et le contexte. Paris: Armand Colin.

Müller, S. (1973). Untersuchungen zur Messung pessimistischer und optimistischer Zukunftserwartungen. Köln: Hanstein.

Neisser, U. (1976). Cognition and reality. New York: Erlbaum.

Neubauer, J. (1994). Problems of identity in modernist fiction. In H. A. Bosma, T. L. G. Graafsma, H. D. Grotevant & D. de Levita (Hg.), Identity and development. An interdisciplinary approach (S. 123-134). Thousand Oaks: Sage.

Nicholson, N, Cole, S. G. & Rocklin, T. (1985). Conformity in the Asch situation: a comparison between contemporary British and US university students. British Journal of Social Psychology, 24, 59-63.

Noll, R. (1989). Multiple personality, dissociation, and C.G. Jung´s complex theory. Journal of Analytical Psychology, 34, 353-370.

Nowotny, H. (1995). Wer bestimmt die Zeit? Zeitkonflikte in der technologischen Gesellschaft zwischen industrialisierter und individualisierter Zeit. Faktum, Band 6. In K. Weis (Hg.), Was ist Zeit? (S. 81-99). München: Technische Universität.

Nurius, P. S. (1986). A reappraisal of the self-concept and implications for counseling. Journal of Counseling Psychology, 33, 429-438.

Nurius, P. S. (1991). Possible selves and social support: Social cognitive ressources for coping and striving. In J. A. Howard & P. L. Callero (Hg.), The self-society dynamic. Cognition, emotion, and action (S. 239-258). Cambridge: Cambridge University Press.

Nurius, P. S. & Markus, H. (1990). Situational variability in the self-concept: Appraisals, expectancies, and asymmetries. Journal of Social and Clinical Psychology, 7, 316-333.

Nuttin, J. (1985). Future time perspective and motivation. Leuven: Leuven University Press.

Orne, M. T., Dinges, D. F. & Orne, E. C. (1984). The differential diagnosis of multiple personality disorder in the forensic context. International Journal of Clinical and Experimental Hypnosis, 32, 118-167.

Ortega y Gasset, J. (1941). History as a system. New York: Norton.

Parfit, D. (1985). Reasons and persons. Oxford: Oxford University Press.

Parker, I. (1992). Discourse dynamics. Critical analysis for social and individual psychology. London: Routledge.

Parker, I. & Shotter, J. (Hg.). (1990). Deconstructing social psychology. London: Routledge.

Personal Narratives Group (Hg.). (1989). Interpreting women's lives: Feminist theory and personal narratives. Indianapolis: Indiana University Press.

Potter, J. & Wetherell, M. (1987). Discourse and social psychology. Beyond attitudes and behavior. London: Sage.

Potts, M. K. (1987). The effects of role multiplicity on health status, illness rates, and illness behavior in men and women: A test of the scarcity and expansion hypothesis. West Lafayette, IN: Unveröff. Dissertation, Purdue University.

Poulet, G. (1950). Études sur le temps humain. Paris: Plon.

Prince, M. (1906). The dissociation of a personality. New York: Longmans, Green & Co.

Prince, M. (1929). Clinical and experimental studies in personality. Cambridge, Mass.: Sci-Art.

Putnam, F. W. (1986). The clinical phenomenology of multiple personality disorder: A review of 100 cases. Journal of Clinical Psychiatry, 47 , 275-293.

Rakowski, W. (1979). Future time perspective in later adulthood: review and research directions. Experimental Aging Research, 5, 43-87.

Ribot, T. (1895). The diseases of personality. Chicago: Open Court.

Ricoeur, P. (1988). Zeit und Erzählung. Band I: Zeit und historische Erzählung. München: Fink.

Ricoeur, P. (1989). Zeit und Erzählung. Band II: Zeit und literarische Erzählung. München: Fink.

Ricoeur, P. (1991 a). Zeit und Erzählung. Band III: Die erzählte Zeit. München: Fink.

Ricoeur, P. (1991 b). Narrative identity. Philosophy Today, 35, 73-81.

Riessman, C. K. (1993). Narrative analysis. Newbury Park: Sage.

Robinson, J. A., Swanson, K. L. (1990). Autobiographical memory: the next phase. Applied Cognitive Psychology, 4, 321-335.

Rodriguez-Tomé, H. & Bariaud, F. (1987). Les perspectives temporelles à l'adolescence. Paris: Presses Universitaires de France.

Rogers, T. B., Kuiper, N. A. & Kirker, W. S. (1977). Self-reference and the encoding of personal information. Journal of Personality and Social Psychology, 35, 677-688.

ROPS (Laboratoire de Recherche Opératoire en Psychologie et Sciences Sociales) (Hg.). (1992). Le projet. Un défi nécessaire face a une société sans projet. Paris: L'Harmattan.

Rorty, A. O. (1988). The deceptive self: Liars, layers and lairs. In B. P. McLaughlin & A. O. Rorty (Hg.), Perspectives on self-deception (S. 11-28). Berkeley: University of California Press.

Rosenbaum, M. (1980). The role of the term schizophrenia in the decline of diagnoses of multiple personality. Archives of General Psychiatry, 37, 1383-1385.

Rosenberg, M. (1979). Conceiving the self. New York: Basic Books.

Rosenberg, M. (1981). The self-concept: Social product and social force. In M. Rosenberg & R. H. Turner (Hg.), Social psychology: Sociological perspectives (S. 593-624). New York: Basic Books.

Ross, C. A. (1984). Diagnosis of multiple personality during hypnosis: A case report. The International Journal of Clinical and Experimental Hypnosis, 32, 222-235.

Rowan, J. (1990). Subpersonalities. The people inside us. London: Routledge.

Rycroft, C. (1987). Dissociation of personality. In R. L. Gregory (Hg.), Oxford Companion to the Mind. Oxford: Oxford University Press.

Salovey, P. & Rodin, J. (1985). Cognitions about the self: Connecting feeling states and social behavior. In P. Shaver (Hg.), Self, situation, and social behavior. Review of personality and social psychology (Bd. 6), (S. 143-166). Beverly Hills, CA: Sage.

Sampson, E. E. (1985). The decentralization of identity. Toward a revised concept of personal and social order. American Psychologist, 40, 1203-1211.

Sarbin, T. R. (Hg.). (1986 a). Narrative psychology. The storied nature of human conduct. New York: Praeger.

Sarbin, T. R. (1986 b). The narrative as a root metaphor for psychology. In T. R. Sarbin (Hg.), Narrative psychology. The storied nature of human conduct (S. 3-21). New York: Praeger.

Schimank, U. (1988). Biographie als Autopoiesis - Eine systemtheoretische Rekonstruktion von Individualität. In H.G. Brose & B. Hildenbrand (Hg.), Vom Ende des Individuums zur Individualität ohne Ende (S. 55-72). Opladen: Leske + Budrich.

Schneider, W.F. (1987). Zukunftsbezogene Zeitperspektive von Hochbetagten. Regensburg: S. Roderer.

Seiffge-Krenke, I. (1990). Developmental processes in self-concept and coping behavior. In H. Bosma & S. Jackson (Hg.), Coping and self-concept in adolescence (S. 51-67). Berlin: Springer.

Serrar, L. (1990). Les référents indentitaires chez un groupe d'adolescents marocain. In N. Kridis (Hg.), Adolescence et identité (S. 47-60). Marseille: Homme et Perspective.

Shotter, J. & Gergen, K. J. (1989). Texts of identity. London: Sage.

Shrauger, J. S. & Schoeneman, T. J. (1979). Symbolic interactionist view of self-concept: Through the looking glass darkly. Psychological Bulletin, 86, 549-573.

Sidis, B. & Goodhart, S. P. (1904). Multiple personality: An experimental investigation into the nature of human individuality. Englewood Cliffs: Prentice-Hall.

Sieber, S. D. (1974). Toward a theory of role accumulation. American Sociological Review, 39, 567-578.

Silbereisen, R. K. (Hg.). (1994). The interplay of family, school, peers, and work in adjustment. New York: Springer.

Simons, H. (Hg.). (1989 a). Rhetoric in the human sciences. London: Sage.

Simons, H. (1989 b). Introduction. In H. Simons (Hg.), Rhetoric in the human sciences (S. 1-9). London: Sage.

Sowinski, B. (1991). Deutsche Stilistik. Frankfurt/M.: Fischer.

Spanos, N. P., Weekes, J. R. & Bertland, L. D. (1985). Multiple personality: A social psychological perspective. Journal of Abnormal Psychology, 94, 362-376.

Spence, D. P. (1986). Narrative smoothing and clinical wisdom. In T. R. Sarbin (Hg.), Narrative psychology. The storied nature of human conduct (S. 211-232). New York: Praeger.

Sperry, R. W. (1966). Brain bisection and mechanisms of consiousness. In J. Eccles (Hg.), Brain and conscious experience. New York: Springer.

Stanzel, F. K. (1991). Theorie des Erzählens. Göttingen: Vandenhoeck & Ruprecht.

Steedman, I. & Krause, U. (1987). Goethe's Faust, arrows possibility theorem and the individual decision taker. In J. Elster (Hg.), The multiple self (S. 197-231). Cambridge UK: Cambridge University Press.

Stevens, R. (1983). Erik Erikson: An introduction. Milton Keynes: Open University Press.

Straub, J. (1991). Identitätstheorie im Übergang? Über Identitätsforschung, den Begriff der Identität und die zunehmende Beachtung des Nicht-Identischen in subjekttheoretischen Diskursen. Sozialwissenschaftliche Literatur Rundschau, Heft 23, 49-71.

Straus, F. & Höfer, R. (im Druck). Entwicklungslinien alltäglicher Identitätsarbeit. In H. Keupp & R. Höfer (Hg.), Identitätsarbeit heute: Klassische und aktuelle Perspektiven der Identitätsforschung. Frankfurt/M.: Suhrkamp.

Stryker, S. (1986). Identity theory: Developments and extensions. In K. Yardley & T. Honess (Hg.), Self and identity (S. 89-104). New York: Wiley.

Sutcliffe, J. P. & Jones, J. (1962). Personal identity, multiple personality and hypnosis. International Journal of Clinical and Experimental Hypnosis, 10, 231-269.

Taboada-Leonetti, I. (1990). Stratégies identitaires et minorités: le point de vue du sociologue. In C. Camilleri, J. Kastersztein, M. Lipiansky, H. Malewska-Peyre, I. Taboada-Leonetti, A. Vasquez (Hg.), Stratégies identitaires (S. 43-84). Paris: Presses Universitaires de France.

Taylor, C. (1995). Das Unbehagen an der Moderne. Frankfurt/M.: Suhrkamp.

Taylor, S. E. & Brown, J. D. (1988). Illusion and well-being: A social psychological perspective on mental health. Psychological Bulletin, 103, 193-210.

Teilprojekt A6. (1994). Erwerbsverläufe, soziale Netzwerke und Identitätsentwicklung junger Erwachsener. Finanzierungsantrag für die Jahre 1995/1996. Materialien (52) des Teilprojekts A6. München: Ludwig-Maximilian-Universität, Sonderforschungsbereich 333.

Tesch-Römer, C. (1990). Identitätsprojekte und Identitätstransformationen im mittleren Erwachsenenalter. Materialen der Bildungsforschung. Berlin: Max-Planck-Institut für Bildungsforschung, 38.

Thigpen, C. H. & Cleckley, H. (1957). The three faces of Eve. London: Secker and Warburg.

Thigpen, C. H. & Cleckley, H. (1984). On the incidence of multiple personality disorder. International Journal of Clinical and Experimental Hypnosis, 32, 63-66.

Thoits, P. A. (1983). Multiple identities and psychological well-being: A reformulation and test of the social isolation hypothesis. American Sociological Review, 48, 174-187.

Thoits, P. A. (1986). Social support as coping assistance. Journal of Consulting and Clinical Psychology, 54, 416-423.

Thoits, P. A. (1991). On merging identity theory and stress research. Social Psychology Quarterly, 54 (2), 101-112.

Thomae, H. (1970). Theory of aging and cognitive theory of personality. Human Development, 13, 1-16.

Toffler, A. (1971). Future shock. New York: Bantam Books.

Trilling, L. (1972). Sincerity and authenticity. Cambridge, MA: Harvard University Press.

Trommsdorf, G. (1983). Future orientation and socialization. International Journal of Psychology, 18, 381-406.

Trommsdorf, G., Burger, C., Füchsle, T. & Lamm, H. (1978). Erziehung für die Zukunft. Düsseldorf: Pädagogischer Verlag Schwann.

Vale, E. (1988). Die Technik des Drehbuchschreibens für Film und Fernsehen. München: TR-Verlagsunion.

van Gennep. A. (1909). Les rites de passage. Paris: (1981) Èditions Picard.

Verbrugge, L. (1983). Multiple roles and physical health of women and men. Journal of Health and Social Behavior, 24, 16-30.

Viaux, J.L. (1991). Comment parler de soi? In R. Perron (Hg.), Les représentations de soi. Développements, dynamiques, conflits (S. 47-65). Toulouse: Privat.

Volder, M. de. (1979). Time orientation: A review. Psychologica Belgica, 19 (1), 61-79.

Voß, G.G. (1991). Lebensführung als Arbeit: Über die Autonomie der Person im Alltag der Gesellschaft. Stuttgart: Enke.

Vygotsky, L. S. (1978). Discussion contribution. In M. Cole, V. John-Steiner, S. Scribner & E. Souberman (Hg.), Mind in society. Cambridge, MA: Harvard University Press.

Wagner, P. (1994). A sociology of modernity. Liberty and discipline. London: Routledge.

Wagner, P. (1995). Soziologie der Moderne. Frankfurt/M.: Campus.

Waldmann, S. & Straus, F. (1992). Identität und soziale Netzwerke. Ein Vergleich von ost- und westdeutschen Jugendlichen. Diskurs, 1, 53-59.

Wallace, M. A. (1956). Future time perspective in schizophrenia. Journal of Abnormal and Social Psychology, 52, 240-245.

Welsch, W. (1990). Ästhetisches Denken. Stuttgart: Reclam.

Wendorff, R. (1988). Konflikt und Koexistenz verschiedener Zeiten. In R. Zoll (Hg.), Zerstörung und Wiederaneignung der Zeit (S. 628-640). Frankfurt/M.: Suhrkamp.

Westen, D. (1990). The relations among narcissism, egocentrism, self-concept, and self--esteem: Experimental, clinical, and theoretical considerations. Psychoanalysis and Contemporary Thought, 13, 183-239.

Westen, D. (1991). Cultural, emotional, and unconscious aspects of self. In R. C. Curtis (Hg.), The relational self: theoretical convergences in psychoanalysis and social psychology. New York: Guilford Press.

Widdershoven, G. A. M. (1993). The story of life: Hermeneutic perspectives on the relationship between narrative and life history. In R. Josselson & A. Lieblich (Hg.), The narrative study of lives (Bd. 1, S. 1-20). Newbury Park: Sage.

Widdicombe, S. (1992). Subjectivity, power and the practice of psychology. Theory & Psychology, 2 (4), 487-499.

Widdicombe, S. & Wooffitt, R. (1995). The language of youth subcultures. Social identity in action. New York: Harvester Wheatsheaf.

Wittchen, H.U., Saß, H., Zaudig, M. & Koehler (Bearbeiter). (1989). Diagnostisches und Statistisches Manual Psychischer Störungen DSM-III-R; übersetzt nach der Revision der 3. Auflage des Diagnostic and Statistical Manual of Mental Disorders der American Psychiatric Association. Weinheim: Beltz.

Wolf, B. (1995). Grundmerkmale ökologischer Perspektiven in der Entwicklungspsychologie.

263

Psychologie in Erziehung und Unterricht, 42 (1), 6-19.

Zoll, R. (1988 a). Krise der Zeiterfahrung. In R. Zoll (Hg.), Zerstörung und Wiederaneignung der Zeit (S. 9-32). Frankfurt/M.: Suhrkamp.

Zoll, R. (1988 b). Die Neubestimmung der Lebenszeit. In R. Zoll (Hg.), Zerstörung und Wiederaneignung der Zeit (S. 304-317). Frankfurt/M.: Suhrkamp.

Zurcher, L. A. (1977). The mutable self: A self-concept for social change. Beverly Hills, CA: Sage.

The manufacturer's authorised representative in the EU is Springer
Nature Customer Service Centre GmbH, Europaplatz 3, 69115 Heidelberg,
Germany. If you have any concerns regarding our products, please
contact ProductSafety@springernature.com

Printed and bound by CPI Group (UK) Ltd, Croydon, CR0 4YY
24/04/2026
02096312-0005